全国环境影响评价工程师职业资格考试系列参考资料

环境影响评价相关法律法规试题解析

（2020年版）

王　丽　主编

中国环境出版集团·北京

图书在版编目（CIP）数据

环境影响评价相关法律法规试题解析：2020 年版/王丽主编. —6 版. —北京：中国环境出版集团，2020.3

全国环境影响评价工程师职业资格考试系列参考资料

ISBN 978-7-5111-4300-6

Ⅰ. ①环… Ⅱ. ①王… Ⅲ. ①环境影响评价法—中国—资格考试—题解 Ⅳ. ①D922.68-44

中国版本图书馆 CIP 数据核字（2020）第 025096 号

出 版 人　武德凯
责任编辑　黄晓燕
责任校对　任　丽
封面设计　宋　瑞

更多信息，请关注
中国环境出版集团
第一分社

出版发行　中国环境出版集团
（100062　北京市东城区广渠门内大街 16 号）
网　　址：http://www.cesp.com.cn
电子邮箱：bjgl@cesp.com.cn
联系电话：010-67112765（编辑管理部）
010-67112735（第一分社）
发行热线：010-67125803，010-67113405（传真）
印　　刷　北京市联华印刷厂
经　　销　各地新华书店
版　　次　2015 年 3 月第 1 版　2020 年 3 月第 6 版
印　　次　2020 年 3 月第 1 次印刷
开　　本　787×960　1/16
印　　张　18
字　　数　330 千字
定　　价　52.00 元

本书编委会

主　　编　王　丽

副 主 编　张智锋　王晓云

参编人员　徐　颂　张　蓉　刘雪锦　雷　芬　丁涛辉

刘玉龙　吴晓伟　胡伟伟　杨利芳

前言

环境影响评价是我国环境管理制度之一,是从源头上预防环境污染的主要手段。环境影响评价工程师职业资格考试制度是提高环境影响评价水平的一种有效举措，自2005年实施以来，对于整体提高我国环境影响评价从业人员的专业素质起到了很大的推进作用。考试科目设“环境影响评价相关法律法规”“环境影响评价技术导则与标准”“环境影响评价技术方法”“环境影响评价案例分析”共四科,其中前三个科目的考试全部采用客观题,包括单项选择题和不定项选择题。

环境影响评价工程师职业资格考试的历年试题及解答一直是考生所需要的,因为通过历年试题的学习，既可以感性认识考试命题的风格、各知识点的分值分布、考查的重点及难易程度，还可以锻炼考生的应试思维。

目前，市面上大部分的历年考试试题都是按年份呈现给考生的。但是近年来，我国环境影响评价相关法律法规更新频繁，每年的考试大纲也都有不小的变化，很多知识点都有更新或删除。如果考生仍然按整套考试试题原封不动地去复习，不仅浪费了考生的宝贵时间，而且还存在误导的倾向。因此，我们按照本年度考试大纲的要求，对以往考生提供的历年考试试题进行了加工处理，分类筛选、按模块重新组织了试题，将一些重复的试题适当合并，剔除与现行相关法律法规不一致的试题，并有针对性地进行了解析。但需要说明的是，由于本书是历年考试试题解析，因此无法包含本年度考试大纲中新增加或新变化的内容，请考生在学习时注意。关于这些新增内容，可配套“基础过关800题”系列参考资料一并使用。

考生通过试题的练习可以巩固已学的知识,同时可以找到自己在系统复习中的不足，查漏补缺。本书学习使用时，既可以每学习完一章后使用，也可以在复习冲刺阶段检测复习效果时当作模拟题来使用。

本书可作为环境影响评价工程师考试的辅导材料，并可供高等院校环境科学、环境工程等相关专业教学时参考。

本书2020年版是在徐颂老师往年主编版本的基础上完成的，在编写的过程中得到了徐颂老师的精心指导和大力支持，在此表示衷心的感谢。还要感谢中圣环境科技发展有限公司领导和同事在本书编写过程中给予的协助和大力支持。本书编写过程中也参阅了部分国内相关文献和书籍，在此一并表示感谢。同时感谢中国环境出版集团黄晓燕编辑及其同事们为本书付出的劳动。

尽管我们为本书的编写付出了大量的努力，但由于编者水平有限，本书的内容仍然可能存在疏漏，不足之处在所难免，敬请同行和读者批评指正。编者联系方式：zhifzhang@qq.com。

编　者

2020年2月

目 录

一、环境保护法

一、单项选择题

1．根据《环境保护法》中环境的定义，下列事物中，不属于环境保护对象的是（　　）。（2015 年考题）

A．湿地　　B．城市

C．文化　　D．人文遗迹

2．根据《环境保护法》，下列关于推动农村环境综合整治，各级人民政府应开展的工作中，正确的是（　　）。（2015 年考题）

A．各级人民政府应当提高农村环境保护资金投入，推动农村环境综合整治

B．县级、乡级人民政府应当提高农村环境保护资金投入，推动农村环境综合整治

C．各级人民政府应当提高农村环境保护资金投入，提升农村环境保护公共服务水平

D．县级、乡级人民政府应当提高农村环境保护公共服务水平，推动农村环境综合整治

3．根据《环境保护法》，下列关于建设项目防治污染设施的说法中，错误的是（　　）。（2015 年考题）

A．防治污染的设施不得擅自拆除或者闲置

B．防治污染的设施应当符合经批准的环境影响评价文件的要求

C．防治污染的设施初步设计应当报环境保护行政主管部门备案

D．建设项目防治污染的设施，应当与主体工程同时设计、同时施工、同时投产使用

4．根据《环境保护法》，下列关于对未完成国家确定的环境质量目标地区的环境影响评价文件审批的说法中，正确的是（　　）。（2015 年考题）

A．各级环境保护主管部门应当暂停审批除环境保护外的建设项目环境影响评价文件

B．各级环境保护主管部门应当暂停审批其新增重点污染物排放总量的建设项

目环境影响评价文件

C. 省级以上人民政府环境保护主管部门应当暂停审批除环境保护外的建设项目环境影响评价文件

D. 省级以上人民政府环境保护主管部门应当暂停审批其新增重点污染物排放总量的建设项目环境影响评价文件

5. 根据《环境保护法》，下列说法中，正确的是（ ）。（2016 年考题）

A. 编制有关战略发展规划，应当依法进行环境影响评价

B. 建设固定资产投资项目，应当依法进行环境影响评价

C. 建设对环境有影响的项目，应当依法进行环境影响评价

D. 制定对环境有重大影响的政策，应当依法进行环境影响评价

6. 根据《环境保护法》生态保护的规定，各级人民政府应当采取措施予以保护的是（ ）。（2016 年考题）

A. 古树名木

B. 内陆水域

C. 各类地质构造、溶洞等自然遗迹

D. 珍稀、濒危的野生动植物人工繁育区

7. 根据《环境保护法》，（ ）应当提高农村环境保护公共服务水平，推动农村环境综合整治。（2016 年考题）

A. 各级人民政府

B. 县级、乡级人民政府

C. 各级环境保护行政主管部门

D. 县级环境保护行政主管部门及其派出机构

8. 根据《环境保护法》，下列说法中，符合建设项目防治污染设施与主体工程“三同时”规定的是（ ）。（2016 年考题）

A. 为确保污染防治效果，某企业污染防治设施在主体工程试运行时也同时投入使用

B. 某企业由于排污情况的不确定性，其废气处理设施在主体工程设计完成后，方启动设计

C. 由于实际产能未能达到设计产能的一半，为节约能耗，某企业关停了两套废水处理设施中的一套

D. 为持续提升污染防治效果，某企业自行改造与批准的环境影响评价文件要求不同的废气治理设施

9. 根据《环境保护法》，重点排污单位应当（ ）。（2016 年考题）

A. 委托第三方管理和维护监测设备

B．保存原始采样记录，保证监测设备正常运行

C．按照国家有关规定和监测规范安装使用监测设备

D．按照环境保护行政主管部门的规定安装使用自动监测设备

10．根据《环境保护法》有关排污许可管理制度的规定，下列说法中，正确的是（　　）。（2016 年考题）

A．企业事业单位和其他生产经营者应当申请排污许可证

B．未取得排污许可证的企业事业单位和其他生产经营者不得开展生产经营活动

C．实行排污许可管理的企业事业单位和其他生产经营者应当依照排污许可证的要求排放污染物

D．按照排污许可证的要求排放污染物的，省级以上人民政府环境保护主管部门可责令其停止生产

11．根据《环境保护法》，国家划定生态保护红线，实行严格保护的是（　　）。（2017 年考题）

A．人文遗迹　　B．生态功能区

C．水源涵养区　　D．生态环境敏感区和脆弱区

12．根据《环境保护法》，下列矿区开发环境保护的做法中，错误的是（　　）。（2017 年考题）

A．制订生态安全保障计划，组织实施

B．加强绿化，矿区直接引进并遍植松树

C．依照资源分布情况，制订合理开发计划

D．依法制订有关生态保护和恢复治理方案，并予以实施

13．某新建轮胎制造企业，经批准的环境影响评价文件要求车间配备废气收集与处理装置。根据《环境保护法》，正确的是（　　）。（2017 年考题）

A．废气处理装置与主体工程同时投产使用

B．主体工程设计完成后，有针对性地开展废气处理装置设计

C．根据实际生产中废气产生情况，企业自行调整了环境影响评价文件要求的废气处理装置

D．经实测，半成品车间废气收集后可达标排放，企业拆除了环境影响评价文件要求的废气处理装置

14．根据《环境保护法》重点污染物排放总量控制制度的有关规定，下列说法中，错误的是（　　）。（2017 年考题）

A．国家实行重点污染物排放总量控制制度

B．重点污染物排放总量控制指标由国务院下达，省、自治区、直辖市人民政府分解落实

C. 企业事业单位在执行国家和地方污染物排放标准的同时，还应当遵守分解落实到本单位的重点污染物排放总量控制指标

D. 对超过国家重点污染物排放总量控制指标的地区，各级人民政府环境保护主管部门应当暂停审批其新增重点污染物排放总量的建设项目环境影响评价文件

15. 根据《环境保护法》中环境影响评价信息公开和公众参与的有关规定，下列做法中，正确的是（　　）。（2017 年考题）

A. 负责审批建设项目环境影响评价文件的部门发现建设项目未充分征求公众意见的，应当责成环评单位征求公众意见

B. 对依法应当编制环境影响报告书的建设项目，环评单位应当在编制完成后向可能受影响的公众说明情况，充分征求意见

C. 负责审批建设项目环境影响评价文件的部门在收到建设项目环境影响报告书后，除涉及国家秘密和商业秘密的事项外，应当全文公开

D. 负责审批建设项目环境影响评价文件的部门在收到建设项目环境影响报告书后，可依公众申请，公开除涉及国家秘密和商业秘密事项外的全文

16. 根据《环境保护法》，所称环境是指（　　）。（2018 年考题）

A. 各种天然的和经过人工改造的自然因素的总体

B. 影响人类生存和发展的各种天然的自然因素的总体

C. 影响人类生存和发展的各种天然的和经过人工改造的自然因素的总体

D. 影响人类生存和发展的各种天然的和经过人工改造的自然和社会因素的总体

17. 根据《环境保护法》中下列区域中，不属于国家应当划定生态保护红线的区域是（　　）。（2018 年考题）

A. 重点生态功能区　　B. 生态环境脆弱区

C. 生态环境敏感区　　D. 野生动植物自然分布区域

18. 根据《环境保护法》，关于建设项目防治污染设施与主体工程"三同时"的说法，正确的是（　　）。（2018 年考题）

A. 防治污染的设施，应当优先设计，优先施工，优先投入使用

B. 防治污染的设施，应当与主体工程同时设计、同时施工、同时投产使用

C. 防治污染的设施，应当与产生污染的设施同时设计、同时施工、同时投入使用

D. 防治污染的设施，应当纳入公用配套工程进行设计、施工，与主体工程同时投入使用

19. 根据《环境保护法》中关于排放污染物的企业事业单位和其他生产经营者防治环境污染和危害的说法，错误的是（　　）。（2018 年考题）

A. 应当建立环境保护目标责任制度，明确责任人

B．严禁通过篡改、伪造监测数据等逃避监管的方式违法排放污染物

C．严禁通过暗管、渗井、渗坑、灌注等逃避监管的方式违法排放污染物

D．重点排污单位应当按照国家有关规定和监测规范安装使用监测设备，保证监测设备正常运行，保存原始监测记录

20．根据《环境保护法》中关于建设项目环境影响报告书信息公开和公众参与的说法，正确的是（　　）。（2018 年考题）

A．环评单位应当在编制时向可能受影响的公众说明情况，充分征求意见

B．建设单位应当在编制时向可能受影响的公众说明情况，充分征求意见

C．环评单位应当在编制时向可能受影响的公众及行业专家说明情况，充分征求意见

D．环评单位或建设单位应当在编制时向可能受影响的公众及行业专家说明情况，充分征求意见

21．某建设单位未依法进行环境影响评价即擅自开工建设。根据《环境保护法》中关于违反环境影响评价相关规定应承担法律责任的说法，正确的是（　　）。（2018 年考题）

A．由县级以上人民政府环境保护主管部门责令停止建设，限期补办手续，并处以罚款

B．由负有环境保护监督管理职责的部门责令停止建设，处以罚款，并可以责令恢复原状

C．由负有该项目环境影响评价文件审批权的环境保护主管部门责令停止建设，限期补办手续，并处以罚款

D．由负有该项目环境影响评价文件审批权的环境保护主管部门责令停止建设，处以罚款，并责令恢复原状

22．根据《环境保护法》依法进行环境影响评价的有关规定，下列说法正确的是（　）。（2019 年考题）

A．未依法进行环境影响评价的建设项目，不得开工建设

B．编制有关开发利用规划，可根据具体情况决定是否进行环境影响评价

C．只有建设对环境有重大影响的项目，才依法进行环境影响评价

D．未依法进行环境影响评价的战略发展规划，不得组织实施

23．根据《环境保护法》开发利用资源的环境保护有关规定，下列说法错误的是（　　）。（2019 年考题）

A．开发利用自然资源，应当合理开发，保护生物多样性，保障生态安全

B．开发利用自然资源，必要时要制定并实施有关生态保护和恢复治理方案

C．引进外来物种，应当采取措施，防止对生物多样性的破坏

D．研究、开发和利用生物技术，应当采取措施，防止对生物多样性的破坏

24．某环境影响评价机构在环境影响评价文件编制中弄虚作假，致使建设项目投产后造成环境污染，根据《环境保护法》，对该环境影响评价机构除依照有关法律法规规定予以处罚外，下列关于该机构环境污染责任的说法中，正确的是（　　）。（2019 年考题）

A．不承担环境污染的责任

B．承担环境污染的责任

C．与造成环境污染的其他责任者分别承担责任

D．与造成环境污染的其他责任者承担连带责任

25．根据《环境保护法》，下列说法中，错误的是（　　）。（2019 年考题）

A．县级以上人民政府应当建立环境污染公共监测预警机制，组织制定预警方案

B．环境受到污染，可能影响公众健康和环境安全时，县级以上人民政府应当依法及时公布预警信息

C．企业事业单位制定的突发环境事件应急预案必须报环境保护主管部门和有关部门审核

D．各级人民政府及其有关部门应当做好突发环境事件的风险控制工作

26．根据《环境保护法》，关于排放污染物的企业事业单位和其他生产经营者防治环境污染和危害的说法，正确的是（　　）。（2019 年考题）

A．排放污染物的企业事业单位，应当建立环境保护责任制度

B．严格限制通过篡改、伪造监测数据等逃避监管的方式违法排放污染物

C．严格控制通过暗管、渗井、渗坑、灌注等逃避监管的方式违法排放污染物

D．排放污染物的企业事业单位应当按照国家有关规定和监测规范安装使用监测设备

二、不定项选择题

1．根据《环境保护法》，国家划定生态保护红线，实行严格保护的区域包括（　　）。（2015 年考题）

A．生态脆弱区　　B．农业生态示范区

C．生态环境敏感区　　D．重点生态功能区

2．根据《环境保护法》防止环境污染和危害的有关规定，下列属于逃避监管违法排放污染物的行为有（　　）。（2015 年考题）

A．篡改、伪造监测数据

B．不正常运行防治污染设施

C．通过地下灌注排放污染物

D．通过暗管、渗井、渗坑排放污染物

3. 根据《环境保护法》，下列规划中，应当依法进行环境影响评价的有（　　）。（2016 年考题）

A. 某矿区开发规划　　B. 某省水资源开发利用规划

C. 某市“十三五”战略发展规划　　D. 某省“三年环保整治行动”计划

4. 根据《环境保护法》，开发利用自然资源，应当（　　）。（2016 年考题）

A. 保障生态安全

B. 保护生物多样性

C. 加大开发力度，提高开发效率

D. 依法制订有关生态保护和恢复治理方案并予以实施

5. 根据《环境保护法》，建设项目中防治污染的设施（　　）。（2016 年考题）

A. 不得擅自拆除

B. 应当与主体工程同时施工

C. 应当先于主体工程投入使用

D. 应当与配套公用工程同时设计

6. 根据《环境保护法》关于环境影响报告书信息公开和公众参与的规定，下列说法中，正确的有（　　）。（2016 年考题）

A. 环评单位在完成建设项目环境影响报告书后除涉及国家秘密和商业秘密的事项外，应当全文公开

B. 负责审批建设项目环境影响评价文件的部门发现建设项目未充分征求公众意见的，应当责成建设单位征求公众意见

C. 负责审批建设项目环境影响评价文件的部门在收到建设项目环境影响报告书后，除涉及国家秘密和商业秘密的事项外，应当全文公开

D. 负责审批建设项目环境影响评价文件的部门在收到建设项目环境影响评价文件后，除涉及国家秘密和商业秘密的事项外，应当全文公开

7. 根据《环境保护法》，下列说法中，正确的有（　　）。（2017 年考题）

A. 未依法进行环境影响评价的建设项目，不得开工建设

B. 未依法进行环境影响评价的建设项目，不得准予备案

C. 未依法进行环境影响评价的开发利用规划，不得组织实施

D. 未依法进行环境影响评价的战略发展规划，不得组织实施

8. 根据《环境保护法》，重点排污单位应当按照国家有关规定和监测规范（　　）。（2017 年考题）

A. 安装使用监测设备

B. 保存原始监测记录

C. 保证监测设备正常运行

D. 建立环境保护责任制度，明确操作人员的责任

9. 根据《环境保护法》排污许可管理制度的有关规定，下列说法中，正确的有（　　）。（2017 年考题）

A. 国家依照法律规定实行排污许可管理制度

B. 实行排污许可管理的企业事业单位应当按照排污许可证的要求排放污染物

C. 实行排污许可管理的其他生产经营者应当按照排污许可证的要求排放污染物

D. 对实行排污许可管理的企业事业单位和其他生产经营者，未取得排污许可证的，不得排放污染物

10. 根据《环境保护法》，下列区域中，属于由国家划定生态保护红线，实行严格保护的有（　　）。（2018 年考题）

A. 风景名胜区　　B. 重点生态功能区

C. 重要生态功能屏障区　　D. 生态环境敏感区和脆弱区

11. 根据《环境保护法》，关于重点污染物排放总量控制的说法，正确的有（　　）。（2018 年考题）

A. 国家实行污染物排放总量控制制度

B. 总量控制指标由国务院环境保护主管部门下达，省、自治区、直辖市人民政府分解落实

C. 企业事业单位在执行国家和地方污染物排放标准的同时，还应当遵守分解落实到本单位的重点污染物排放总量控制指标

D. 对未完成国家确定的环境质量目标的地区，省级以上人民政府环境保护主管部门应当暂停审批其新增重点污染物排放总量的建设项目环境影响评价文件

12. 根据《环境保护法》中关于突发环境事件有关规定的说法，正确的有（　　）。（2018 年考题）

A. 企业事业单位应当依照《突发事件应对法》的规定，做好突发环境事件的风险控制、应急准备、应急处置和事后恢复等工作

B. 企业事业单位应当按照国家有关规定制定突发环境事件应急预案，报环境保护主管部门和有关部门备案

C. 在发生或者可能发生突发环境事件时，企业事业单位应当立即采取措施处理，及时通报可能受到危害的单位和居民，并向环境保护主管部门和有关部门报告

D. 突发环境事件应急处置工作结束后，有关人民政府环境保护主管部门应当立即组织评估事件造成的环境影响和损失，并及时将评估结果向社会公布

13. 根据《环境保护法》，关于农业生产经营环境保护有关规定的说法，正确的有（　　）。（2018 年考题）

A. 县级人民政府负责规划、建设畜禽尸体集中处置设施

B．各级人民政府应当在财政预算中安排资金，支持畜禽养殖和屠宰污染防治等环境保护工作

C．畜禽养殖场、养殖小区、定点屠宰企业等的选址、建设和管理应当符合有关法律法规规定

D．从事畜禽养殖和屠宰的单位和个人应当采取措施，对畜禽粪便、尸体和污水等废弃物进行科学处置，防止污染环境

14．某建设项目未依法进行环境影响评价，根据《环境保护法》，该项目不得（ ）。（2018年考题）

A．开工建设 B．开展施工准备 C．予以备案或核准 D．开展初步设计审查

15．根据《环境保护法》，关于农业、农村环境的保护，下列说法中，错误的是（ ）。（2019年考题）

A．各级人民政府应当提高农村环境保护公共服务水平，推动农村环境综合整治

B．各级人民政府应当加强对农业环境的保护，促进农业环境保护新技术的使用

C．各级人民政府应当负责组织农村生活废弃物的处置工作

D．各级人民政府应当统筹城乡建设污水处理设施及配套管网

参考答案

一、单项选择题

1．C 【解析】第二条：本法所称环境，是指影响人类生存和发展的各种天然的和经过人工改造的自然因素的总体，包括大气、水、海洋、土地、矿藏、森林、草原、湿地、野生生物、自然遗迹、人文遗迹、自然保护区、风景名胜区、城市和乡村等。

2．D 【解析】注意每个选项的用词。第三十三条：各级人民政府应当加强对农业环境的保护，促进农业环境保护新技术的使用，加强对农业污染源的监测预警，统筹有关部门采取措施，防治土壤污染和土地沙化、盐渍化、贫瘠化、石漠化、地面沉降以及防治植被破坏、水土流失、水体富营养化、水源枯竭、种源灭绝等生态失调现象，推广植物病虫害的综合防治。

县级、乡级人民政府应当提高农村环境保护公共服务水平，推动农村环境综合整治。

3．C 【解析】第四十一条：建设项目中防治污染的设施，应当与主体工程同时设计、同时施工、同时投产使用。防治污染的设施应当符合经批准的环境影响评价文件的要求，不得擅自拆除或者闲置。

4．D 【解析】注意哪级部门，针对什么污染物。第四十四条：对超过国家重点污染物排放总量控制指标或者未完成国家确定的环境质量目标的地区，省级以上人民政府环境保护主管部门应当暂停审批其新增重点污染物排放总量的建设项目环境影响评价文件。

5．C 【解析】第十九条：编制有关开发利用规划，建设对环境有影响的项目，应当依法进行环境影响评价。

6．A 【解析】第二十九条：各级人民政府对具有代表性的各种类型的自然生态系统区域，珍稀、濒危的野生动植物自然分布区域，重要的水源涵养区域，具有重大科学文化价值的地质构造、著名溶洞和化石分布区、冰川、火山、温泉等自然遗迹，以及人文遗迹、古树名木，应当采取措施予以保护，严禁破坏。

7．B 【解析】第三十三条：县级、乡级人民政府应当提高农村环境保护公共服务水平，推动农村环境综合整治。

8．A 【解析】第四十一条：建设项目中防治污染的设施，应当与主体工程同时设计、同时施工、同时投产使用。防治污染的设施应当符合经批准的环境影响评价文件的要求，不得擅自拆除或者闲置。

9．C 【解析】第四十二条：重点排污单位应当按照国家有关规定和监测规范安装使用监测设备，保证监测设备正常运行，保存原始监测记录。

10．C 【解析】第四十五条：国家依照法律规定实行排污许可管理制度。实行排污许可管理的企业事业单位和其他生产经营者应当按照排污许可证的要求排放污染物；未取得排污许可证的，不得排放污染物。并不是所有的企业事业单位和其他生产经营者都需要申请排污许可证。

11．D 【解析】第二十九条：国家在重点生态功能区、生态环境敏感区和脆弱区等区域划定生态保护红线，实行严格保护。

12．B 【解析】第三十条：开发利用自然资源，应当合理开发，保护生物多样性，保障生态安全，依法制订有关生态保护和恢复治理方案并予以实施。

13．A 【解析】第四十一条：建设项目中防治污染的设施，应当与主体工程同时设计、同时施工、同时投产使用。防治污染的设施应当符合经批准的环境影响评价文件的要求，不得擅自拆除或者闲置。

14．D 【解析】选项 D 的正确说法是第四十四条：对超过国家重点污染物排放总量控制指标或者未完成国家确定的环境质量目标的地区，省级以上人民政府环境保护主管部门应当暂停审批其新增重点污染物排放总量的建设项目环境影响评价文件。

15．C 【解析】公众参与的责任主体是建设单位。第五十六条：负责审批建设项目环境影响评价文件的部门在收到建设项目环境影响报告书后，除涉及国家秘密和商业秘密的事项外，应当全文公开；发现建设项目未充分征求公众意见的，应当责成建设单位征求公众意见。

16. C 【解析】第二条：本法所称环境，是指影响人类生存和发展的各种天然的和经过人工改造的自然因素的总体。

17. D 【解析】第二十九条：国家在重点生态功能区、生态环境敏感区和脆弱区等区域划定生态保护红线，实行严格保护。

18. B 【解析】第四十一条：建设项目中防治污染的设施，应当与主体工程同时设计、同时施工、同时投产使用。

19. A 【解析】第四十二条：排放污染物的企业事业单位，应当建立环境保护责任制度，明确单位负责人和相关人员的责任。重点排污单位应当按照国家有关规定和监测规范安装使用监测设备，保证监测设备正常运行，保存原始监测记录。严禁通过暗管、渗井、渗坑、灌注或者篡改、伪造监测数据，或者不正常运行防治污染设施等逃避监管的方式违法排放污染物。

20. B 【解析】第五十六条：对依法应当编制环境影响报告书的建设项目，建设单位应当在编制时向可能受影响的公众说明情况，充分征求意见。

21. B 【解析】第六十一条：建设单位未依法提交建设项目环境影响评价文件或者环境影响评价文件未经批准，擅自开工建设的，由负有环境保护监督管理职责的部门责令停止建设，处以罚款，并可以责令恢复原状。

22. A 【解析】第十九条：编制有关开发利用规划，建设对环境有影响的项目，应当依法进行环境影响评价。未依法进行环境影响评价的开发利用规划，不得组织实施；未依法进行环境影响评价的建设项目，不得开工建设。

23. B 【解析】第三十条：开发利用自然资源，应当合理开发，保护生物多样性，保障生态安全，依法制定有关生态保护和恢复治理方案并予以实施。引进外来物种以及研究、开发和利用生物技术，应当采取措施，防止对生物多样性的破坏。

24. D 【解析】第六十五条：环境影响评价机构、环境监测机构以及从事环境监测设备和防治污染设施维护、运营的机构，在有关环境服务活动中弄虚作假，对造成的环境污染和生态破坏负有责任的，除依照有关法律法规规定予以处罚外，还应当与造成环境污染和生态破坏的其他责任者承担连带责任。

25. C 【解析】第四十七条：各级人民政府及其有关部门和企业事业单位，应当依照《突发事件应对法》的规定，做好突发环境事件的风险控制、应急准备、应急处置和事后恢复等工作。县级以上人民政府应当建立环境污染公共监测预警机制，组织制定预警方案；环境受到污染，可能影响公众健康和环境安全时，依法及时公布预警信息，启动应急措施。企业事业单位应当按照国家有关规定制定突发环境事件应急预案，报环境保护主管部门和有关部门备案。

26. A 【解析】第四十二条：排放污染物的企业事业单位，应当建立环境保护责任制度，明确单位负责人和相关人员的责任。重点排污单位应当按照国家有关规定和监测规范安装使用监测设备，保证监测设备正常运行，保存原始监测记录。严禁通过暗管、渗井、渗坑、灌注或者篡改、伪造监测数据，或者不正常运行防治污染设施等逃避监管的方式违法排放污染物。

二、不定项选择题

1. ACD 【解析】第二十九条：国家在重点生态功能区、生态环境敏感区和脆弱区等区域划定生态保护红线，实行严格保护。

2. ABCD 【解析】第四十二条：严禁通过暗管、渗井、渗坑、灌注或者篡改、伪造监测数据，或者不正常运行防治污染设施等逃避监管的方式违法排放污染物。

3. AB 【解析】第十九条：编制有关开发利用规划，建设对环境有影响的项目，应当依法进行环境影响评价。

4. ABD 【解析】第三十条：开发利用自然资源，应当合理开发，保护生物多样性，保障生态安全，依法制订有关生态保护和恢复治理方案并予以实施。

5. AB 【解析】四十一条：建设项目中防治污染的设施，应当与主体工程同时设计、同时施工、同时投产使用。防治污染的设施应当符合经批准的环境影响评价文件的要求，不得擅自拆除或者闲置。

6. BC 【解析】第五十六条：对依法应当编制环境影响报告书的建设项目，建设单位应当在编制时向可能受影响的公众说明情况，充分征求意见。负责审批建设项目环境影响评价文件的部门在收到建设项目环境影响报告书后，除涉及国家秘密和商业秘密的事项外，应当全文公开；发现建设项目未充分征求公众意见的，应当责成建设单位征求公众意见。

7. AC 【解析】第十九条：未依法进行环境影响评价的开发利用规划，不得组织实施；未依法进行环境影响评价的建设项目，不得开工建设。

8. ABC 【解析】第四十二条：排放污染物的企业事业单位，应当建立环境保护责任制度，明确单位负责人和相关人员的责任。重点排污单位应当按照国家有关规定和监测规范安装使用监测设备，保证监测设备正常运行，保存原始监测记录。

9. ABCD 【解析】第四十五条：国家依照法律规定实行排污许可管理制度。实行排污许可管理的企业事业单位和其他生产经营者应当按照排污许可证的要求排放污染物；未取得排污许可证的，不得排放污染物。

10. BD 【解析】第二十九条：国家在重点生态功能区、生态环境敏感区和脆弱区等区域划定生态保护红线，实行严格保护。

11. ACD 【解析】第四十四条：国家实行重点污染物排放总量控制制度。重点污染物排放总量控制指标由国务院下达，省、自治区、直辖市人民政府分解落实。企业事业单位在执行国家和地方污染物排放标准的同时，应当遵守分解落实到本单位的重点污染物排放总量控制指标。对超过国家重点污染物排放总量控制指标或者未完成国家确定的环境质量目标的地区，省级以上人民政府环境保护主管部门应当暂停审批其新增重点污染物排放总量的建设项目环境影响评价文件。

12．ABC 【解析】第四十七条：各级人民政府及其有关部门和企业事业单位，应当依照《突发事件应对法》的规定，做好突发环境事件的风险控制、应急准备、应急处置和事后恢复等工作。企业事业单位应当按照国家有关规定制定突发环境事件应急预案，报环境保护主管部门和有关部门备案。在发生或者可能发生突发环境事件时，企业事业单位应当立即采取措施处理，及时通报可能受到危害的单位和居民，并向环境保护主管部门和有关部门报告。突发环境事件应急处置工作结束后，有关人民政府应当立即组织评估事件造成的环境影响和损失，并及时将评估结果向社会公布。

13．BCD 【解析】第四十九条：畜禽养殖场、养殖小区、定点屠宰企业等的选址、建设和管理应当符合有关法律法规规定。从事畜禽养殖和屠宰的单位和个人应当采取措施，对畜禽粪便、尸体和污水等废弃物进行科学处置，防止污染环境。第五十条：各级人民政府应当在财政预算中安排资金，支持农村饮用水水源地保护、生活污水和其他废弃物处理、畜禽养殖和屠宰污染防治、土壤污染防治和农村工矿污染治理等环境保护工作。

14．A 【解析】第十九条：未依法进行环境影响评价的开发利用规划，不得组织实施；未依法进行环境影响评价的建设项目，不得开工建设。

15．AC 【解析】第三十三条：各级人民政府应当加强对农业环境的保护，促进农业环境保护新技术的使用，加强对农业污染源的监测预警，统筹有关部门采取措施，防治土壤污染和土地沙化、盐渍化、贫瘠化、石漠化、地面沉降以及防治植被破坏、水土流失、水体富营养化、水源枯竭、种源灭绝等生态失调现象，推广植物病虫害的综合防治。县级、乡级人民政府应当提高农村环境保护公共服务水平，推动农村环境综合整治。

第四十九条：县级人民政府负责组织农村生活废弃物的处置工作。

第五十一条：各级人民政府应当统筹城乡建设污水处理设施及配套管网，固体废物的收集、运输和处置等环境卫生设施，危险废物集中处置设施、场所以及其他环境保护公共设施，并保障其正常运行。

二、环境影响评价法

一、单项选择题

1．制定《环境影响评价法》的目的是实施可持续发展战略，预防因规划和建设项目实施后对环境造成不良影响，促进（　　）。（2010 年考题）

A．生态文明建设　　B．社会稳定和进步

C．经济平稳较快发展　　D．经济、社会和环境的协调发展

2．某省人民政府拟制订湖泊水资源开发利用综合规划。依据《环境影响评价法》及其配套规章，该省政府应当组织编制该规划的（　　）。（2010 年考题）

A．环境影响报告书　　B．环境影响报告表

C．环境影响登记表　　D．环境影响篇章或说明

3．依据《环境影响评价法》，对可能造成轻度环境影响的建设项目，建设单位组织编制的环境影响评价文件应当是（　　）。（2010 年考题）

A．环境影响报告书　　B．环境影响报告表

C．环境影响登记表　　D．环境影响的篇章

4．某省人民政府拟报送一流域水电规划草案。依据《环境影响评价法》和《规划环境影响评价条例》，该省人民政府在报送该规划草案时，应当（　　）。（2011 年考题）

A．将该规划的环境影响报告书一并附送规划审批机关审查

B．只将审查小组对该规划的环境影响报告书的审查意见一并附送规划审批机关审查

C．将该规划的环境影响篇章或说明作为规划草案的组成部分报送规划审批机关审查

D．只将有关单位、专家和公众对该规划的环境影响报告书的意见一并附送规划审批机关审查

5．依据《环境影响评价法》，建设单位组织编制的环境影响后评价文件应当（　　）。（2011 年考题）

A．由建设单位直接存档备查

B．报建设项目所在地环境保护行政主管部门审批

C．报原环境影响评价文件审批部门和建设项目审批部门备案

D．报原环境影响评价文件审批部门审批，并报建设项目所在地人民政府备案

6．依据《环境影响评价法》，对有行业主管部门的建设项目编制的环境影响报告表，有审批权的环境保护行政主管部门应当（　　）作出审批决定。（2011 年考题）

A．自收到环境影响报告表之日起 15 日内

B．自收到环境影响报告表之日起 30 日内

C．自收到行业主管部门预审意见之日起 15 日内

D．自收到行业主管部门预审意见之日起 30 日内

7．某煤矿环境影响报告书审批后，在试运行期间，由于首采工作面移动了位置，致使采空区上方民房出现裂缝。依据《环境影响评价法》，该建设单位的下列做法中，正确的是（　）。（2011 年考题）

A．重新报批该项目的环境影响评价文件

B．组织该项目的环境影响后评价，采取改进措施

C．将该项目环境影响评价文件报原审批部门重新审核

D．在项目建成后，申请竣工环境保护验收时向原审批部门作出书面说明

8．某省级人民政府组织编制了流域水资源开发利用综合规划。根据《环境影响评价法》及有关文件，该人民政府应当组织进行规划的环境影响评价，并向审批该规划的机关提出（　　）。（2013 年考题）

A．环境影响报告书　　　　B．环境影响报告表

C．环境影响登记表　　　　D．环境影响篇章或说明

9．根据《环境影响评价法》《规划环境影响评价条例》和相关文件，关于跟踪评价的要求，下列说法中，错误的是（　）。（2013 年考题）

A．跟踪评价的结论应当是规划环境影响跟踪评价包括的内容

B．规划环境影响的跟踪评价应当包括公众对规划实施所产生的环境影响的意见

C．实施五年以上的产业园区规划，其编制部门应组织开展环境影响的跟踪评价，编制环境影响报告书

D．对环境有重大影响的规划实施后，规划编制机关应当及时组织规划环境影响的跟踪评价，将评价结果报告当地人民政府和环境保护等有关部门

10．某企业拟建一个对环境可能造成重大影响的项目。根据《环境影响评价法》关于建设项目环境影响评价分类管理的有关规定，下列说法正确的是（　　）。（2013 年考题）

A．该项目应当编制环境影响报告表，并附环境风险评价专题

B．该项目应当编制环境影响报告书，对产生的环境影响进行全面评价

C．该项目应当编制环境影响报告表，对产生的环境影响进行全面分析

D．该项目应当编制环境影响报告书，对项目潜在的环境风险进行全面分析

11．某办公用房环境影响报告表经当地环境保护行政主管部门审批后，建设地点和建设规模均发生了重大变动。根据《环境影响评价法》，建设单位的下列做法正确的是（　　）。（2013 年考题）

A．该建设单位应重新报批办公用房环境影响评价文件

B．将环境影响报告表重新报该环境保护行政主管部门审核

C．对办公用房进行跟踪评价，及时采取防治环境污染的措施

D．在办公用房建成后向该环境保护行政主管部门申请竣工环保验收时出具变更说明

12．根据《环境影响评价法》，国务院有关部门、设区的市级以及人民政府及有关部门，对其编制的（　　）需要编制环境影响报告书。（2014 年考题）

A．土地利用的有关规划　　B．区域建设、开发规划

C．城市建设指导性规划　　D．自然资源开发有关专项规划

13．根据《环境影响评价法》和《规划环境影响评价条例》中关于公众参与的规定，下列说法中，错误的是（　　）。（2014 年考题）

A．综合性规划和指导性专项规划不进行公众参与调查

B．规划的环境影响篇章或者说明中，应当附有对公众意见采纳与不采纳情况的说明

C．在报送审查的规划环境影响报告书中，应当附有对公众意见采纳与不采纳情况及其理由的说明

D．对可能造成不良环境影响并直接涉及公众环境权益的专项规划，其编制机关应在规划草案报送审批前，公开征求有关单位、专家和公众对环境影响报告书的意见

14．根据《环境影响评价法》和《规划环境影响评价条例》中关于专项规划环境影响报告书结论以及审查意见采纳的规定，下列说法正确的是（　　）。（2014 年考题）

A．规划审批机关应当将环境影响评价报告书结论作为决策的唯一依据

B．在审批规划中未采纳环境报告书结论的，应当作出说明，并上报同级人民政府

C．规划审批机关在审批专项规划草案时，应当将环境影响报告书结论以及审查意见作为批复的依据

D．规划审批机关对环境影响报告书结论以及审查意见不予采纳的，应当逐项

就不予采纳的理由作出书面说明，并存档备查

15．根据《环境影响评价法》，建设项目的环境影响评价文件自批准之日起超过（　　）年，方决定该项目开工建设的，其环境影响评价文件应当报原审批部门重新审核。（2015 年考题）

A．二　　B．三　　C．五　　D．七

16．根据《环境影响评价法》，下列说法正确的是（　　）。（2016 年考题）

A．建设项目可能造成很小环境影响的，应当填报环境影响登记表

B．建设项目可能造成轻度环境影响的，应当编制环境影响报告表，对产生的环境影响进行分析或者专项评价

C．建设项目可能造成重大环境影响的，应当编制环境影响报告书，对产生的环境影响进行全面分析或评价

D．建设项目可能造成重大环境影响的，应当编制环境影响报告表，对产生的环境影响进行分析或专项评价

17．根据《环境影响评价法》，国家根据建设项目对环境影响的（　　），对建设项目的环境影响实行分类管理。（2016 年考题）

A．影响范围　　B．影响程度

C．影响类别　　D．影响因子

18．根据《环境影响评价法》，审批部门应当自收到环境影响报告书之日起（　　）日内，作出审批规定并书面通知建设单位。（2016 年考题）

A．15　　B．30　　C．60　　D．45

19．根据《环境影响评价法》，环境影响评价必须（　　），综合考虑规划或者建设项目实施后对各种环境因素及其所构成的生态系统可能造成的影响，为决策提供科学依据。（2017 年考题）

A．客观、公开、公平　　B．客观、公开、公正

C．客观、公正、公平　　D．公开、公正、公平

20．根据《环境影响评价法》，该法所称环境影响评价是指（　　）。（2018 年考题）

A. 对规划和建设项目实施后可能造成的环境影响进行分析、预测和评估提出预防或者减轻不良环境影响的对策和措施的方法与制度

B. 对规划和建设项目实施后可能造成的环境、社会影响进行分析、预测和评估提出预防或者减轻不良影响的对策和措施的方法与制度

C. 对规划和建设项目实施后可能造成的环境影响进行分析、预测和评估提出预防或者减轻不良环境影响的对策和措施，进行跟踪监测的方法与制度

D. 对规划和建设项目实施后可能造成的环境、社会影响进行分析、预测和评估，

提出预防或者减轻不良影响的对策和措施，进行跟踪监测或评估的方法与制度

21. 根据《环境影响评价法》，下列由国务院有关部门设区的市级以上地方人民政府及其有关部门组织编制的规划中，属于应当组织进行环境影响评价，并向规划审批机关提出环境影响报告书的是（　　）。（2018 年考题）

A. 土地利用的有关规划

B. 工业、农业、畜牧业专项规划

C. 文化、旅游、城市建设有关的专项规划

D. 区域、流域、海域的建设、开发利用规划

22. 根据《环境影响评价法》，关于建设项目环境影响评价分类管理的说法，正确的是（　　）。（2018 年考题）

A. 建设项目的环境影响评价分类管理名录，由国务院制定并公布

B. 对环境影响很小、需要进行环境影响评价的项目，应当填报环境影响登记表

C. 可能造成轻度环境影响的建设项目，应当编制环境影响报告表，对产生的环境影响进行专项评价

D. 可能造成重大环境影响的建设项目，应当编制环境影响报告书，对产生的环境影响进行全面评价

23. 根据《环境影响评价法》，下列规划中，属于应当在规划编制过程中组织进行环境影响评价，编写环境影响篇章或者说明的是（　　）。（2019 年考题）

A. 地方铁路建设规划

B. 某地区城际铁路网建设规划

C. 设区的市级以上矿产资源开发利用规划

D. 设区的市级以上矿产资源勘查规划

24. 根据《环境影响评价法》，建设项目环境影响报告表存在环境影响评价结论不合理等严重质量问题的，（　　）。（2019 年考题）

A. 编制主持人三年内禁止从事环境影响报告书编制工作

B. 主要编制人员终身禁止从事环境影响报告表编制工作

C. 上述行为若构成犯罪，要依法追究编制主持人刑事责任，并五年内禁止从事环境影响报告书、环境影响报告表编制工作

D. 上述行为若构成犯罪，要依法追究编制主持人和主要编制人员刑事责任，并终身禁止从事环境影响报告书、环境影响报告表编制工作

25. 某建设项目环境影响评价文件在 2018 年 9 月获得甲省生态环境主管部门批复，2019 年 1 月，建设单位决心改变原生产工艺，采用新的生产工艺，按相关规定属于生产工艺发生重大变动，此时该类型项目的环境影响评价文件审批权限已调整下放到乙市生态环境主管部门。根据《环境影响评价法》，下列说法中，正确的是

（　　）。（2019 年考题）

A．该环境影响评价文件原批复有效，无须再次报批

B．该环境影响评价文件应报甲省生态环境主管部门重新审批

C．该环境影响评价文件应报乙市生态环境主管部门重新审批

D．该环境影响评价文件应报甲省生态环境主管部门重新审核

26．根据《环境影响评价法》，建设项目的环境影响报告书应当包括的内容有（　　）。（2019 年考题）

A．工程分析

B．环境风险评价

C．清洁生产和循环经济分析

D．对建设项目实施环境监测的建议

27．根据《环境影响评价法》，关于跟踪评价的说法错误的是（　　）。（2019 年考题）

A．跟踪评价的对象是对环境有重大影响的规划

B．组织进行跟踪评价的主体是环境影响评价机构

C．跟踪评价的时间是对环境有重大影响的规划实施后

D．跟踪评价结果报告该规划的原审批机关

二、不定项选择题

1．依据《环境影响评价法》，建设项目的环境影响报告书必须包括的内容是（　　）。（2009 年、2011 年考题）

A．环境影响评价结论　　B．环境风险影响评价

C．对建设项目实施环境监测的建议　　D．建设项目对环境影响的经济损益分析

E．建设项目环境保护措施及其技术、经济论证

2．依据《环境影响评价法》，建设项目环境影响评价文件经批准后，该项目的建设单位应当重新报批环境影响评价文件的情形是（　　）。（2011 年考题）

A．该项目采用的生产工艺发生重大变化

B．该项目的性质、规模、地点发生重大变化

C．该项目环境影响评价文件自批准之日起三年内未开工建设

D．该项目采用的防治污染、防止生态破坏的措施发生重大变化

3．根据《环境影响评价法》，应当编制环境影响报告书的规划包括（　　）。（2012 年考题）

A．地方铁路建设规划　　B．省级煤炭行业发展规划

C．设区的市级畜牧业发展规划　　D．设区的市级以上土地利用总体规划

4．根据《环评影响评价法》，关于环境影响后评价的规定，下列说法中，错误的是（　　）。（2013 年考题）

A．在项目建设过程中产生不符合经审批的环境影响评价文件的情形的，建设单位应当组织环境影响的后评价，采取改进措施

B．在项目运行过程中产生不符合经审批的环境影响评价文件的情形的，建设单位应当组织环境影响的后评价，采取改进措施

C．在项目关闭过程中产生不符合经审批的环境影响评价文件的情形的，建设单位应当组织环境的后评价，采取改进措施

D．在项目建设过程中产生不符合经审批的环境影响评价文件情形的，原环境影响评价文件审批部门可以责成建设单位进行环境影响的后评价，采取改进措施

5．根据《环境影响评价法》，建设项目的环境影响报告书应包括的内容有（　　）。（2015 年考题）

A．建设项目概况

B．建设项目周围环境现状

C．建设项目环境保护措施及其技术、经济论证

D．建设项目对周围人群健康可能造成影响的分析、预测和评估

6．根据《环境影响评价法》，建设项目的环境影响评价文件经批准后，建设项目（　　）发生重大变动的，建设单位应当重新报批建设项目的环境影响评价文件。（2015 年考题）

A．投资　　B．地点

C．规模　　D．采用的生产工艺

7．根据《环境影响评价法》，在项目（　　）产生了不符合经审批的环境影响评价文件的情形，建设单位应当组织环境影响的后评价，采取改进措施，并报原环境影响评价文件审批部门和建设项目审批部门备案。（2015 年考题）

A．建设过程中　　B．开工建设前

C．运行过程中　　D．设计过程中

8．根据《环境影响评价法》，环境影响评价必须（　　）。（2016 年考题）

A．客观、公开、公正

B．促进社会可持续发展

C．为决策提供科学依据

D．综合考虑规划或者建设项目实施后对各种环境因素及其所构成的生态系统可能造成的影响

9．根据《环境影响评价法》，下列规划中，应当在规划编制过程中编写环境影

响篇章或者说明的有（　　）。（2016年考题）

A．全国防洪规划　　B．省级内河航运规划

C．民用机场总体规划　　D．油（气）田总体开发方案

10．根据《环境影响评价法》，应当编制规划环境影响报告书的规划有（　　）。（2017年考题）

A．全国港口布局规划　　B．某省跨流域调水规划

C．某省海域开发利用规划　　D．油（气）田总体开发方案

11．根据《环境影响评价法》，环境影响评价分类管理的有关规定，下列说法中，正确的是（　　）。（2017年考题）

A．建设项目对环境可能造成轻度影响的，应当编制环境影响报告表

B．建设项目对环境可能造成中度影响的，应当编制环境影响报告表

C．建设项目对环境可能造成重大影响的，应当编制环境影响报告书

D．建设项目对环境影响很小，不需要进行环境影响评价的，应当填报环境影响评价登记表

12．根据《环境影响评价法》，在项目建设运行过程中产生不符合经审批的环境影响评价文件的情形的，下列说法中，正确的有（　　）。（2017年考题）

A．建设单位应当组织环境影响的后评价，采取改进措施

B．原环评单位应当组织环境影响的后评价，采取改进措施

C．建设单位的上级主管部门可以责成建设单位进行环境影响的后评价，采取改进措施

D．原环境影响评价文件审批部门可以责成建设单位进行环境影响的后评价，采取改进措施

13．根据《环境影响评价法》，下列内容中，属于建设项目环境影响报告书应当包括的内容有（　　）。（2018年考题）

A．公众参与　　B．环境风险评价

C．建设项目周围环境现状　　D．建设项目环境保护措施及其技术、经济论证

参考答案

一、单项选择题

1．D 【解析】第一条：为了实施可持续发展战略，预防因规划和建设项目实施后对环境造成不良影响，促进经济、社会和环境的协调发展，制定本法。

2．A 【解析】第八条：国务院有关部门、设区的市级以上地方人民政府及其

有关部门，对其组织编制的工业、农业、畜牧业、林业、能源、水利、交通、城市建设、旅游、自然资源开发的有关专项规划（以下简称专项规划），应当在该专项规划草案上报审批前，组织进行环境影响评价，并向审批该专项规划的机关提出环境影响报告书。

也可根据《关于印发〈编制环境影响报告书的规划的具体范围（试行）〉和〈编制环境影响篇章或说明的规划的具体范围（试行）〉》确定。

3．B 【解析】第十六条：（二）可能造成轻度环境影响的，应当编制环境影响报告表，对产生的环境影响进行分析或者专项评价。

4．A 【解析】第八条：国务院有关部门、设区的市级以上地方人民政府及其有关部门，对其组织编制的工业、农业、畜牧业、林业、能源、水利、交通、城市建设、旅游、自然资源开发的有关专项规划（以下简称专项规划），应当在该专项规划草案上报审批前，组织进行环境影响评价，并向审批该专项规划的机关提出环境影响报告书。流域水电规划需做环境影响报告书。

5．C 【解析】第二十七条：在项目建设、运行过程中产生不符合经审批的环境影响评价文件的情形的，建设单位应当组织环境影响的后评价，采取改进措施，并报原环境影响评价文件审批部门和建设项目审批部门备案。

6．B 【解析】第二十二条：审批部门应当自收到环境影响报告书之日起六十日内，收到环境影响报告表之日起三十日内，分别作出审批决定并书面通知建设单位。

7．A 【解析】首采工作面移动了位置，属于第二十四条：建设项目的环境影响评价文件经批准后，建设项目的性质、规模、地点、采用的生产工艺或者防治污染、防止生态破坏的措施发生重大变动的，建设单位应当重新报批建设项目的环境影响评价文件。

8．A 【解析】涉及水利的有关专项规划都是编制环境影响报告书。水资源开发利用综合规划属水利的有关规划。

9．D 【解析】选项 A 和 B 都是《规划环境影响评价条例》中关于规划环境影响的跟踪评价应当包含的内容。选项 D 的正确说法是第十五条：对环境有重大影响的规划实施后，编制机关应当及时组织环境影响的跟踪评价，并将评价结果报告审批机关。

10．B 【解析】第十六条：（一）可能造成重大环境影响的，应当编制环境影响报告书，对产生的环境影响进行全面评价。

11．A 【解析】第二十四条：建设项目的环境影响评价文件经批准后，建设项目的性质、规模、地点、采用的生产工艺或者防治污染、防止生态破坏的措施发生重大变动的，建设单位应当重新报批建设项目的环境影响评价文件。

12．D 【解析】环发〔2004〕98 号文件，《编制环境影响报告书的规划的具体范围（试行）》第九类：自然资源开发的有关专项规划，包括：（一）矿产资源：设区的市级以上矿产资源开发利用规划；（二）土地资源：设区市级以上土地开发整理规划；（三）海洋资源：设区的市级以上海洋自然资源开发利用规划；（四）气候资源：气候资源开发利用规划。

13. B 【解析】综合性规划和指导性专项规划是编制环境影响篇章或者说明，不需要进行公众参与调查。第十一条：专项规划的编制机关对可能造成不良环境影响并直接涉及公众环境权益的规划，应当在该规划草案报送审批前，举行论证会、听证会，或者采取其他形式，征求有关单位、专家和公众对环境影响报告书草案的意见。但是，国家规定需要保密的情形除外。编制机关应当认真考虑有关单位、专家和公众对环境影响报告书草案的意见，并应当在报送审查的环境影响报告书中附具对意见采纳或者不采纳的说明。

14. D 【解析】第十四条：设区的市级以上人民政府或者省级以上人民政府有关部门在审批专项规划草案时，应当将环境影响报告书结论以及审查意见作为决策的重要依据。在审批中未采纳环境影响报告书结论以及审查意见的，应当作出说明，并存档备查。

15. C 【解析】第二十四条：建设项目的环境影响评价文件自批准之日起超过五年，方决定该项目开工建设的，其环境影响评价文件应当报原审批部门重新审核。

16. B 【解析】第十六条：（一）可能造成重大环境影响的，应当编制环境影响报告书，对产生的环境影响进行全面评价；（二）可能造成轻度环境影响的，应当编制环境影响报告表，对产生的环境影响进行分析或者专项评价；（三）对环境影响很小、不需要进行环境影响评价的，应当填报环境影响登记表。

17. B 【解析】第十六条：国家根据建设项目对环境的影响程度，对建设项目的环境影响评价实行分类管理。

18. C 【解析】第二十二条：审批部门应当自收到环境影响报告书之日起六十日内，收到环境影响报告表之日起三十日内，分别作出审批决定并书面通知建设单位。

19. B 【解析】第四条：环境影响评价必须客观、公开、公正，综合考虑规划或者建设项目实施后对各种环境因素及其所构成的生态系统可能造成的影响，为决策提供科学依据。

20. C 【解析】第二条：环境影响评价是指对规划和建设项目实施后可能造成的环境影响进行分析、预测和评估，提出预防或者减轻不良环境影响的对策和措施，进行跟踪监测的方法与制度。

21. B 【解析】环发〔2004〕98 号文件，《编制环境影响报告书的规划的具体范围（试行）》第一类：工业的有关专项规划；第二类：农业的有关专项规划；第三类：畜牧业的有关专项规划。

22．D 【解析】根据《环境影响评价法》第十六条规定：国家根据建设项目对环境的影响程度，对建设项目的环境影响评价实行分类管理。建设单位应当按照下列规定组织编制环境影响报告书、环境影响报告表或者填报环境影响登记表（以下统称环境影响评价文件）：（一）可能造成重大环境影响的，应当编制环境影响报告书，对产生的环境影响进行全面评价；（二）可能造成轻度环境影响的，应当编制环境影响报告表，对产生的环境影响进行分析或者专项评价；（三）对环境影响很小、不需要进行环境影响评价的，应当填报环境影响登记表。建设项目的环境影响评价分类管理名录，由国务院环境保护行政主管部门制定并公布。

23．D 【解析】环发〔2004〕98号文件，《编制环境影响篇章或说明的规划的具体范围（试行）》第十三类：自然资源开发指导性专项规划，包括设区的市级以上矿产资源勘查规划。

24．D 【解析】第三十二条：编制单位有本条第一款、第二款规定的违法行为的，编制主持人和主要编制人员五年内禁止从事环境影响报告书、环境影响报告表编制工作；构成犯罪的，依法追究刑事责任，并终身禁止从事环境影响报告书、环境影响报告表编制工作。

25．C 【解析】第二十四条：建设项目的环境影响评价文件经批准后，建设项目的性质、规模、地点、采用的生产工艺或者防治污染、防止生态破坏的措施发生重大变动的，建设单位应当重新报批建设项目的环境影响评价文件。

《关于建设项目重大变动环境影响评价文件审批权限的复函》（环办函〔2015〕1242号）规定：建设项目的环境影响评价文件经批准后，建设项目的性质、规模、地点、采用的生产工艺或者防治污染、防止生态破坏的措施发生重大变动的，建设单位应当按现行分级审批规定，向有审批权的环境保护部门报批项目重大变动环境影响评价文件。

26．D 【解析】第十七条：建设项目的环境影响报告书应当包括下列内容：（一）建设项目概况；（二）建设项目周围环境现状；（三）建设项目对环境可能造成影响的分析、预测和评估；（四）建设项目环境保护措施及其技术、经济论证；（五）建设项目对环境影响的经济损益分析；（六）对建设项目实施环境监测的建议；（七）环境影响评价的结论。

27．B 【解析】第十五条：对环境有重大影响的规划实施后，编制机关应当及时组织环境影响的跟踪评价，并将评价结果报告审批机关；发现有明显不良环境影响的，应当及时提出改进措施。

二、不定项选择题

1．ACDE 【解析】第十七条：建设项目的环境影响报告书应当包括下列内容：

（一）建设项目概况；（二）建设项目周围环境现状；（三）建设项目对环境可能造成影响的分析、预测和评估；（四）建设项目环境保护措施及其技术、经济论证；（五）建设项目对环境影响的经济损益分析；（六）对建设项目实施环境监测的建议；（七）环境影响评价的结论。

在实际的环评报告书中不仅仅是七条内容，比如部分报告书也需要设置“环境风险评价”章节，但从考试的角度来说，明确按《环境影响评价法》中的内容回答，则不能脱离《环境影响评价法》中的规定。

2．ABD 【解析】第二十四条：建设项目的环境影响评价文件经批准后，建设项目的性质、规模、地点、采用的生产工艺或者防治污染、防止生态破坏的措施发生重大变动的，建设单位应当重新报批建设项目的环境影响评价文件。

3．AC 【解析】环发〔2004〕98 号文件，《编制环境影响报告书的规划的具体范围（试行）》第六类：交通的有关专项规划中第 6 条、地方铁路建设规划；第三类：畜牧业的有关专项规划中第 1 条、省级及设区的市级畜牧业发展规划。

4．C 【解析】第二十七条：在项目建设、运行过程中产生不符合经审批的环境影响评价文件的情形，建设单位应当组织环境影响的后评价，采取改进措施，并报原环境影响评价文件审批部门和建设项目审批部门备案；原环境影响评价文件审批部门也可以责成建设单位进行环境影响的后评价，采取改进措施。

5．ABC 【解析】第十七条：建设项目的环境影响报告书应当包括下列内容：（一）建设项目概况；（二）建设项目周围环境现状；（三）建设项目对环境可能造成影响的分析、预测和评估；（四）建设项目环境保护措施及其技术、经济论证；（五）建设项目对环境影响的经济损益分析；（六）对建设项目实施环境监测的建议；（七）环境影响评价的结论。

6．BCD 【解析】第二十四条：建设项目的环境影响评价文件经批准后，建设项目的性质、规模、地点、采用的生产工艺或者防治污染、防止生态破坏的措施发生重大变动的，建设单位应当重新报批建设项目的环境影响评价文件。

7．AC 【解析】第二十七条：在项目建设、运行过程中产生不符合经审批的环境影响评价文件的情形的，建设单位应当组织环境影响的后评价，采取改进措施，并报原环境影响评价文件审批部门和建设项目审批部门备案。

8．ACD 【解析】第四条：环境影响评价必须客观、公开、公正，综合考虑规划或者建设项目实施后对各种环境因素及其所构成的生态系统可能造成的影响，为决策提供科学依据。

9．AC 【解析】环发〔2004〕98 号文件，《编制环境影响篇章或说明的规划的具体范围（试行）》第三类：流域的建设、开发利用规划中第 2 条、全国防洪规划；第十类：交通指导性专项规划中第 3 条、民用机场总体规划。

10．BD 【解析】环发〔2004〕98 号文件，《编制环境影响报告书的规划的具体范围（试行）》第五类：水利的有关专项规划中第 2 条、设区的市级以上跨流域调水规划；第四类：能源的有关专项规划中第 1 条、油（气）田总体开发方案。

11．ACD 【解析】第十六条：（一）可能造成重大环境影响的，应当编制环境影响报告书，对产生的环境影响进行全面评价；（二）可能造成轻度环境影响的，应当编制环境影响报告表，对产生的环境影响进行分析或者专项评价；（三）对环境影响很小、不需要进行环境影响评价的，应当填报环境影响登记表。

12．AD 【解析】第二十七条：在项目建设、运行过程中产生不符合经审批的环境影响评价文件的情形的，建设单位应当组织环境影响的后评价，采取改进措施，并报原环境影响评价文件审批部门和建设项目审批部门备案；原环境影响评价文件审批部门也可以责成建设单位进行环境影响的后评价，采取改进措施。

13．CD 【解析】第十七条：建设项目的环境影响报告书应当包括下列内容：（一）建设项目概况；（二）建设项目周围环境现状；（三）建设项目对环境可能造成影响的分析、预测和评估；（四）建设项目环境保护措施及其技术、经济论证；（五）建设项目对环境影响的经济损益分析；（六）对建设项目实施环境监测的建议；（七）环境影响评价的结论。

三、规划环境影响评价条例

一、单项选择题

1．依据《规划环境影响评价条例》，专项规划在规划草案报送审批前，该规划环境影响报告书征求公众意见的主体应当是（　）。（2010 年考题）

A．规划编制机关　　B．规划审批机关

C．环境保护行政主管部门　　D．规划环境影响评价技术机构

2．某省人民政府拟报送一流域水电规划草案。依据《环境影响评价法》和《规划环境影响评价条例》，该省人民政府在报送此规划草案时，应当（　）。（2010 年考题）

A．将环境影响报告书一并附送规划审批机关审查

B．只将审查小组对环境影响报告书的审查意见一并附送规划审批机关审查

C．将环境影响篇章或说明作为规划草案的组成部分报送规划审批机关审查

D．只将有关单位、专家和公众对环境影响报告书的意见一并附送规划审批机关审查

3．审查小组在审查某省的跨流域调水规划环境影响报告书时，发现其中没有就跨流域调水对生态系统的影响进行评价。依据《规划环境影响评价条例》，审查小组提出的审查意见应当是（　）。（2010 年、2011 年考题）

A．对环境影响报告书进行修改并重新审查

B．对环境影响报告书进行修改并重新征求公众意见

C．对环境影响报告书进行修改并与规划草案一起报送规划审批机关审查

D．对环境影响报告书进行修改并报环境保护主管部门审批

4．某省会城市的总体规划实施后造成了重大环境影响，该市人民政府及时组织开展了该规划的环境影响跟踪评价。依据《规划环境影响评价条例》及《城乡规划法》，该市人民政府应将评价结果报告（　）。（2010 年考题）

A．国务院　　B．省人民政府

C．国务院城乡规划主管部门　　D．省环境保护行政主管部门

5．依据《规划环境影响评价条例》，对已经批准的规划需要重新或者补充进行

环境影响评价的情况是（ ）。（2010 年考题）

A．规划的实施范围发生重大调整

B．规划实施后对环境有重大影响

C．规划批准后公众提出反对意见

D．规划批准后环境保护主管部门提出新要求

6．依据《关于学习贯彻〈规划环境影响评价条例〉加强规划环境影响评价工作的通知》，强化矿产资源开发规划环评实效性的落脚点是（ ）。（2011 年考题）

A．保障资源开发区域的社会稳定

B．保障资源开发区域的经济发展

C．保障资源开发区域的生态服务功能

D．保障资源开发区域节能减排目标的实现

7．某设区的市级人民政府组织某环境影响评价技术机构编制了该市《农业发展规划》的环境影响篇章，并作为该规划草案的组成部分一并报送规划审批机关。根据《规划环境影响评价条例》，应当对该环境影响评价文件质量负责的是（ ）。（2012 年考题）

A．该市人民政府

B．规划审批机关

C．该市的农业主管部门

D．承担编制环境影响评价文件的环境影响评价技术机构

8．根据《规划环境影响评价条例》，审查小组提出不予通过环境影响报告书意见的情形是（ ）。（2012 年考题）

A．评价方法选择不当的

B．环境影响评价结论不明确、不合理或错误的

C．预防或者减轻不良环境影响的对策和措施存在严重缺陷的

D．依据现有知识水平和技术条件，对规划实施可能产生的不良环境影响的程度或者范围不能作出科学判断的

9．某设区的市级人民政府审批该市化工行业发展规划草案时，决定不采纳该规划环境影响报告书审查意见。根据《规划环境影响评价条例》，该市人民政府应当（ ）。（2012 年考题）

A．逐项就不予采纳的理由作出书面说明，并存档备查

B．要求审查小组重新审查环境影响报告书，并提出书面审查意见

C．要求承担规划环境影响评价的技术机构重新编制环境影响报告书

D．就不予采纳的理由逐项作出书面说明，并对该规划提出重新审查的要求

10．环境保护行政主管部门发现某规划实施过程中产生了重大不良环境影

响。根据《规划环境影响评价条例》，该环境保护行政主管部门应当（　　）。（2012 年考题）

A．及时进行核查

B．及时提出改进措施

C．责令规划编制机关调整规划

D．责令环评机构重新编制环境影响报告书

11．根据《规划环境影响评价条例》，对规划进行环境影响评价，应当遵守的有关标准、技术规范和技术导则不包括（　　）。（2013 年考题）

A．环境保护标准　　B．规划编制技术规范

C．环境影响评价技术规范　　D．环境影响评价技术导则

12．某设区的城市编制矿产资源勘察规划。根据《规划环境影响评价条例》和进行环境影响评价的规划中具体范围的规定，该规划的环境影响评价文件内容不包括（　　）。（2013 年考题）

A．规划草案的调整建议

B．资源环境承载能力分析

C．与相关规划的环境协调性分析

D．预防或减轻不良环境影响的对策和措施

13．根据《规划环境影响评价条例》，（　　）应对规划环境影响评价文件的质量负责。（2014 年考题）

A．规划编制机关

B．规划审批机关

C．规划环境影响评价技术机构

D．规划环境影响评价审查机构

14．根据《规划环境影响评价条例》，审查小组提出对专项规划的环境影响报告书进行修改并重新审查意见的情形不包括（　　）。（2014 年考题）

A．评价方法选择不当的

B．内容存在重大缺陷或者遗漏的

C．环境影响评价结论不明确、不合理或者错误的

D．规划实施可能造成重大不良影响，并且无法提出切实可行的预防或者减轻对策和措施的

15．根据《规划环境影响评价条例》，对环境有重大影响的规划实施后，（　　）应当及时组织规划环境影响跟踪评价。（2014 年考题）

A．规划编制机关　　B．规划审批机关

C．环境保护行政主管部门　　D．环境影响评价技术机构

16. 根据《规划环境影响评价条例》，专项规划环境影响评价报告书的审查时间是（　　）。（2015年考题）

A. 专项规划审批前　　B. 专项规划审批中

C. 专项规划审批后　　D. 专项规划编制完成后

17. 根据《规划环境影响评价条例》，下列规划中，需要进行环境影响评价的规划是（　　）。（2016年考题）

A. 国家经济区规划

B. 某县的公共交通规划

C. 某县的矿产资源勘查规划

D. 某直辖市“十三五”发展规划

18. 根据《规划环境影响评价条例》，下列关于公众参与的说法中，正确的是（　　）。（2016年考题）

A. 规划的环境影响篇章或者说明以及环境影响报告书，应当征求公众意见

B. 规划编制机关在专项规划批准后，规划环境影响评价文件报审前，应当征求公众意见

C. 规划编制机关采取调查问卷、座谈会、论证会、听证会等形式，公开征求有关单位、专家和公众对环境影响报告书的意见

D. 规划环境影响评价机构采取调查问卷、座谈会、论证会、听证会等形式、公开征求有关单位、专家和公众对环境影响篇章的意见

19. 根据《规划环境影响评价条例》以及《关于做好矿产资源规划环境影响评价工作的通知》，下列规划中，需编制环境影响报告书的规划是（　　）。（2016年考题）

A. 全国地质勘查规划

B. 全国矿产资源规划

C. 某省稀土资源总体规划

D. 某国家规划矿区开发利用规划

20. 某省审批的矿产资源开发利用规划环境影响报告书编制完成后上报审查。根据《规划环境影响评价条例》，该省的下列做法中，正确的是（　　）。（2017年考题）

A. 规划审批机关在审批该规划前，召集环境保护主管部门和专家组成审查小组，对环境影响报告书进行审查

B. 规划审批机关在审批该规划后，召集环境保护主管部门和专家组成审查小组，对环境影响报告书进行审查

C. 环境保护主管部门召集有关部门代表和专家组成审查小组，在该规划审批

前，对环境影响报告书进行审查

D. 环境保护主管部门召集有关部门代表和专家组成审查小组，在该规划审批后，对环境影响报告书进行审查

21. 根据《规划环境影响评价条例》，规划环境影响报告书审查意见不包括（　）。（2017年考题）

A. 评价方法的适当性

B. 环境影响评价结论的科学性

C. 规划优化调整建议的合理性

D. 预防或减轻不良环境影响的对策和措施的合理性和有效性

22. 根据《关于加强规划环境影响评价与建设项目环境影响评价联动工作的意见》，下列说法中，错误的是（　）。（2017年考题）

A. 对符合规划环评结论及审查要求的建设项目，其环评文件应按照规划环评的意见进行简化

B. 对于已经完成规划环评主要工作任务的具指导意义的综合规划，可以实施规划环评与规划所包含的项目环评的联动工作

C. 经审查小组审查发现规划环评没有完成主要工作任务的，应采用适当方式建议有关部门对规划环评进行完善，并经审查小组审查后方能开展联动工作

D. 按照规划环评结论和审查意见，对于相关项目环评应简化的内容，可采用在项目环评文件中引用规划环评结论，减少环评文件内容或章节等方式实现

23. 根据《关于以改善环境质量为核心加强环境影响评价管理的通知》，强化“三线一单”约束作用，除了环境质量底线、环境准入负面清单外，还应包含（　）。（2017年考题）

A. 生态保护红线，资源利用上线

B. 生态保护红线，环境容量上线

C. 生态空间管控红线，资源利用上线

D. 生态空间管控红线，环境容量上线

24. 根据《规划环境影响评价条例》，下列内容中，不属于环境影响篇章或说明应包括的内容（　）。（2018年考题）

A. 环境影响评价结论

B. 预防或者减轻不良环境影响的对策和措施

C. 规划实施对环境可能造成影响的分析、预测和评估

D. 资源环境承载能力分析、不良环境影响的分析和预测以及相关规划的环境协调性分析

25. 根据《规划环境影响评价条例》，关于专项规划环境影响报告书审查程序

的说法，错误的是（　　）。（2018 年考题）

A. 审查小组应当递交书面审查意见

B. 审查小组中有关部门代表人数不得少于审查小组总人数的二分之一

C. 参与环境影响报告书编制的专家，不得作为该环境影响报告书审查小组的组员

D. 设区的市级以上人民政府审批的专项规划，在审批前由其环境保护主管部门召集有关部门代表和专家组成审查小组，对环境影响报告书进行审查

26. 根据《规划环境影响评价条例》，下列内容中，规划环境影响报告书审查意见应当包括的是（　　）。（2018 年考题）

A. 评价方法的适当性

B. 评价内容的全面性

C. 基础资料、数据的完整性

D. 环境影响分析、预测和评估的客观性

27. 某规划实施过程中产生重大不良环境影响，根据《规划环境影响评价条例》关于规划环境影响跟踪评价有关规定的说法，正确的是（　　）。（2018 年考题）

A. 规划编制机关应当及时提出改进措施、暂停规划实施，向规划审批机关报告

B. 规划编制机关应当及时提出改进措施、暂停规划实施，向环境保护主管部门报告

C. 规划编制机关应当及时提出改进措施，向规划审批机关报告，并通报环境保护等有关部门

D. 规划编制机关应当委托跟踪评价单位提出改进措施，向环境保护主管部门报告，并通报规划审批机关等有关部门

28. 根据《关于加强规划环境影响评价与建设项目环境影响评价联动工作的意见》下列规划中，属于可以实施规划环评与规划包含的项目环评联动工作的是（　　）。（2018 年考题）

A. 未完成规划环评主要工作任务的某渔业发展规划

B. 已完成规划环评主要工作任务的某渔业发展规划

C. 未完成规划环评主要工作任务的某产业园区规划

D. 已完成规划环评主要工作任务的某矿产资源开发规划

29. 根据《关于加强规划环境影响评价与建设项目环境影响评价联动工作的意见》，下列工作任务中，不属于产业园区规划环评应当包括的是（　　）。（2018 年考题）

A. 提出园区污染物排放总量上限要求和环境准入条件

B. 结合城市或区域环境目标提出园区产业发展的负面清单

C. 提出优化产业定位、布局、结构、规模以及重大环境基础设施建设方案的建议

D．提出避让环境敏感目标和重要生态环境功能区等要求，明确生态环境保护的对策措施

30．根据《关于规划环境影响评价加强空间管制、总量管控和环境准入的指导意见（试行）》，关于空间管制、总量管控和环境准入的说法错误的是（　　）。（2018 年考题）

A．空间管制、总量管控和环境准入应作为规划环境影响评价成果的重要内容

B．加强环境准入，是指在符合空间管制和总量管控要求的基础上，提出区域（流域）产业发展的环境准入条件，推动产业转型升级和绿色发展

C．加强空间管制，是指在明确并保护生态空间的前提下，提出优化生产空间和生活空间的意见和要求，推进构建有利于产业发展的国土空间开发格局

D．加强总量管控，是指以推进环境质量改善为目标，明确区域流域及重点行业污染物排放总量上限，作为调控区域内产业规模和开发强度的依据

31．某规划环境影响评价技术机构因弄虚作假，导致其编制的环境影响评价文件严重失实。根据《规划环境影响评价条例》该技术机构应受到的处罚是（　　）。（2019 年考题）

A．构成犯罪的，依法追究刑事责任

B．处所造成损失的 1 倍以上 3 倍以下罚款

C．对该环境影响评价项目负责人依法给予处分

D．由负责审查该环境影响评价文件的环境保护主管部门予以通报

32．根据《规划环境影响评价条例》以及《关于做好矿产资源规划环境影响评价工作的通知》，下列规划中，需编制环境影响报告书的规划是（　　）。（2019 年考题）

A．省级地质勘查规划

B．全国矿产资源规划

C．省级矿产资源总体规划

D．设区的市级矿产资源总体规划

33．根据《规划环境影响评价条例》，对规划进行环境影响评价，应当分析、预测和评估的内容有（　　）。（2019 年考题）

A．规划实施可能对环境和人群健康产生的一定时间内的累积影响

B．规划实施可能对相关区域、流域、海域生态系统产生的整体影响

C．规划实施可能对社会环境、生态环境、人群健康产生的累积影响

D．规划实施的经济效益、社会效益、环境效益与生态效益之间以及当前利益与长远利益之间的关系

34．根据《关于开展规划环境影响评价会商的指导意见（试行）》（环发〔2015〕

179号），（　　）是依法组织开展规划环境影响评价会商的主体。（2019年考题）

A．规划编制机关

B．规划审批机关

C．规划环境影响涉及的省（区、市）人民政府或者相关部门

D．规划编制技术机构

35．根据《规划环境影响评价条例》，设区的市级以上人民政府审批的专项规划，在审批前由其环境保护主管部门召集有关部门代表和专家组成审查小组，对环境影响报告书进行审查。下列关于审查小组的说法错误的有（　　）。（2019年考题）

A．参与环境影响报告书编制的专家，不得作为该环境影响报告书审查小组的成员

B．审查小组中专家人数少于审查小组总人数的四分之三的，审查小组的审查意见无效

C．审查小组的专家应当从依法设立的专家库内相关专业的专家名单中随机抽取

D．审查意见应当经审查小组四分之三以上成员签字同意

二、不定项选择题

1．依据《规划环境影响评价条例》，规划环境影响评价技术机构因失职行为造成环境影响评价文件严重失实的，视情节可处所收费用（　　）倍的罚款。（2010年考题）

A．1　　B．2　　C．3　　D．5

2．依据《规划环境影响评价条例》，符合公众参与有关规定的有（　　）。（2011年考题）

A．规划编制机关应当就规划的环境影响报告书公开征求意见

B．规划编制机关应当就规划的环境影响篇章或说明公开征求意见

C．规划编制机关应当就涉及公众环境权益的专项规划公开征求意见

D．规划环境影响评价技术机构应当就其编制的规划环境影响报告书公开征求意见

3．依据《规划环境影响评价条例》，审查小组提出不予通过环境影响报告书的情形包括（　　）。（2011年考题）

A．对不良环境影响的分析、预测和评估不准确、不深入，需要进一步论证的

B．规划实施可能造成重大不良环境影响，并且无法提出切实可行的预防或者减轻对策和措施的

C．报告书未附具对公众意见采纳与不采纳情况及其理由的说明，或者不采纳公众意见的理由明显不合理的

D. 依据现有知识水平和技术条件，对规划实施可能产生的不良环境影响的程度或者范围不能作出科学判断的

4. 依据《规划环境影响评价条例》，规划编制机关在组织环境影响评价时失职，造成环境影响评价严重失实的，由上级机关或监察机关（　　）。（2011 年考题）

A. 对规划编制机关处以罚款

B. 对规划编制机关予以通报批评

C. 对直接负责的主管人员，给予口头批评

D. 对直接负责的主管人员，依法给予处分

5. 依据《规划环境影响评价条例》及其配套的规范性文件，对规划包含的建设项目环境影响评价文件不予受理的情形包括（　　）。（2011 年考题）

A. 规划未进行环境影响评价的

B. 规划内的建设项目，其环境影响评价文件的内容未进行简化的

C. 规划已批准，但规划的布局发生重大调整后未重新或者补充进行环境影响评价的

D. 规划已批准，但规划的总规模发生重大调整后未重新或者补充进行环境影响评价的

6. 根据《规划环境影响评价条例》，规划的环境影响篇章或说明应当包括（　　）。（2012 年考题）

A. 资源环境承载能力分析

B. 不良环境影响的分析和预测

C. 与相关规划的环境协调性分析

D. 预防或减轻不良环境影响的对策和措施

7. 根据《关于学习贯彻〈规划环境影响评价条例〉加强规划环境影响评价工作的通知》，推进重点区域规划环评的要求包括（　　）。（2013 年考题）

A. 把区域、流域、海域生态系统的整体性、长期性环境影响作为评价的关键点

B. 认真做好交通及重要基础设施规划环评，把协调好规划布局与重要生态环境敏感区的关系作为着力点

C. 将区域产业规划环评作为受理审批区域内高耗能项目环评文件的前提，避免产能过剩、重复建设引发新的区域性环境问题

D. 严格规范各类开发区及工业园区规划环评，把园区布局、产业结构和重要环保基础设施建设方案的环境合理性作为评价工作的重中之重

8. 根据《规划环境影响评价条例》，地方铁路建设规划环境影响评价文件的主要内容包括（　　）。（2014 年考题）

A. 环境影响评价结论

B．预防或者减轻不良环境影响的对策和措施

C．规划实施对环境可能造成影响的分析、预测和评估

D．对公众提出的意见采纳或者不采纳情况及其理由的说明

9．根据《规划环境影响评价条例》，专项规划环境影响报告书审查意见包括（　　）。（2014 年考题）

A．评价方法的适当性

B．评价标准的合理性

C．评价重点确定的准确性

D．环境影响分析、预测和评估的可靠性

10．根据《关于学习贯彻〈规划环境影响评价条例〉加强规划环境影响评价工作的通知》，推进重点领域规划环境影响评价的要求不包括（　　）。（2014 年考题）

A．进一步加强对钢铁、水泥等产能过剩行业规划的环境影响评价

B．认真做好交通及重要基础设施规划环评，把协调好规划布局与重要生态环境敏感区的关系作为着力点

C．将区域产业规划环评作为受理审批区城内高风险项目环评文件的前提，避免产能过剩、重复建设引发的区域性环境问题

D．努力提高城市规划评价质量，把规划环评早期介入城市总体规划及有关建设规划编制，实现与规划的全过程互动作为切入点

11．根据《规划环境影响评价条例》，规划环境影响报告书应当包括的内容有（　　）。（2015 年考题）

A．环境影响评价结论

B．预防或减轻不良环境影响的对策和措施

C．预防或减轻不良社会影响的对策和措施

D．规划实施对环境可能造成影响的分析、预测和评估

12．根据《规划环境影响评价条例》及相关文件，在各类开发区及工业园区的规划环评中，应把（　　）作为环评工作的重中之重。（2015 年考题）

A．区域生态系统的整体性、长期性

B．园区布局、产业结构的环境合理性

C．重要环保设施建设方案的环境合理性

D．规划布局与重要生态环境敏感区的协调性

13．根据《规划环境影响评价条例》，下列关于某省交通规划环境影响报告书审查的说法中，正确的有（　　）。（2016 年考题）

A．应当在交通规划审批前审查该环境影响报告书

B．审查小组应当提出环境影响报告书的书面审查意见

C．应当由专业环境影响技术评估机构召集环境影响报告书审查会

D．应当由有关部门代表、专家及公众组成环境影响报告书审查小组

14．根据《关于加强规划环境影响评价与建设项目环境影响评价联动工作的意见》，产业园区规划环评的主要工作任务应包括（　　）。（2016 年考题）

A．提出园区环境准入条件

B．提出园区污染物排放总量上限要求

C．结合城市或区域环境目标提出园区产业发展的负面清单

D．提出优化产业定位、布局、结构、规模以及重大环境基础设施建设方案的建议

15．根据《规划环境影响评价条例》，规划环境影响的跟踪评价应包括的内容有（　　）。（2017 年考题）

A．跟踪评价的结论

B．有关单位、专家对规划实施所产生的环境影响的意见采纳情况

C．规划实施中采取的预防或者减轻不良环境影响对策和措施有效性的分析和评估

D．规划实施后实际产生的环境影响与环境影响评价文件预测可能产生的环境影响之间的比较分析和评估

16．根据《规划环境影响评价条例》，下列内容中，属于规划环境影响跟踪评价应当包括的有（　　）。（2018 年考题）

A．跟踪评价的结论

B．规划修订建议及改进措施

C．公众对规划实施所产生的环境影响的意见

D．规划实施后实际产生的环境影响与环境影响评价文件预测可能产生的环境影响之间的比较分析和评估

17．根据《关于规划环境影响评价加强空间管制、总量管控和环境准入的指导意见（试行）》，关于环境准入的说法，正确的有（　　）。（2018 年考题）

A．对规划区域资源环境影响突出、经济社会贡献偏小的行业原则上应列入限制准入

B．根据环境保护政策规划、总量管控要求、清洁生产标准等，明确应限制或禁止的生产工艺或产品清单

C．如果规划拟发展的行业不满足单位面积（单位产值）的水耗、能耗、污染物排放量、环境风险等一项或多项指标的要求，应将其直接列入环境准入负面清单禁止规划建设

D．当区域（流域）环境质量现状超标时，应在推动落实污染物减排方案的同时根

据环境质量改善目标，针对超标因子涉及的行业、工艺、产品等，提出更加严格的环境准入要求

18．根据《规划环境影响评价条例》，审查小组应当提出对环境影响报告书进行修改并重新审查的情形有（　　）。（2019 年考题）

A．评价方法选择不当的

B．基础资料、数据失实的

C．环境影响评价结论不明确、不合理或者错误的

D．依据现有知识水平和技术条件，对规划实施可能产生的不良环境影响的程度或者范围不能作出科学判断的

19．根据《环境影响评价法》《规划环境影响评价条例》，规划环境影响报告书应当包括的内容有（　　）。（2019 年考题）

A．规划草案的环境合理性和可行性

B．预防或者减轻不良环境影响的对策和措施的合理性和有效性

C．与相关规划的环境协调性分析

D．规划草案的调整建议

20．根据《关于规划环境影响评价加强空间管制、总量管控和环境准入的指导意见（试行）》（环办环评〔2016〕14 号）关于“严格总量管控，推进环境质量改善”的说法正确的是（　　）。（2019 年考题）

A．当规划区域环境目标、产业结构和生产力布局以及水文、气象条件等发生重大变化时，应动态调整区域行业污染物总量管控要求

B．估算污染物排放总量管控限值，应选择较小的时间尺度开展估算，有条件的可采用以天为单位提出污染物排放总量管控限值

C．当区域环境质量现状超标或重点行业污染物排放已超出总量管控要求的，必要时，可提出暂缓区域内新增相关污染物排放项目建设等建议，控制行业发展规模，推动环境质量改善

D．纳入排放总量管控的主要污染物一般应包括二氧化硫、氮氧化物、挥发性有机物、烟粉尘等大气污染因子

21．根据《关于加强规划环境影响评价与建设项目环境影响评价联动工作的意见》，对于如下情形：（　　），有关单位和各级环保部门不得以规划已开展环评为理由，随意简化规划所包含项目环评的工作内容，甚至降低评价类别。（2019 年考题）

A．在项目环评审查中，发现规划环境影响报告书经审查没有完成相应工作任务、不能为项目环评提供指导和约束的

B．在项目环评审查中，发现相关规划在实施过程中产生不良影响的

C．规划环评结论与审查意见未得到有效落实的

D．规划环评结论科学，能为建设项目环评提供有效指导和约束的

参考答案

一、单项选择题

1．A 【解析】第十三条：规划编制机关对可能造成不良环境影响并直接涉及公众环境权益的专项规划，应当在规划草案报送审批前，采取调查问卷、座谈会、论证会、听证会等形式，公开征求有关单位、专家和公众对环境影响报告书的意见。但是，依法需要保密的除外。

2．A 【解析】流域水电规划应编制环境影响报告书。第十六条：规划编制机关在报送审批专项规划草案时，应当将环境影响报告书一并附送规划审批机关审查。

3．A 【解析】从题中可知，该问题属于第二十条：（三）对不良环境影响的分析、预测和评估不准确、不深入，需要进一步论证的；应对环境影响报告书进行修改并重新审查。

4．A 【解析】据《城乡规划法》，省、自治区人民政府所在地的城市以及国务院确定的城市总体规划，由省、自治区人民政府审查同意后，报国务院审批。因此，该市人民政府应将评价结果报告国务院。

5．A 【解析】第十四条：对已经批准的规划在实施范围、适用期限、规模、结构和布局等方面进行重大调整或者修订的，规划编制机关应当依照本条例的规定重新或者补充进行环境影响评价。

6．C 【解析】原文：不断强化矿产资源开发规划环评的实效性，把保障资源开发区域的生态服务功能作为落脚点。

7．A 【解析】第十二条：规划编制机关应当对环境影响评价文件的质量负责。

8．D 【解析】第二十一条：有下列情形之一的，审查小组应当提出不予通过环境影响报告书的意见：（一）依据现有知识水平和技术条件，对规划实施可能产生的不良环境影响的程度或者范围不能作出科学判断的；（二）规划实施可能造成重大不良环境影响，并且无法提出切实可行的预防或者减轻对策和措施的。

9．A 【解析】第二十二条：规划审批机关对环境影响报告书结论以及审查意见不予采纳的，应当逐项就不予采纳的理由作出书面说明，并存档备查。

10．A 【解析】第二十八条：环境保护主管部门发现规划实施过程中产生重大不良环境影响的，应当及时进行核查。经核查属实的，向规划审批机关提出采取改进措施或者修订规划的建议。

11．B 【解析】第九条：对规划进行环境影响评价，应当遵守有关环境保护标准以及环境影响评价技术导则和技术规范。

12．A 【解析】某设区的城市编制矿产资源勘察规划应当编制环境影响篇章或者说明。第十一条：环境影响篇章或者说明应当包括下列内容：（一）规划实施对环境可能造成影响的分析、预测和评估。主要包括资源环境承载能力分析、不良环境影响的分析和预测以及与相关规划的环境协调性分析。（二）预防或者减轻不良环境影响的对策和措施。主要包括预防或者减轻不良环境影响的政策、管理或者技术等措施。

13．A 【解析】第十二条：规划编制机关应当对环境影响评价文件的质量负责。

14．D 【解析】选项D属第二十一条中审查小组应当提出不予通过环境影响报告书的情形。

15．A 【解析】第二十四条：对环境有重大影响的规划实施后，规划编制机关应当及时组织规划环境影响的跟踪评价，将评价结果报告规划审批机关，并通报环境保护等有关部门。

16．A 【解析】第十七条：设区的市级以上人民政府审批的专项规划，在审批前由其环境保护主管部门召集有关部门代表和专家组成审查小组，对环境影响报告书进行审查。审查小组应当提交书面审查意见。

17．A 【解析】国家经济区规划属于需编制环境影响篇章或说明的区域的建设、开发利用规划。

18．C 【解析】第十三条：规划编制机关对可能造成不良环境影响并直接涉及公众环境权益的专项规划，应当在规划草案报送审批前，采取调查问卷、座谈会、论证会、听证会等形式，公开征求有关单位、专家和公众对环境影响报告书的意见。但是，依法需要保密的除外。注意篇章或者说明没有征求公众意见的要求。

19．D 【解析】根据《关于做好矿产资源规划环境影响评价工作的通知》，需编写环境影响篇章或说明的矿产资源规划包括：全国矿产资源规划，全国及省级地质勘查规划，设区的市级矿产资源总体规划，重点矿种等专项规划。需编制环境影响报告书的矿产资源规划包括：省级矿产资源总体规划，设区的市级以上矿产资源开发利用专项规划，国家规划矿区、大型规模以上矿产地开发利用规划。县级矿产资源规划原则上不开展规划环境影响评价，各省级人民政府有规定的按照其规定执行。

20．C 【解析】第十七条：设区的市级以上人民政府审批的专项规划，在审批前由其环境保护主管部门召集有关部门代表和专家组成审查小组，对环境影响报告书进行审查。

21．C 【解析】第十九条：审查意见应当包括下列内容：（一）基础资料、数据的真实性；（二）评价方法的适当性；（三）环境影响分析、预测和评估的可靠性；（四）预防或者减轻不良环境影响的对策和措施的合理性和有效性；（五）公众意见采纳与不采纳情况及其理由的说明的合理性；（六）环境影响评价结论的科学性。

22. B 【解析】原文为：对于已经完成规划环评主要工作任务的重点领域规划，可以实施规划环评与规划所包含的项目环评的联动工作。

23. A 【解析】“三线一单”，即落实“生态保护红线、环境质量底线、资源利用上线和环境准入负面清单”约束。

24. A 【解析】第十一条：环境影响篇章或者说明应当包括下列内容：（一）规划实施对环境可能造成影响的分析、预测和评估。主要包括资源环境承载能力分析、不良环境影响的分析和预测以及与相关规划的环境协调性分析。（二）预防或者减轻不良环境影响的对策和措施。主要包括预防或者减轻不良环境影响的政策、管理或者技术等措施。环境影响报告书除包含上述内容外，还应当包含环境影响评价结论。可见，A 选项环境影响评价结论不属于规划环境影响篇章或者说明内容。

25. B 【解析】第十七条：设区的市级以上人民政府审批的专项规划，在审批前由其环境保护主管部门召集有关部门代表和专家组成审查小组，对环境影响报告书进行审查。审查小组应当提交书面审查意见。

第十八条：审查小组的专家应当从依法设立的专家库内相关专业的专家名单中随机抽取。但是，参与环境影响报告书编制的专家不得作为该环境影响报告书审查小组的成员。审查小组中专家人数不得少于审查小组总人数的二分之一；少于二分之一的，审查小组的审查意见无效。注意：仅是对专项规划环境报告书的审查（没有对篇章和说明的审查）。

26. A 【解析】第十九条：审查意见应当包括下列内容：（一）基础资料、数据的真实性；（二）评价方法的适当性；（三）环境影响分析、预测和评估的可靠性；（四）预防或者减轻不良环境影响的对策和措施的合理性和有效性；（五）公众意见采纳与不采纳情况及其理由的说明的合理性；（六）环境影响评价结论的科学性。

27. C 【解析】第二十七条：规划实施过程中产生重大不良环境影响的，规划编制机关应当及时提出改进措施，向规划审批机关报告，并通报环境保护等有关部门。

28. D 【解析】《关于加强规划环境影响评价与建设项目环境影响评价联动工作的意见》规定：（三）对于已经完成规划环评主要工作任务的重点领域规划，可以实施规划环评与规划所包含的项目环评的联动工作。（四）本意见所指重点领域的规划环评是指包含重大项目布局、结构、规模等的规划环评，暂限定于本意见（五）至（九）中所列的相关领域规划环评（产业园区规划环评、公路、铁路及轨道交通规划环评、港口、航道规划环评、矿产资源开发规划环评、水利水电开发规划环评）。对于具有指导意义的综合性规划，其规划环评原则上不作为与项目环评联动的依据。

29. D 【解析】《关于加强规划环境影响评价与建设项目环境影响评价联动工作的意见》规定：（五）产业园区规划环评。应以推进区域环境质量改善以及做好园区环境风险防控为目标，在判别园区现有资源、环境重大问题的基础上，基于区域资源环境承载能力，针对园区规划方案，在主体功能区规划、城市总体规划尺度上判定园区选址、布局和主导产业选择的环境合理性，提出优化产业定位、布局、结构、规模以及重大环境基础设施建设方案的建议；提出园区污染物排放总量上限要求和环境准入条件，并结合城市或区域环境目标提出园区产业发展的负面清单。

30. C 【解析】《关于规划环境影响评价加强空间管制、总量管控和环境准入的指导意见（试行）》规定：（一）规划环评应充分发挥优化空间开发布局、推进区域（流域）环境质量改善以及推动产业转型升级的作用，并在执行相关技术导则和技术规范的基础上，将空间管制、总量管控和环境准入作为评价成果的重要内容。（二）加强空间管制，是指在明确并保护生态空间的前提下，提出优化生产空间和生活空间的意见和要求，推进构建有利于环境保护的国土空间开发格局。加强总量管控，是指应以推进环境质量改善为目标，明确区域（流域）及重点行业污染物排放总量上限，作为调控区域内产业规模和开发强度的依据。加强环境准入，是指在符合空间管制和总量管控要求的基础上，提出区域（流域）产业发展的环境准入条件，推动产业转型升级和绿色发展。

31. A 【解析】第三十四条：规划环境影响评价技术机构弄虚作假或者有失职行为，造成环境影响评价文件严重失实的，由国务院环境保护主管部门予以通报，处所收费用 1 倍以上 3 倍以下的罚款；构成犯罪的，依法追究刑事责任。

32. C 【解析】《关于做好矿产资源规划环境影响评价工作的通知》规定：需编制环境影响报告书的矿产资源规划包括：省级矿产资源总体规划，设区的市级以上矿产资源开发利用专项规划，国家规划矿区、大型规模以上矿产地开发利用规划。

33. B 【解析】第八条：对规划进行环境影响评价，应当分析、预测和评估以下内容：（一）规划实施可能对相关区域、流域、海域生态系统产生的整体影响；（二）规划实施可能对环境和人群健康产生的长远影响；（三）规划实施的经济效益、社会效益与环境效益之间以及当前利益与长远利益之间的关系。

34. A 【解析】《关于开展规划环境影响评价会商的指导意见（试行）》规定：（一）会商主体。规划编制机关是依法组织开展规划环评和会商的主体。

35. B 【解析】第十八条：审查小组的专家应当从依法设立的专家库内相关专业的专家名单中随机抽取。但是，参与环境影响报告书编制的专家，不得作为该环境影响报告书审查小组的成员。审查小组中专家人数不得少于审查小组总人数的二分之一；少于二分之一的，审查小组的审查意见无效。

第十九条：审查意见应当经审查小组四分之三以上成员签字同意。审查小组成员有不同意见的，应当如实记录和反映。

二、不定项选择题

1. ABC 【解析】第三十四条：规划环境影响评价技术机构弄虚作假或者有失职行为，造成环境影响评价文件严重失实的，由国务院环境保护主管部门予以通报，处所收费用1倍以上3倍以下的罚款。

2. AC 【解析】环境影响篇章或说明无须进行公众参与。公参的主体是规划编制机关，不是规划环境影响评价技术机构。

3. BD 【解析】第二十一条：有下列情形之一的，审查小组应当提出不予通过环境影响报告书的意见：（一）依据现有知识水平和技术条件，对规划实施可能产生的不良环境影响的程度或者范围不能作出科学判断的；（二）规划实施可能造成重大不良环境影响，并且无法提出切实可行的预防或者减轻对策和措施的。

4. D 【解析】第三十一条：规划编制机关在组织环境影响评价时弄虚作假或者有失职行为，造成环境影响评价严重失实的，对直接负责的主管人员和其他直接责任人员，依法给予处分。

5. ACD 【解析】《关于学习贯彻〈规划环境影响评价条例〉加强规划环境影响评价工作的通知》规定：未进行环境影响评价的规划所包含的建设项目，不予受理其环境影响评价文件。已经批准的规划在实施范围、适用期限、规模、结构和布局等方面进行重大调整或者修订的，应当重新或者补充进行环境影响评价，未开展环评的，不予受理其规划中建设项目的环境影响评价文件。

6. ABCD 【解析】《规划环境影响评价条例》第十一条：环境影响篇章或者说明应当包括下列内容：（一）规划实施对环境可能造成影响的分析、预测和评估。主要包括资源环境承载能力分析、不良环境影响的分析和预测以及与相关规划的环境协调性分析。（二）预防或者减轻不良环境影响的对策和措施。主要包括预防或者减轻不良环境影响的政策、管理或者技术等措施。

7. ABCD 【解析】《关于学习贯彻〈规划环境影响评价条例〉加强规划环境影响评价工作的通知》规定：五是大力推进重点领域规划环评。切实加强区域、流域、海域规划环评，把区域、流域、海域生态系统的整体性、长期性环境影响作为评价的关键点。努力提高城市规划环评质量，把规划环评早期介入城市总体规划及有关建设规划编制，实现与规划的全过程互动作为切入点。不断强化矿产资源开发规划环评的实效性，把保障资源开发区域的生态服务功能作为落脚点。认真做好交通及重要基础设施规划环评，把协调好规划布局与重要生态环境敏感区的关系作为着力点。严格规范各类开发区及工业园区规划环评，把园区布局、产业结构和重要环保基础设施建设方案的环境合理性作为评价工作的重中之重。当前，要进一步加强对钢铁、水泥等产能过剩行业规划的环境影响评价。将区域产业规划环评作为受理审批区域内高耗能项目环评文件的前提，避免产能过剩、重复建设引发新的区域性环境问题。

8. ABC 【解析】地方铁路建设规划应编制环境影响报告书。

9. AD 【解析】第十九条：审查意见应当包括下列内容：（一）基础资料、数据的真实性；（二）评价方法的适当性；（三）环境影响分析、预测和评估的可靠性；（四）预防或者减轻不良环境影响的对策和措施的合理性和有效性；（五）公众意见采纳与不采纳情况及其理由的说明的合理性；（六）环境影响评价结论的科学性。

10. C 【解析】选项C的正确说法是：将区域产业规划环评作为受理审批区域内高耗能项目环评文件的前提，避免产能过剩、重复建设引发新的区域性环境问题。

11. ABD 【解析】第十一条：环境影响篇章或者说明应当包括下列内容：（一）规划实施对环境可能造成影响的分析、预测和评估。主要包括资源环境承载能力分析、不良环境影响的分析和预测以及与相关规划的环境协调性分析。（二）预防或者减轻不良环境影响的对策和措施。主要包括预防或者减轻不良环境影响的政策、管理或者技术等措施。环境影响报告书除包括上述内容外，还应当包括环境影响评价结论。主要包括规划草案的环境合理性和可行性，预防或者减轻不良环境影响的对策和措施的合理性和有效性，以及规划草案的调整建议。

12. BC 【解析】《关于学习贯彻〈规划环境影响评价条例〉加强规划环境影响评价工作的通知》：严格规范各类开发区及工业园区规划环评，把园区布局、产业结构和重要环保基础设施建设方案的环境合理性作为评价工作的重中之重。

13. AB 【解析】第十三条：设区的市级以上人民政府在审批专项规划草案，作出决策前，应当先由人民政府指定的环境保护行政主管部门或者其他部门召集有关部门代表和专家组成审查小组，对环境影响报告书进行审查。审查小组应当提出书面审查意见。

14. ABCD 【解析】《关于加强规划环境影响评价与建设项目环境影响评价工作的意见》规定：（五）产业园区规划环评。应以推进区域环境质量改善以及做好园区环境风险防控为目标，在判别园区现有资源、环境重大问题的基础上，基于区域资源环境承载能力，针对园区规划方案，在主体功能区规划、城市总体规划尺度上判定园区选址、布局和主导产业选择的环境合理性，提出优化产业定位、布局、结构、规模以及重大环境基础设施建设方案的建议；提出园区污染物排放总量上限要求和环境准入条件，并结合城市或区域环境目标提出园区产业发展的负面清单。

15．ACD 【解析】选项B的正确说法是：公众对规划实施所产生的环境影响的意见。

16．ACD 【解析】第二十五条：规划环境影响的跟踪评价应当包括下列内容：(一)规划实施后实际产生的环境影响与环境影响评价文件预测可能产生的环境影响之间的比较分析和评估；（二）规划实施中所采取的预防或者减轻不良环境影响的对策和措施有效性的分析和评估；（三）公众对规划实施所产生的环境影响的意见；(四）跟踪评价的结论。

17．BCD 【解析】《关于规划环境影响评价加强空间管制、总量管控和环境准入的指导意见（试行）》规定：（十九）对规划区域资源环境影响突出、经济社会贡献偏小的行业原则上应列入禁止准入类。（二十）根据环境保护政策规划、总量管控要求、清洁生产标准等，明确应限制或禁止的生产工艺或产品清单。（十八）根据区域资源禀赋和生态环境保护要求，选取单位面积（单位产值）的水耗、能耗、污染物排放量、环境风险等一项或多项指标，作为制定规划区域行业环境准入负面清单的否定性指标并确定其限值。如果规划拟发展的行业不满足上述指标的要求，应将其直接列入环境准入负面清单，禁止规划建设。（二十一）当区域（流域）环境质量现状超标时，应在推动落实污染物减排方案的同时，根据环境质量改善目标，针对超标因子涉及的行业、工艺、产品等，提出更加严格的环境准入要求。

18．ABC 【解析】第二十条：有下列情形之一的，审查小组应当提出对环境影响报告书进行修改并重新审查的意见：（一）基础资料、数据失实的；（二）评价方法选择不当的；（三）对不良环境影响的分析、预测和评估不准确、不深入，需要进一步论证的；（四）预防或者减轻不良环境影响的对策和措施存在严重缺陷的；（五）环境影响评价结论不明确、不合理或者错误的；（六）未附具对公众意见采纳与不采纳情况及其理由的说明，或者不采纳公众意见的理由明显不合理的；（七）内容存在其他重大缺陷或者遗漏的。

选项D为第二十一条审查小组应当提出不予通过环境影响报告书的意见。

19．ABCD 【解析】《规划环境影响评价条例》第十一条：环境影响篇章或者说明应当包括下列内容：（一）规划实施对环境可能造成影响的分析、预测和评估。主要包括资源环境承载能力分析、不良环境影响的分析和预测以及与相关规划的环境协调性分析。（二）预防或者减轻不良环境影响的对策和措施。主要包括预防或者减轻不良环境影响的政策、管理或者技术等措施。环境影响报告书除包括上述内容外，还应当包括环境影响评价结论。主要包括规划草案的环境合理性和可行性，预防或者减轻不良环境影响的对策和措施的合理性和有效性，以及规划草案的调整建议。

20．ABCD 【解析】《关于规划环境影响评价加强空间管制、总量管控和环境准入的指导意见（试行）》规定：（十一）根据国家、地方环境质量改善目标及相关行业污染控制要求，结合现状环境污染特征和突出环境问题，确定纳入排放总量管控的主要污染物。一般应包括化学需氧量、氨氮、总磷/磷酸盐等水污染因子，二氧化硫、氮氧化物、挥发性有机物、烟粉尘等大气污染因子，以及其他与区域突出环境问题密切相关的主要特征污染因子。

（十二）估算污染物排放总量管控限值，应综合考虑污染源排放强度和特征、最不利排放位置、污染治理设施运行状况，以及环境监测水平、污染物排放监管能力等；还应选择较小的时间尺度开展估算，有条件的可采用以天为单位提出污染物排放总量管控限值。

（十四）当区域环境质量现状超标或重点行业污染物排放已超出总量管控要求时，应根据环境质量改善目标，提出区域或者行业污染物减排任务，推动制定污染物减排方案以及加快淘汰落后产能、促进产业结构调整、提升技术工艺、加强节能节水控污等措施。必要时，可提出暂缓区域内新增相关污染物排放项目建设等建议，控制行业发展规模，推动环境质量改善。

（十六）当规划区域环境目标、产业结构和生产力布局以及水文、气象条件等发生重大变化时，应动态调整区域行业污染物总量管控要求，结合规划和规划环评的修编或者跟踪评价对区域能够承载的污染物排放总量重新进行估算，不断完善相关总量管控要求。

21. ABC 【解析】《关于加强规划环境影响评价联动工作的意见》（十五）：对于在项目环评审查中，发现规划环境影响报告书经审查没有完成相应工作任务、不能为项目环评提供指导和约束的，或是发现相关规划在实施过程中产生重大不良影响的，或是规划环评结论与审查意见未得到有效落实的，有关单位和各级环保部门不得以规划已开展环评为理由，随意简化规划所包含项目环评的工作内容，甚至降低评价类别。

四、建设项目环境影响评价

一、单项选择题

1．《建设项目环境影响评价分类管理名录》中规定的跨行业、复合型建设项目的环境影响评价类别，应当按（　　）确定。（2010 年考题）

A．其中单项等级最高的类别

B．涉及行业的类别

C．省级环境保护行政主管部门认定的类别

D．国务院环境保护行政主管部门认定的类别

2．依据《建设项目环境影响评价文件分级审批规定》，对下级环境保护部门超越法定职权做出的环境影响评价文件审批决定，上级环境保护部门应当（　　）。（2011 年考题）

A．撤销该审批决定

B．补办委托手续后，对该审批决定予以认可

C．对做出该审批决定的直接责任人员给予警告

D．对可能造成较小环境影响的项目的审批决定予以认可

3．根据《建设项目环境影响评价分类管理名录》，建设项目环境影响评价类别的规定，下列说法中，正确的是（　　）。（2014 年考题）

A．复合型建设项目应编制环境影响报告书

B．跨行政区域的建设项目应编制环境影响报告书

C．涉及环境敏感区的建设项目应编制环境影响报告书

D．跨行业建设项目，其环境影响评价类别按其中单项等级最高的确定

4．根据《建设项目环境影响评价分类管理名录》，（　　）属于环境敏感区。（2014 年考题）

A．基本农田　　B．沙漠中的绿洲

C．生态保护小区　　D．水土流失重点防治区

5．根据《关于切实加强风险防范严格环境影响评价管理的通知》，化工石化、有色冶炼、制浆造纸等可能引发环境风险的项目，在符合国家产业政策和清洁生产

水平要求、满足污染物排放标准以及污染物排放总量控制指标的前提下，必须在（　　）的产业园区内布设。（2016 年考题）

A. 依法设立，并经规划环评

B. 依法设立，环境保护基础设施齐全

C. 环境保护基础设施齐全，并经规划环评

D. 依法设立，环境保护基础设施齐全并经规划环评

6. 某石油炼制建设项目建设内容发生变动，根据《关于印发环评管理中部分行业建设项目重大变动清单的通知（试行）》该项目下列变动中，不属于重大变动的是（　　）。（2016 年考题）

A. 原料方案发生变化

B. 新增溶剂脱沥青生产装置

C. 储罐总数量增大 25%，储罐总容积增大 25%

D. 地下水污染防治分区调整，降低地下水污染防渗等级

7. 某企业计划建设大型化工项目，根据《环境影响评价法》和《建设项目环境影响评价文件分级审批规定》，不具有该项目环境影响评价文件审批权限的部门是（　　）。（2016 年考题）

A. 县级环境保护行政主管部门

B. 省级环境保护行政主管部门

C. 地级市环境保护行政主管部门

D. 国务院环境保护行政主管部门

8. 根据《建设项目环境保护事中事后监督管理办法（试行）》不属于事中监督管理内容的是（　　）。（2016 年考题）

A. 施工期环境管理和环境监测开展情况

B. 竣工环境保护验收和排污许可证的实施情况

C. 开展环境影响后评价及落实相应改进措施的情况

D. 环境保护法律法规的遵守情况和环境保护部门做出的行政处罚决定落实情况

9. 根据《环境影响评价法》，在项目建设、运行过程中产生不符合经审批的环境影响评价文件的情形的，建设单位应当组织环境影响的后评价，采取改进措施并（　　）。（2016 年考题）

A. 报原环境影响评价文件审批部门和建设项目审批部门审批

B. 报原环境影响评价文件审批部门和建设项目审批部门备案

C. 报具有该项目环境影响评价文件审批权限部门和建设项目审批部门审批

D. 报具有该项目环境影响评价文件审批权限部门和建设项目审批部门备案

10．在《建设项目环境影响评价分类管理名录》中未做规定的建设项目，关于其环境影响评价类别的确定，下列说法中，正确的是（　　）。（2017 年考题）

A．因其在《建设项目环境影响评价分类管理名录》中未作规定，原则上豁免环境影响评价

B．由项目所在地环境保护行政主管部门根据建设项目的污染因子、生态影响因子特征及其所处环境的敏感性质和敏感程度确定

C．由具有审批权限的环境保护行政主管部门根据建设项目的污染因子、生态影响因子特征及其所处环境的敏感性质和敏感程度确定

D．由省级环境保护行政主管部门根据建设项目的污染因子、生态影响因子特征及其所处环境的敏感性质和敏感程度提出建议，报国务院环境保护行政主管部门认定

11．根据《关于进一步加强水电建设环境保护工作的通知》，下列关于水电建设项目环境影响评价的说法中，错误的是（　　）。（2017 年考题）

A．围堰工程和河床内导流工程纳入"三通一平"工程范围

B．水生生态保护的相关措施应列入水电项目筹建及准备期工作内容

C．在水电建设项目环境影响评价中要有"三通一平"工程环境影响回顾评价内容

D．水电项目筹建及准备期相关工程应作为一个整体项目纳入"三通一平"工程开展环境影响评价

12．根据《环境影响评价法》，下列关于建设项目环境影响评价文件重新报批和重新审核的说法中，正确的是（　　）。（2017 年考题）

A．建设项目投资主体发生变化，建设单位应当重新报批建设项目的环境影响评价文件

B．建设项目防治污染的措施发生重大变动，建设单位应当重新报批建设项目的环境影响评价文件

C．建设项目自环境影响评价文件批准之日起五年建成投产，其环境影响评价文件应当报原审批单位重新审核

D．建设项目自环境影响评价文件批准之日起三年，方决定该项目开工建设，其环境影响评价文件应当报原审批单位重新审核

13．某热电联产火电机组建设内容发生变动。根据《关于印发环评管理中部分行业建设项目重大变动清单的通知（试行）》，不属于该建设项目重大变动的是（　　）。（2017 年考题）

A．冷却方式变化　　B．排烟高度降低

C．配套灰场重新选址　　D．供热替代量减少 10%以下

14．根据《建设项目环境影响评价文件分级审批规定》，下列建设项目的环境影响评价文件，由环境保护部负责审批的是（　　）。（2017 年考题）

A．核设施建设项目

B．机密工程建设项目

C．由国务院备案的建设项目

D．由国务院有关部门备案的对环境可能造成影响的建设项目

15．某城市拟新建燃煤热电联产项目，目前该城市区域颗粒物超标，根据《火电建设项目环境影响评价文件审批原则（试行）》，（　　）符合该项目环境影响评价文件的审批原则。（2017 年考题）

A．封闭煤场

B．严格控制工业用水取用地下水

C．煤场采用防风抑尘网及覆盖的抑尘措施

D．单位发电量的煤耗、水耗和污染物排放量等指标达到清洁生产水平

16．根据《“十三五”环境影响评价改革实施方案》，下列关于加强规划环评与项目环评联动的说法中，错误的是（　　）。（2017 年考题）

A．依法将规划环评作为规划所包含项目环评文件审批的刚性约束

B．对已采纳规划环评要求的规划所包含的建设项目，简化相应环评内容

C．项目环评中发现规划实施造成重大不利环境影响的，应及时反馈规划编制机构

D．对高质量完成规划环评、各类管理清单清晰可行的产业园区，降低园区内环评文件的类别

17．根据《建设项目环境影响后评价管理办法（试行）》，（　　）的建设项目，建设和运行过程中产生不符合经审批的环境影响报告书的情形，应当开展环境影响后评价。（2017 年考题）

A．化工行业中有重大环境风险，建设地点敏感，且持续排放废水

B．冶金行业中有重大环境风险，建设地点敏感，且持续排放危险废物

C．钢铁行业中有重大环境风险，建设地点敏感，且持续排放大气污染物

D．石化行业中有重大环境风险，建设地点敏感，且持续排放持久性有机物

18．根据《建设项目环境影响后评价管理办法（试行）》，（　　）负责组织环境影响后评价。（2017 年考题）

A．建设单位　　　　　　　　　　B．当地人民政府

C．环境影响评价机构　　　　　　D．原环境影响评价文件的审批机构

19．根据《建设项目环境影响评价分类管理名录》，关于建设项目环境影响评价文件类别确定原则的说法，错误的是（　　）。（2018 年考题）

A．跨行业、复合型建设项目，其环境影响评价类别按其中单项等级最高的确定

B．建设单位应当严格按照名录确定建设项目环境影响评价类别，不得擅自改变环境影响评价类别

C．建设单位应当按照名录的规定，分别组织编制建设项目环境影响报告书、环境影响报告表或者填报环境影响登记表

D．名录未做规定的建设项目，其环境影响评价类别由省级环境保护行政主管部门根据建设项目的污染因子、生态影响因子特征及其所处环境的敏感性和敏感程度认定

20．某保密建设项目，建设地点涉及甲市的乙、丙两个县的行政区域，填报环境影响登记表，根据《建设项目环境影响登记表备案管理办法》，关于该项目环境影响登记表备案管理要求的说法，正确的是（　　）。（2018 年考题）

A．应向甲市环境保护主管部门备案，采用网上备案方式

B．应向甲市环境保护主管部门备案，采用纸质备案方式

C．应分别向乙、丙两个县级环境保护主管部门备案，采用网上备案方式

D．应分别向乙、丙两个县级环境保护主管部门备案，采用纸质备案方式

21．根据《建设项目环境保护管理条例》，环境保护行政主管部门审批环境影响报告书，自收到环境影响报告书之日起（　　）内，做出审批决定并书面通知建设单位。（2018 年考题）

A．15 日　　B．30 日　　C．60 日　　D．90 日

22．某高速公路建设项目设计阶段发生重大变动，根据《高速公路建设项目重大变动清单（试行）》，属于重大变动的是（　　）。（2018 年考题）

A．设计车速增加 20%

B．线路长度增加 20%

C．线路横向位移超出 200 m 长度累计达到原线路长度的 20%

D．项目变动导致新增声环境敏感点数量累计达到原敏感点数量的 20%

23．根据《涉及国家级自然保护区建设项目生态影响专题报告编制指南（试行）》，关于专题报告编制要求的说法，错误的是（　　）。（2018 年考题）

A．项目负责人应具有高级专业技术职称

B．编制单位应具有工程咨询单位资格证书

C．编制人员应具有自然保护区及生态学等方面专业背景

D．评价范围应包括项目建设和运营直接影响和间接影响区，以及整个国家级自然保护区的范围

24．根据《关于做好环境影响评价制度与排污许可制衔接相关工作的通知》，关于其中涉及环境影响评价有关要求的说法，错误的是（　　）。（2018 年考题）

A．环境影响评价制度是建设项目的环境准入门槛，是申请排污许可证的前提和重要依据

B．改扩建项目的环境影响评价，应当将排污许可证执行情况作为现有工程回顾评价的主要依据

C．分期建设的项目，环境影响报告书以及审批文件应当列明分期建设内容，建设单位根据总允许排放量申请排污许可证

D．纳入排污许可管理的建设项目，可能造成重大环境影响、应当编制环境影响报告书的，原则上实行排污许可重点管理

25．某汽车整车扩建项目位于大气污染防治重点区域内，根据《汽车整车制造建设项目环境影响评价文件审批原则（试行）》，关于该项目环境保护设施和措施要求的说法，错误的是（ ）。（2018 年考题）

A．焊接车间弧焊设备应采用焊接烟尘收集净化装置

B．冲压废料、废动力电池等一般工业固体废物应回收或综合利用

C．涂装车间脱脂等表面处理废液、电泳槽清洗废液应进行预处理

D．水性涂料等低挥发性有机物含量涂料占总涂料使用量比例不低于 50%

26．依据《关于以改善环境质量为核心加强环境影响评价管理的通知》，关于建立“三挂钩”机制的说法，错误的是（ ）。（2018 年考题）

A．现有工程已经造成明显环境问题，应提出有效的整改方案和“以新带老”措施

B．对未达到环境质量目标考核要求的地区，依法暂停审批该地区排放相应重点污染物的项目环评文件

C．对环境质量现状超标的地区，项目拟采取的措施不能满足区域环境质量改善目标要求的，依法不予审批其环评文件

D．对于现有同类型项目环境污染严重，致使环境容量接近承载力的地区，在现有问题整改到位前，依法暂停审批该地区同类行业的项目环评文件

27．根据《建设项目环境保护事中事后监督管理办法（试行）》，下列内容中，不属于建设项目环境保护事中监督管理主要依据的是（ ）。（2018 年考题）

A．依法取得的排污许可证

B．经批准的环境影响评价文件

C．环境保护有关技术标准规范

D．环境保护有关法律法规的要求

28．根据《关于强化建设项目环境影响评价事中事后监管的实施意见》，关于加强建设项目环境影响评价事中监管的说法，错误的是（ ）。（2018 年考题）

A．对建设单位要重点监督其依法依规履行环评程序、开展公众参与情况

B．对环保部门要重点检查其对建设项目环境保护三同时监督检查情况

C. 对环评单位要重点监督其是否依法依规开展作业，确保环评文件的数据资料真实、分析方法正确、结论科学可信

D. 对技术评估机构要重点检查其技术评估能力、独立对环评文件进行技术评估并依法依规提出评估意见情况，是否存在乱收费行为

29. 根据《建设项目竣工环境保护验收暂行办法》，建设项目环境保护竣工环境的责任主体是（　　）。（2018 年考题）

A. 建设单位

B. 环境保护行政主管部门

C. 受建设项目委托的有能力的监测机构

D. 受建设项目委托的有能力的技术机构

30. 根据《建设项目竣工环境保护验收暂行办法》，关于建设单位竣工环境保护验收的说法，正确的是（　　）。（2018 年考题）

A. 具备能力的建设单位可自行编制竣工验收监测报告

B. 建设单位应将验收报告以及其他档案资料报所在地县级环境保护主管部门存档备查

C. 建设单位应在验收报告编制完成后 15 个工作日内，公开验收报告，公示期限为 10 个工作日

D. 验收报告编制完成后，建设单位应根据验收报告结论提出验收意见，对存在验收不合格问题提出整改建议

31. 根据《建设项目环境影响后评价管理办法（试行）》，下列内容中，不属于环境影响后评价文件应当包括的是（　　）。（2018 年考题）

A. 环境质量变化趋势分析　　B. 不确定性环境影响的表现

C. 环境保护设施竣工验收情况　　D. 环境保护措施的技术、经济论证

32. 《建设项目环境影响评价分类管理名录》所称环境敏感区，是指依法设立的各级各类保护区域和对建设项目产生的环境影响特别敏感的区域，主要包括生态保护红线范围内或者其外的下列区域（　　）。（2019 年考题）

A. 天然湿地

B. 野生植物生长繁殖地

C. 水生生物洄游通道

D. 海洋特别保护区

33. 某港口建设项目建设内容发生变动，根据《关于印发环评管理中部分行业建设项目重大变动清单的通知》中的附件《港口建设项目重大变动清单（试行）》该项目下列变动中，属于重大变动的是（　　）。（2019 年考题）

A. 集装箱码头压载水灭活措施弱化

B. 码头设计通过能力增加 20%

C. 危险品储罐数量增加 20%

D. 集装箱危险品堆场位置发生变化，但环境影响及环境风险降低

34. 根据《环境影响评价公众参与办法》，建设单位应当在确定环境影响报告书编制单位后 7 个工作日内，通过网络平台公开相关信息开展公众参与工作，以下不可以作为信息公开的网络平台是（　　）。（2019 年考题）

A. 建设单位自有网站

B. 建设项目所在地相关政府网站

C. 外地著名环境影响评价专题网站

D. 建设项目所在地公共媒体网站

35. 根据《涉及国家级自然保护区建设项目生态影响专题报告编制指南（试行）》（环办函〔2014〕1419 号），关于涉及国家级自然保护区建设项目生态影响专题报告（以下简称《专题报告》）编制的说法错误的是（　　）。（2019 年考题）

A. 《专题报告》是涉及国家级自然保护区建设项目环境影响评价文件的重要内容之一

B. 编制《专题报告》，要坚持“尊重自然、保护优先；科学调查、客观公正”的原则

C. 《专题报告》编制的评价范围应包括项目建设和运营直接影响和间接影响区，以及整个国家级自然保护区的范围

D. 《专题报告》编制主要包括前期准备、现状调查、预测评价和报告编写四个步骤

36. 根据《关于进一步加强涉及自然保护区开发建设活动监督管理的通知》，下列说法中，错误的是（　　）。（2019 年考题）

A. 建设项目选址（线）应尽可能避让自然保护区

B. 保护区管理机构要对经批准同意在自然保护区内开展的建设项目进行全过程跟踪，开展生态监测，发现问题应当及时处理和报告

C. 对经批准同意在自然保护区内开展的建设项目，要加强对项目施工期和运营期的监督管理，确保各项生态保护措施落实到位

D. 建设项目选址（线），确因重大基础设施建设和自然条件等因素限制无法避让自然保护区的，建设前须征得省级以上自然保护区主管部门同意，并接受监督

37. 根据《建设项目危险废物环境影响评价指南》，不属于产生危险废物建设项目环境影响评价的基本原则的是（　　）。（2019 年考题）

A. 重点评价，科学估算

B. 科学评价，降低风险

C．全程评价，规范管理

D．客观评价，信息公开

38．根据《关于做好生物多样性保护优先区域有关工作的通知》（环发〔2015〕177 号），关于加强生物多样性保护优先区域监管的有关规定，下列说法错误的是（　　）。（2019 年考题）

A．城镇绿化应优先选用本地物种资源，科学规范外来物种引进，防止外来物种入侵

B．优先区域内新增规划和项目的环境影响评价要将生物多样性影响评价作为重要内容

C．新增各类开发建设利用规划应与优先区域保护规划相协调

D．城镇开发建设活动要避免占用重要物种原生境，尽可能不破坏古树名木

39．根据《关于生产和使用消耗臭氧层物质建设项目管理有关工作的通知》（环大气〔2018〕5 号），生产和使用消耗臭氧层物质建设项目管理的有关规定，下列说法正确的是（　　）。（2019 年考题）

A．新建生产化工原料用途的消耗臭氧层物质的建设项目，生产的消耗臭氧层物质仅用于企业自身下游化工产品的专用原料用途

B．禁止改建生产和使用作为制冷剂、发泡剂、灭火剂、溶剂、清洗剂、加工助剂、气雾剂、土壤熏蒸剂等受控用途的消耗臭氧层物质的建设项目

C．扩建生产受控用途的消耗臭氧层物质的建设项目，禁止增加消耗臭氧层物质生产能力

D．新建、改建、扩建副产四氯化碳的建设项目，可视情况配套建设四氯化碳处置设施

40．根据《关于进一步加强水生生物资源保护　严格环境影响评价管理的通知》（环发〔2013〕86 号）关于加强水生生物资源保护的有关规定，下列说法错误的是（　　）。（2019 年考题）

A．涉及水生生物自然保护区的建设项目环境影响报告书在报送环境保护部门审批前，应报渔业部门备案

B．水利工程涉及种质资源保护区的，应当按照国家有关规定进行专题评价或论证，并将有关报告作为建设项目环境影响报告书的重要内容

C．水利开发建设规划可能对水生生物资源及其生境造成不良影响的，对规划环境影响报告书审查时，应将渔业部门以及水生生态、水生生物资源、渔业资源（重点是鱼类）保护等方面的专家纳入审查小组

D．对水生生物产卵场、索饵场、越冬场以及洄游通道可能造成不良影响的开发建设规划，在环境影响评价中应对重要水生物种资源及其关键栖息场所进行调查监测

41．下列做法中，未违反《环境影响评价从业人员职业道德规范（试行）》的行为是（　　）。（2019 年考题）

A．个人以环评师名义承接环评文件编制业务

B．为工作业绩，在未参加编制的环评文件上署名

C．建设项目存在违反国家产业政策、环保准入规定等情形，及时通告建设单位

D．选择性采用环评现状监测数据

42．根据《建设项目环境保护管理条例》，环境影响报告书、环境影响报告表审批应当重点审查的内容不包括（　　）。（2019 年考题）

A．环境影响分析预测评估的可靠性

B．环境影响评价结论的科学性

C．建设项目的环境可行性

D．环境保护措施的经济技术可行性

43．根据环境保护部办公厅《关于加强“未批先建”建设项目环境影响评价管理工作的通知》（环办环评〔2018〕18 号），建设项目环境影响报告书（表）未经批准，建设单位于 2014 年 12 月擅自开工建设，2015 年 1 月 1 日后仍然进行建设，应对建设单位进行的处罚是（　　）。（2019 年考题）

A．对建设单位直接负责的主管人员和其他直接责任人员，依法给予行政处分

B．处建设项目总投资额百分之一以上百分之五以下的罚款，并可以责令恢复原状

C．责令停止建设，处以罚款，并可以责令恢复原状

D．责令停止建设，恢复原状，并处以罚款

44．根据环境保护部办公厅《关于加强“未批先建”建设项目环境影响评价管理工作的通知》（环办环评〔2018〕18 号），建设项目环境影响报告书（表）未经批准，建设单位擅自开工建设，生态环境主管部门对此违法行为作出了处罚，建设单位主动报批环境影响报告书（表）的，有审批权的生态环境主管部门（　　）。（2019 年考题）

A．应当受理，并根据技术评估和审查结论分别作出相应处理

B．不应受理

C．应当受理，若符合环境影响评价审批要求，则依法作出批准决定，撤销处罚决定

D．应当受理，若依法不予批准该项目环境影响报告书（表），应责令恢复原状

45．根据《关于以改善环境质量为核心加强环境影响评价管理的通知》（环环评〔2016〕150 号）关于“强化“三线一单”约束作用”的规定，下列说法错误的是（　　）。（2019 年考题）

A．在生态保护红线范围内，严控各类开发建设活动

B. 环境质量底线是改善环境质量的基准线

C. 资源利用上线是各地区能源、水、土地等资源消耗不得突破的“天花板”

D. 制定环境准入负面清单，充分发挥负面清单对产业发展和项目准入的指导和约束作用

46. 根据《建设项目环境保护管理条例》、《建设项目竣工环境保护验收暂行办法》，下列关于建设项目竣工环境保护验收的说法中，正确的是（　　）。（2019年考题）

A. 分期建设、分期投入生产或者使用的建设项目，其相应的环境保护设施应当分期验收

B. 建设单位组织成立的验收工作组不得吸收环境影响报告书（表）编制机构代表参加

C. 接受委托编制验收监测（调查）报告技术机构是建设项目竣工环境保护验收的责任主体

D. 接受委托编制验收监测（调查）报告技术机构对所编制的验收监测（调查）报告结论负责

47. 根据《建设项目环境影响后评价管理办法（试行）》，下列关于建设项目环境影响后评价时限要求的说法中，正确的是（　　）。（2019年考题）

A. 建设项目环境影响后评价应当在建设项目试生产后三至五年内开展

B. 建设项目环境影响后评价应当在建设项目开工建设后三至五年内开展

C. 建设项目环境影响后评价应当在建设项目正式投入生产或者运营后三至五年内开展

D. 当地环境保护主管部门可以根据建设项目的环境影响和环境要素变化特征，确定开展环境影响后评价的时限

二、不定项选择题

1. 《建设项目环境影响评价分类管理名录》所称环境敏感区包括（　　）。（2012年考题）

A. 基本农田保护区　　B. 资源型缺水地区

C. 水土流失重点防治区　　D. 以科研、行政办公为主要功能的区域

2. 《建设项目环境影响评价分类管理名录》所称环境敏感区包括（　　）。（2015年考题）

A. 重要湿地　　B. 自然保护区

C. 工业集中区　　D. 以行政办公为主要功能的区域

3. 根据《关于印发建设项目环境影响评价信息公开机制方案的通知》，要求建设单位公开的环评信息包括（　　）。（2016 年考题）

A. 建设项目开工前的信息　　B. 环境影响报告书编制信息

C. 建设项目施工过程中的信息　　D. 建设项目环境影响评价审批信息

4. 根据《建设项目环境保护事中事后监督管理办法（试行）》，建设项目审批和事中监督管理过程中发现环境影响文件存在（　　）的，应当依法对环境影响评价机构和相关人员进行处罚。（2016 年考题）

A. 信息公开内容不完整　　B. 重要环境保护目标遗漏

C. 主要环境保护措施缺失　　D. 环境影响评价结论错误

5. 根据《建设项目环境影响后评价管理办法（试行）》，（　　）应当开展环境影响后评价。（2016 年考题）

A. 穿越重要生态环境敏感区的高速公路建设项目

B. 生产原料、工艺和环保措施发生重大变动的化工建设项目

C. 当地环境保护主管部门认为应当开展环境影响后评价的造纸项目

D. 有重大环境风险，建设地点敏感，且持续排放持久性有机污染物的建设项目

6. 根据《建设项目环境影响后评价管理办法（试行）》，受建设单位或生产经营单位委托，可以承担后评价文件编制的工作机构有（　　）。（2016 年考题）

A. 大专院校　　B. 工程设计单位

C. 相关评估机构　　D. 环境影响评价机构

7. 根据《关于进一步加强环境影响评价管理防范环境风险的通知》，环境风险预测设定的最大可信事故应包括（　　）。（2017 年考题）

A. 项目施工过程中生产设施发生火灾事故

B. 项目施工过程中生产设施发生爆炸事故

C. 项目营运过程中生产设施发生火灾、爆炸事故

D. 项目营运过程中生产设施发生危险物质泄漏事故

8. 根据《建设项目环境影响评价信息公开机制方案》，到 2016 年年底，建立全过程、全覆盖的建设项目环评信息公开机制，保障公众对项目建设的环境影响（　　）。（2017 年考题）

A. 知情权　　B. 参与权　　C. 审核权　　D. 监督权

9. 根据《关于以改善环境质量为核心加强环境影响评价管理的通知》，下列说法中，错误的有（　　）。（2017 年考题）

A. 禁止在优先保护类耕地集中区域新建制革项目

B. 对环境质量现状超标的地区，依法不予审批该地区建设项目环评文件

C. 对未达到环境质量目标考核要求的地区，依法暂停审批该地区新增排放污

染物的项目环评文件

D. 对于现有同类型项目环境污染严重，致使环境容量接近承载能力的地区，在现有问题整改到位前，依法暂停审批该地区新建同类行业的项目环评文件

10. 根据《建设项目环境保护事中事后监督管理办法（试行）》，属于事中监督管理的内容有（　　）。（2017 年考题）

A. 施工期环境监理和环境监测开展情况

B. 竣工环境保护验收和排污许可证的实施情况

C. 开展环境影响后评价及落实相应改进措施的情况

D. 环境保护法律法规的遵守情况和环境保护部门作出的行政处罚决定落实情况

11. 根据《建设项目环境影响评价分类管理名录》，下列区域中，属于环境敏感区的有（　　）。（2018 年考题）

A. 基本农田　　B. 海洋特别保护区

C. 水生生物的自然产卵场　　D. 以科研、行政办公等为主要功能的区域

12. 根据《关于进一步加强水电建设环境保护工作的通知》，下列水电工程中属于应纳入"三通一平"工程，开展环境影响评价的有（　　）。（2018 年考题）

A. 围堰工程

B. 河床内导流工程

C. 筹建及准备期相关工程

D. 水生生态保护的相关措施工程

13. 根据《建设项目环境保护管理条例》，下列环影响报告书（表）内容中属于环境保护行政主管部门审批应当重点审查的有（　　）。（2018 年考题）

A. 建设项目的环境可行性　　B. 环境保护措施的有效性

C. 基础资料、数据的准确性　　D. 环境影响评价结论的科学性

14. 根据《建设项目环境影响后评价管理办法（试行）》，下列单位中，属于原则上不得承担建设项目环境影响后评价文件编制工作的有（　　）。（2018 年考题）

A. 大专院校

B. 承担该建设项目设计的工程设计单位

C. 承担该建设项目环境影响报告书技术评估的评估机构

D. 编制该建设项目环境影响报告书的环境影响评价机构

15. 根据《建设项目环境保护管理条例》，生态环境主管部门应当对建设项目环境影响报告书、环境影响报告表作出不予批准决定的情形有（　　）。（2019 年考题）

A．建设项目的环境影响报告书、环境影响报告表的基础资料数据明显不实

B．所在区域环境质量未达到国家或者地方环境质量标准，且建设项目拟采取的措施不能满足区域环境质量改善目标管理要求

C．建设项目的环境影响报告书、环境影响报告表的内容存在重大缺陷、遗漏

D．改建、扩建和技术改造项目，未针对项目原有环境污染和生态破坏提出有效防治措施

16．根据《建设项目环境保护事中事后监督管理办法（试行）》（环发〔2015〕16号），事后监督管理的主要依据是（　　）。（2019年考题）

A．依法取得的排污许可证

B．经批准的环境影响评价文件及批复文件

C．环境影响后评价提出的改进措施

D．环境保护有关法律法规的要求和技术标准规范

17．根据《环境影响评价公众参与办法》建设单位向生态环境主管部门报批环境影响报告书前，应当组织编写建设项目环境影响评价公众参与说明，公众参与说明主要内容包括（　　）。（2019年考题）

A．环境影响报告书编制情况

B．公众参与的过程、范围和内容

C．公众意见收集整理和归纳分析情况

D．公众意见采纳情况，或者未采纳情况、理由及向公众反馈的情况等

18．根据《畜禽规模养殖污染防治条例》，禁止在下列（　　）区域内建设畜禽养殖场、养殖小区。（2019年考题）

A．饮用水水源保护区准保护区

B．自然保护区的实验区

C．农村村庄外围

D．文化教育科学研究区

19．根据《建设项目竣工环境保护验收暂行办法》，建设项目竣工环境保护验收的主要依据包括（　　）。（2019年考题）

A．建设项目环境保护相关法律、法规、规章、标准和规范性文件

B．建设项目竣工环境保护验收技术规范

C．建设项目环境影响报告书（表）及审批部门审批决定

D．建设项目可研资料及立项审批文件

20．根据《关于印发建设项目竣工环境保护验收现场检查及审查要点的通知-公路建设项目验收现场检查及审查要点》（环办〔2015〕113号），公路建设项目验收现场检查及审查要点内容有（　　）。（2019年考题）

A．核查工程建设性质、内容、线位、主要技术指标、控制点与环评文件及批复的一致性

B．公路中心线两侧声环境敏感点分布情况，敏感点建设时序、执行声环境功能区标准情况

C．服务设施污水处理设施建设、运行和排放情况

D．突发环境事件应急预案编制、备案和演练情况

21．根据《建设项目环境影响后评价管理办法（试行）》，下列建设项目运行过程中产生不符合经审批的环境影响报告书情形的，应当开展环境影响后评价的有（　）。（2019 年考题）

A．穿越重要生态环境敏感区的建设项目

B．冶金行业中有重大环境风险，建设地点敏感，且持续排放重金属的建设项目

C．化工行业中有重大环境风险，建设地点敏感，且持续排放持久性有机污染物的建设项目

D．铁路行业中实际环境影响程度和范围较大，且主要环境影响在项目建成运行一定时期后逐步显现的建设项目

参考答案

一、单项选择题

1．A 【解析】《建设项目环境影响评价分类管理名录》第五条：跨行业、复合型建设项目，其环境影响评价类别按其中单项等级最高的确定。

2．A 【解析】《建设项目环境影响评价文件分级审批规定》第十条：下级环境保护部门超越法定职权、违反法定程序或者条件做出环境影响评价文件审批决定的，上级环境保护部门可以按照下列规定处理：（一）依法撤销或者责令其撤销超越法定职权、违反法定程序或者条件做出的环境影响评价文件审批决定。（二）对超越法定职权、违反法定程序或者条件做出环境影响评价文件审批决定的直接责任人员，建议由任免机关或者监察机关依照《环境保护违法违纪行为处分暂行规定》的规定，对直接责任人员，给予警告、记过或者记大过处分；情节较重的，给予降级处分；情节严重的，给予撤职处分。

3．D 【解析】其他 3 个选项没有规定一定是编制环境影响报告书。跨行业、复合型建设项目，其环境影响评价类型按其中单项等级最高的确定。

4．D 【解析】注意基本农田保护区和基本农田有区别。

5．D 【解析】化工石化、有色冶炼、制浆造纸等可能引发环境风险的项目，

在符合国家产业政策和清洁生产水平要求、满足污染物排放标准以及污染物排放总量控制指标的前提下，必须在依法设立、环境保护基础设施齐全并经规划环评的产业园区内布设。

6. C 【解析】根据该通知中的《石油炼制与石油化工建设项目重大变动清单（试行）》，“一次炼油加工能力、乙烯裂解加工能力增大30%及以上；储罐总数量或总容积增大30%及以上”属于重大变动。

7. A 【解析】《建设项目环境影响评价文件分级审批规定》第八条：第五条规定以外的建设项目环境影响评价文件的审批权限，由省级环境保护部门参照第四条及下述原则提出分级审批建议，报省级人民政府批准后实施，并抄报环境保护部。（二）化工、造纸、电镀、印染、酿造、味精、柠檬酸、酶制剂、酵母等污染较重的建设项目环境影响评价文件由省级或地级市环境保护部门负责审批。

8. C 【解析】《建设项目环境保护事中事后监督管理办法（试行）》第六条：事中监督管理的内容主要是，经批准的环境影响评价文件及批复中提出的环境保护措施落实情况和公开情况；施工期环境监理和环境监测开展情况；竣工环境保护验收和排污许可证的实施情况；环境保护法律法规的遵守情况和环境保护部门做出的行政处罚决定落实情况。按照相关要求开展环境影响后评价情况的监督管理是事后监督管理内容。

9. B 【解析】《环境影响评价法》第二十七条：在项目建设、运行过程中产生不符合经审批的环境影响评价文件的情形的，建设单位应当组织环境影响的后评价，采取改进措施，并报原环境影响评价文件审批部门和建设项目审批部门备案；原环境影响评价文件审批部门也可以责成建设单位进行环境影响的后评价，采取改进措施。

10. D 【解析】《建设项目环境影响评价分类管理名录》第六条：本名录未做规定的建设项目，其环境影响评价类别由省级生态环境主管部门根据建设项目的污染因子、生态影响因子特征及其所处环境的敏感性质和敏感程度提出建议，报生态环境部认定。

11. A 【解析】《关于进一步加强水电建设环境保护工作的通知》：要规范水电项目“三通一平”工程环境影响评价工作。水电项目筹建及准备期相关工程应作为一个整体项目纳入“三通一平”工程开展环境影响评价。水生生态保护的相关措施应列为水电项目筹建及准备期工作内容；围堰工程（包括分期围堰）和河床内导流工程作为主体工程内容，不纳入“三通一平”工程范围。在水电建设项目环境影响评价中要有“三通一平”工程环境影响回顾性评价内容。

12. B 【解析】《环境影响评价法》第二十四条：建设项目的环境影响评价文件经批准后，建设项目的性质、规模、地点、采用的生产工艺或者防治污染、防止生态破坏的措施发生重大变动的，建设单位应当重新报批建设项目的环境影响评价文件。建设项目的环境影响评价文件自批准之日起超过五年，方决定该项目开工建设的，其环境影响评价文件应当报原审批部门重新审核；原审批部门应当自收到建设项目环境影响评价文件之日起十日内，将审核意见书面通知建设单位。

13．D 【解析】该通知附件中《火电建设项目重大变动清单（试行）》：热电联产机组供热替代量减少10%及以上。

14．A 【解析】《建设项目环境影响评价文件分级审批规定》第五条：环境保护部负责审批下列类型的建设项目环境影响评价文件：（一）核设施、绝密工程等特殊性质的建设项目；（二）跨省、自治区、直辖市行政区域的建设项目；（三）由国务院审批或核准的建设项目，由国务院授权有关部门审批或核准的建设项目，由国务院有关部门备案的对环境可能造成重大影响的特殊性质的建设项目。

15．A 【解析】《火电建设项目环境影响评价文件审批原则（试行）》：煤场和灰场采取有效的抑尘措施，厂界无组织排放符合相关标准限值要求。在环境敏感区或区域颗粒物超标地区设置封闭煤场。工业用水禁止取用地下水。单位发电量的煤耗、水耗和污染物排放量等指标达到清洁生产先进水平。

16．D 【解析】《“十三五”环境影响评价改革实施方案》：对高质量完成规划环评、各类管理清单清晰可行的产业园区，试点降低园区内部分行业项目环评文件的类别。注意“试点”两个字。

17．D 【解析】《建设项目环境影响后评价管理办法（试行）》第三条：下列建设项目运行过程中产生不符合经审批的环境影响报告书情形的，应当开展环境影响后评价：（二）冶金、石化和化工行业中有重大环境风险，建设地点敏感，且持续排放重金属或者持久性有机污染物的建设项目。

18．A 【解析】《建设项目环境影响后评价管理办法（试行）》第六条：建设单位或者生产经营单位负责组织开展环境影响后评价工作，编制环境影响后评价文件，并对环境影响后评价结论负责。

19．D 【解析】《建设项目环境影响评价分类管理名录》第五条：跨行业、复合型建设项目，其环境影响评价类别按其中单项等级最高的确定。第四条：建设单位应当严格按照本名录确定建设项目环境影响评价类别，不得擅自改变环境影响评价类别。第二条：根据建设项目特征和所在区域的环境敏感程度，综合考虑建设项目可能对环境产生的影响，对建设项目的环境影响评价实行分类管理。建设单位应当按照本名录的规定，分别组织编制建设项目环境影响报告书、环境影响报告表或者填报环境影响登记表。第六条：本名录未作规定的建设项目，其环境影响评价类别由省级生态环境主管部门根据建设项目的污染因子、生态影响因子特征及其所处环境的敏感性质和敏感程度提出建议，报生态环境部认定。

20. D 【解析】《建设项目环境影响登记表备案管理办法》第六条：建设项目的建设地点涉及多个县级行政区域的，建设单位应当分别向各建设地点所在地的县级环境保护主管部门备案。第七条：建设项目环境影响登记表备案采用网上备案方式。对国家规定需要保密的建设项目，建设项目环境影响登记表备案采用纸质备案方式。

21. C 【解析】《建设项目环境保护管理条例》第九条：环境保护行政主管部门审批环境影响报告书、环境影响报告表，应当重点审查建设项目的环境可行性、环境影响分析预测评估的可靠性、环境保护措施的有效性、环境影响评价结论的科学性等，并分别自收到环境影响报告书之日起 60 日内、收到环境影响报告表之日起 30 日内，作出审批决定并书面通知建设单位。

22. A 【解析】《高速公路建设项目重大变动清单（试行）》：规模：1.车道数或设计车速增加。2. 线路长度增加 30%及以上。地点：3. 线路横向位移超出 200 m 的长度累计达到原线路长度的 30%及以上。4. 工程线路、服务区等附属设施或特大桥、特长隧道等发生变化，导致评价范围内出现新的自然保护区、风景名胜区、饮用水水源保护区等生态敏感区，或导致出现新的城市规划区和建成区。5. 项目变动导致新增声环境敏感点数量累计达到原敏感点数量的 30%及以上。

23. B 【解析】《涉及国家级自然保护区建设项目生态影响专题报告编制指南（试行）》：3.5《专题报告》编制单位应具有相应的建设项目环境影响评价资质证书或工程咨询单位资格证书，项目负责人应具有高级专业技术职称，编制人员应当具有自然保护区及生态学等方面专业背景。3.4《专题报告》编制的评价范围应包括项目建设和运营直接影响和间接影响区，以及整个国家级自然保护区的范围。

24. C 【解析】《关于做好环境影响评价制度与排污许可制衔接相关工作的通知》：四、分期建设的项目，环境影响报告书（表）以及审批文件应当列明分期建设内容，明确分期实施后排放口数量、位置以及每个排放口的污染物种类、允许排放浓度和允许排放量、排放方式、排放去向、自行监测计划等与污染物排放相关的主要内容，建设单位应据此分期申请排污许可证。

25. D 【解析】《汽车整车制造建设项目环境影响评价文件审批原则（试行）》：大气污染防治重点区域内新建、扩建汽车项目，水性涂料等低挥发性有机物含量涂料占总涂料使用量比例不低于 80%。

26. B 【解析】《关于以改善环境质量为核心加强环境影响评价管理的通知》：对未达到环境质量目标考核要求的地区，除民生项目与节能减排项目外，依法暂停审批该地区新增排放相应重点污染物的项目环评文件。

27. A 【解析】《建设项目环境保护事中事后监督管理办法（试行）》第三条：事中监督管理的主要依据是经批准的环境影响评价文件及批复文件、环境保护有关法律法规的要求和技术标准规范。

28. B 【解析】《关于强化建设项目环境影响评价事中事后监管的实施意见》：对环保部门要重点检查其对建设项目环境保护“三同时”监督检查情况，是事后监管的内容。

29. A 【解析】《建设项目竣工环境保护验收暂行办法》第四条：建设单位是建设项目竣工环境保护验收的责任主体。

30. A 【解析】《建设项目竣工环境保护验收暂行办法》第十一条：（三）验收报告编制完成后5个工作日内，公开验收报告，公示的期限不得少于20个工作日。建设单位公开上述信息的同时，应当向所在地县级以上环境保护主管部门报送相关信息，并接受监督检查。第七条：验收监测（调查）报告编制完成后，建设单位应当根据验收监测（调查）报告结论，逐一检查是否存在本办法第八条所列验收不合格的情形，提出验收意见。存在问题的，建设单位应当进行整改，整改完成后方可提出验收意见。

31. D 【解析】《建设项目环境影响后评价管理办法（试行）》第七条：建设项目环境影响后评价文件应当包括以下内容：（一）建设项目过程回顾，包括环境影响评价、环境保护措施落实、环境保护设施竣工验收、环境监测情况，以及公众意见收集调查情况等；（二）建设项目工程评价，包括项目地点、规模、生产工艺或者运行调度方式，环境污染或者生态影响的来源、影响方式、程度和范围等；（三）区域环境变化评价，包括建设项目周围区域环境敏感目标变化、污染源或者其他影响源变化、环境质量现状和变化趋势分析等；（四）环境保护措施有效性评估，包括环境影响报告书规定的污染防治、生态保护和风险防范措施是否适用、有效，能否达到国家或者地方相关法律、法规、标准的要求等；（五）环境影响预测验证，包括主要环境要素的预测影响与实际影响差异，原环境影响报告书内容和结论有无重大漏项或者明显错误，持久性、累积性和不确定性环境影响的表现等；（六）环境保护补救方案和改进措施；（七）环境影响后评价结论。

32. D 【解析】《建设项目环境影响评价分类管理名录》第三条：本名录所称环境敏感区是指依法设立的各级各类保护区域和对建设项目产生的环境影响特别敏感的区域，主要包括生态保护红线范围内或者其外的下列区域：（一）自然保护区、风景名胜区、世界文化和自然遗产地、海洋特别保护区、饮用水水源保护区；（二）基本农田保护区、基本草原、森林公园、地质公园、重要湿地、天然林、野生动物重要栖息地、重点保护野生植物生长繁殖地、重要水生生物的自然产卵场、索饵场、越冬场和洄游通道、天然渔场、水土流失重点防治区、沙化土地封禁保护区、封闭及半封闭海域；（三）以居住、医疗卫生、文化教育、科研、行政办公等为主要功能的区域，以及文物保护单位。

33．A 【解析】《港口建设项目重大变动清单（试行）》：码头设计通过能力增加30%及以上。危险品储罐数量增加30%及以上。集装箱危险品堆场位置发生变化导致环境风险增加。矿石码头堆场防尘、液化码头油气回收、集装箱码头压载水灭活等主要环境保护措施或环境风险防范措施弱化或降低。

34．C 【解析】《环境影响评价公众参与办法》第九条：建设单位应当在确定环境影响报告书编制单位后7个工作日内，通过其网站、建设项目所在地公共媒体网站或者建设项目所在地相关政府网站（以下统称网络平台），公开下列信息。

35．D 【解析】《涉及国家级自然保护区建设项目生态影响专题报告编制指南（试行）》：《专题报告》编制主要包括前期准备、现状调查、数据分析和报告编写四个步骤。

36．D 【解析】《关于进一步加强涉及自然保护区开发建设活动监督管理的通知》：建设项目选址（线）应尽可能避让自然保护区，确因重大基础设施建设和自然条件等因素限制无法避让的，要严格执行环境影响评价等制度，涉及国家级自然保护区的，建设前须征得省级以上自然保护区主管部门同意，并接受监督。

37．D 【解析】根据《建设项目危险废物环境影响评价指南》，基本原则：（一）重点评价，科学估算。（二）科学评价，降低风险。（三）全程评价，规范管理。

38．D 【解析】《关于做好生物多样性保护优先区域有关工作的通知》：城镇开发建设活动要避免占用重要物种原生境，不得破坏古树名木，保护城市生物多样性。

39．A 【解析】《关于生产和使用消耗臭氧层物质建设项目管理有关工作的通知》：三、新建、改建、扩建生产化工原料用途的消耗臭氧层物质的建设项目，生产的消耗臭氧层物质仅用于企业自身下游化工产品的专用原料用途，不得对外销售。一、禁止新建、扩建生产和使用作为制冷剂、发泡剂、灭火剂、溶剂、清洗剂、加工助剂、气雾剂、土壤熏蒸剂等受控用途的消耗臭氧层物质的建设项目。二、改建、异址建设生产受控用途的消耗臭氧层物质的建设项目，禁止增加消耗臭氧层物质生产能力。四、新建、改建、扩建副产四氯化碳的建设项目，应当配套建设四氯化碳处置设施。

40．A 【解析】《关于进一步加强水生生物资源保护 严格环境影响评价管理的通知》：（四）涉及水生生物自然保护区的建设项目环境影响报告书在报送环境保护部门审批前，应征求渔业部门意见。

41．C 【解析】《环境影响评价从业人员职业道德规范（试行）》：（五）不出借、出租个人有关资格证书、岗位证书，不以个人名义私自承接有关业务，不在本人未参与编制的有关技术文件中署名。（四）如实向建设单位介绍环评相关政策要求。对建设项目存在违反国家产业政策或者环保准入规定等情形的，要及时通告。（三）不弄虚作假，不歪曲事实，不隐瞒真实情况，不编造数据信息，不给出有歧义或误导性的工作结论。积极阻止对其所做工作或由其指导完成工作的歪曲和误用。

42. D 【解析】《建设项目环境保护管理条例》第九条：环境保护行政主管部门审批环境影响报告书、环境影响报告表，应当重点审查建设项目的环境可行性、环境影响分析预测评估的可靠性、环境保护措施的有效性、环境影响评价结论的科学性等。

43. C 【解析】《关于加强“未批先建”建设项目环境影响评价管理工作的通知》：建设项目于2015年1月1日新《中华人民共和国环境保护法》（以下简称《环境保护法》）施行后开工建设，或者2015年1月1日之前已经开工建设且之后仍然进行建设的，应当适用新《环境保护法》第六十一条规定进行处罚。

《环境保护法》第六十一条：建设单位未依法提交建设项目环境影响评价文件或者环境影响评价文件未经批准，擅自开工建设的，由负有环境保护监督管理职责的部门责令停止建设，处以罚款，并可以责令恢复原状。

44. A 【解析】《关于加强“未批先建”建设项目环境影响评价管理工作的通知》：三、环保部门应当按照本通知第一条、第二条规定对“未批先建”等违法行为作出处罚，建设单位主动报批环境影响报告书（表）的，有审批权的环保部门应当受理，并根据技术评估和审查结论分别作出相应处理：（一）对符合环境影响评价审批要求的，依法作出批准决定，并出具审批文件。（二）对存在《建设项目环境保护管理条例》第十一条所列情形之一的，环保部门依法不予批准该项目环境影响报告书（表），并可以依法责令恢复原状。

45. A 【解析】《关于以改善环境质量为核心加强环境影响评价管理的通知》：（一）除受自然条件限制、确实无法避让的铁路、公路、航道、防洪、管道、干渠、通讯、输变电等重要基础设施项目外，在生态保护红线范围内，严控各类开发建设活动，依法不予审批新建工业项目和矿产开发项目的环评文件。（二）环境质量底线是国家和地方设置的大气、水和土壤环境质量目标，也是改善环境质量的基准线。（三）资源是环境的载体，资源利用上线是各地区能源、水、土地等资源消耗不得突破的“天花板”。（四）要在规划环评清单式管理试点的基础上，从布局选址、资源利用效率、资源配置方式等方面入手，制定环境准入负面清单，充分发挥负面清单对产业发展和项目准入的指导和约束作用。

46. A 【解析】《建设项目环境保护管理条例》第十八条：分期建设、分期投入生产或者使用的建设项目，其相应的环境保护设施应当分期验收。

《建设项目竣工环境保护验收暂行办法》第九条：验收工作组可以由设计单位、施工单位、环境影响报告书（表）编制机构、验收监测（调查）报告编制机构等单位代表以及专业技术专家等组成，代表范围和人数自定。第四条：建设单位是建设项目竣工环境保护验收的责任主体。第五条：建设单位不具备编制验收监测（调查）报告能力的，可以委托有能力的技术机构编制。建设单位对受委托的技术机构编制的验收监测（调查）报告结论负责。

47. C 【解析】《建设项目环境影响后评价管理办法（试行）》第八条：建设项目环境影响后评价应当在建设项目正式投入生产或者运营后三至五年内开展。原审批环境影响报告书的环境保护主管部门也可以根据建设项目的环境影响和环境要素变化特征，确定开展环境影响后评价的时限。

二、不定项选择题

1. ACD 【解析】《建设项目环境影响评价分类管理名录》第三条 本名录所称环境敏感区是指依法设立的各级各类保护区域和对建设项目产生的环境影响特别敏感的区域，主要包括生态保护红线范围内或者其外的下列区域：（一）自然保护区、风景名胜区、世界文化和自然遗产地、海洋特别保护区、饮用水水源保护区；（二）基本农田保护区、基本草原、森林公园、地质公园、重要湿地、天然林、野生动物重要栖息地、重点保护野生植物生长繁殖地、重要水生生物的自然产卵场、索饵场、越冬场和洄游通道、天然渔场、水土流失重点防治区、沙化土地封禁保护区、封闭及半封闭海域；（三）以居住、医疗卫生、文化教育、科研、行政办公等为主要功能的区域，以及文物保护单位。

2. ABD 【解析】同上。

3. ABC 【解析】“建设项目环境影响报告书（表）审批信息”属环境保护主管部门环评信息公开的内容。建设单位需公开建设项目建成后的信息，包括向社会公开建设项目环评提出的各项环境保护设施和措施执行情况、竣工环境保护验收监测和调查结果。

4. BCD 【解析】《建设项目环境保护事中事后监督管理办法（试行）》第十二条：建设项目审批和事中监督管理过程中发现环境影响评价文件存在重要环境保护目标遗漏、主要环境保护措施缺失、环境影响评价结论错误、因环境影响评价文件所提污染防治和生态保护措施不合理而造成重大环境污染事故或存在重大环境风险隐患的，对环境影响评价机构和相关人员，除依照《环境影响评价法》的规定降低资质等级或者吊销资质证书并处罚款外，还应当依法追究连带责任。

5. A 【解析】《建设项目环境影响后评价管理办法（试行）》第三条：下列建设项目运行过程中产生不符合经审批的环境影响报告书情形的，应当开展环境影响后评价：（一）水利、水电、采掘、港口、铁路行业中实际环境影响程度和范围较大，且主要环境影响在项目建成运行一定时期后逐步显现的建设项目，以及其他行业中穿越重要生态环境敏感区的建设项目；（二）冶金、石化和化工行业中有重大环境风险，建设地点敏感，且持续排放重金属或者持久性有机污染物的建设项目；（三）审批环境影响报告书的环境保护主管部门认为应当开展环境影响后评价的其他建设项目。

6. ABCD 【解析】建设单位或者生产经营单位可以委托环境影响评价机构、工程设计单位、大专院校和相关评估机构等编制环境影响后评价文件。

7. ABCD 【解析】《关于进一步加强环境影响评价管理防范环境风险的通知》：环境风险预测设定的最大可信事故应包括项目施工、营运等过程中生产设施发生火灾、爆炸，危险物质发生泄漏等事故。

8. ABD 【解析】《建设项目环境影响评价信息公开机制方案》：到2016年年底，建立全过程、全覆盖的建设项目环评信息公开机制，保障公众对项目建设的环境影响知情权、参与权和监督权。

9. ABCD 【解析】选项A的正确说法是：严格控制在优先保护类耕地集中区域新建有色金属冶炼、石油加工、化工、焦化、电镀、制革等项目。选项B的正确说法是：对环境质量现状超标的地区，项目拟采取的措施不能满足区域环境质量改善目标管理要求的，依法不予审批其环评文件。选项C的正确说法是：对未达到环境质量目标考核要求的地区，除民生项目与节能减排项目外，依法暂停审批该地区新增排放相应重点污染物的项目环评文件。选项D的正确说法是：对于现有同类型项目环境污染或生态破坏严重、环境违法违规现象多发，致使环境容量接近或超过承载能力的地区，在现有问题整改到位前，依法暂停审批该地区同类行业的项目环评文件（不一定是新建）。

10. ABD 【解析】《建设项目环境保护事中事后监督管理办法（试行）》第六条：事中监督管理的内容主要是，经批准的环境影响评价文件及批复中提出的环境保护措施落实情况和公开情况；施工期环境监理和环境监测开展情况；竣工环境保护验收和排污许可证的实施情况；环境保护法律法规的遵守情况和环境保护部门做出的行政处罚决定落实情况。

11. BD 【解析】《建设项目环境影响评价分类管理名录》第三条：本名录所称环境敏感区是指依法设立的各级各类保护区域和对建设项目产生的环境影响特别敏感的区域，主要包括生态保护红线范围内或者其外的下列区域：（一）自然保护区、风景名胜区、世界文化和自然遗产地、海洋特别保护区、饮用水水源保护区；（二）基本农田保护区、基本草原、森林公园、地质公园、重要湿地、天然林、野生动物重要栖息地、重点保护野生植物生长繁殖地、重要水生生物的自然产卵场、索饵场、越冬场和洄游通道、天然渔场、水土流失重点防治区、沙化土地封禁保护区、封闭及半封闭海域；（三）以居住、医疗卫生、文化教育、科研、行政办公等为主要功能的区域，以及文物保护单位。

12．CD 【解析】《关于进一步加强水电建设环境保护工作的通知》规定，水电项目筹建及准备期相关工程应作为一个整体项目纳入“三通一平”工程开展环境影响评价。水生生态保护的相关措施应列为水电项目筹建及准备期工作内容；围堰工程（包括分期围堰）和河床内导流工程作为主体工程内容，不纳入“三通一平”工程范围。在水电建设项目环境影响评价中要有“三通一平”工程环境影响回顾性评价内容。

13．ABD 【解析】《建设项目环境保护管理条例》第九条：环境保护行政主管部门审批环境影响报告书、环境影响报告表，应当重点审查建设项目的环境可行性、环境影响分析预测评估的可靠性、环境保护措施的有效性、环境影响评价结论的科学性等。

14．D 【解析】《建设项目环境影响后评价管理办法（试行）》第六条：建设单位或者生产经营单位负责组织开展环境影响后评价工作，编制环境影响后评价文件，并对环境影响后评价结论负责。建设单位或者生产经营单位可以委托环境影响评价机构、工程设计单位、大专院校和相关评估机构等编制环境影响后评价文件。编制建设项目环境影响报告书的环境影响评价机构，原则上不得承担该建设项目环境影响后评价文件的编制工作。

15．ABCD 【解析】《建设项目环境保护管理条例》第十一条：建设项目有下列情形之一的，环境保护行政主管部门应当对环境影响报告书、环境影响报告表作出不予批准的决定：（一）建设项目类型及其选址、布局、规模等不符合环境保护法律法规和相关法定规划；（二）所在区域环境质量未达到国家或者地方环境质量标准，且建设项目拟采取的措施不能满足区域环境质量改善目标管理要求；（三）建设项目采取的污染防治措施无法确保污染物排放达到国家和地方排放标准，或者未采取必要措施预防和控制生态破坏；（四）改建、扩建和技术改造项目，未针对项目原有环境污染和生态破坏提出有效防治措施；（五）建设项目的环境影响报告书、环境影响报告表的基础资料数据明显不实，内容存在重大缺陷、遗漏，或者环境影响评价结论不明确、不合理。

16．ABCD 【解析】《建设项目环境保护事中事后监督管理办法（试行）》第三条：事后监督管理的主要依据是依法取得的排污许可证、经批准的环境影响评价文件及批复文件、环境影响后评价提出的改进措施、环境保护有关法律法规的要求和技术标准规范。

17．BCD 【解析】《环境影响评价公众参与办法》第十九条：公众参与说明应当包括下列主要内容：（一）公众参与的过程、范围和内容；（二）公众意见收集整理和归纳分析情况；（三）公众意见采纳情况，或者未采纳情况、理由及向公众反馈的情况等。

18．D 【解析】《畜禽规模养殖污染防治条例》第十一条：禁止在下列区域内建设畜禽养殖场、养殖小区：（一）饮用水水源保护区，风景名胜区；（二）自然保护区的核心区和缓冲区；（三）城镇居民区、文化教育科学研究区等人口集中区域；（四）法律、法规规定的其他禁止养殖区域。

19．ABC 【解析】《建设项目竣工环境保护验收暂行办法》第三条：建设项目竣工环境保护验收的主要依据包括：（一）建设项目环境保护相关法律、法规、规章、标准和规范性文件；（二）建设项目竣工环境保护验收技术规范；（三）建设项目环境影响报告书（表）及审批部门审批决定。

20．ABCD 【解析】《公路建设项目验收现场检查及审查要点》：一、工程建设情况：核查工程建设性质、内容、线位、主要技术指标、控制点与环评文件及批复的一致性。（二）声环境：公路中心线两侧声环境敏感点分布情况，敏感点建设时序、执行声环境功能区标准情况。（三）水环境：服务设施污水处理设施建设、运行和排放情况。（五）环境风险防范：环境风险防范设施、环境应急装备、物资配置情况，突发环境事件应急预案编制、备案和演练情况。

21．ABCD 【解析】《建设项目环境影响后评价管理办法（试行）》第三条：下列建设项目运行过程中产生不符合经审批的环境影响报告书情形的，应当开展环境影响后评价：（一）水利、水电、采掘、港口、铁路行业中实际环境影响程度和范围较大，且主要环境影响在项目建成运行一定时期后逐步显现的建设项目，以及其他行业中穿越重要生态环境敏感区的建设项目；（二）冶金、石化和化工行业中有重大环境风险，建设地点敏感，且持续排放重金属或者持久性有机污染物的建设项目；（三）审批环境影响报告书的环境保护主管部门认为应当开展环境影响后评价的其他建设项目。

五、环境影响评价相关法律法规

（一）《大气污染防治法》

一、单项选择题

1．根据《大气污染防治法》大气环境质量限期达标规划的规定，城市大气环境质量限期达标规划应（　　）。（2016 年考题）

A．报国务院环境保护主管部门批准

B．报国务院环境保护主管部门备案

C．征求有关行政管理部门以及公众的意见

D．根据大气污染防治的要求和经济、技术条件适时进行评估、修订

2．根据《大气污染防治法》燃烧污染防治有关规定，在集中供热管网覆盖地区，下列行为，正确的是（　　）。（2016 年考题）

A．新建天然气锅炉

B．拆除所有燃煤供热锅炉

C．扩建采用脱硫煤的锅炉

D．改建未能达标排放的燃煤供热锅炉

3．某木制品加工厂采用含有挥发性有机物的粘胶，生产符合欧盟产品质量标准的室内木制地板。根据《大气污染防治法》工业污染防治有关规定，其产品中的挥发性有机物含量应当符合（　　）。（2016 年考题）

A．欧盟产品质量标准要求　　B．国家产品质量标准要求

C．环境空气质量标准要求　　D．室内空气质量标准要求

4．某露天贮煤场，煤炭贮量 40 万 t，堆高 12 m，采用 10 m 高的防尘网进行扬尘控制。根据《大气污染防治法》扬尘污染防治有关要求，该贮煤场应进一步完善的扬尘污染防治措施是（　　）。（2016 年考题）

A．设置挡煤墙

B．定期压实煤堆

C．围绕煤堆建 2 m 高的实体围墙

D．防尘网高度加至 12 m 以上，并对煤堆进行有效覆盖

5．根据《大气污染防治法》重点区域大气污染联合防治有关规定，在国家大气污染防治重点区域内新建用煤项目，应当实行（ ）。（2016 年考题）

A．清洁生产审核　　B．节能降耗审核

C．煤炭等量替代　　D．清洁能源替代

6．某省人民政府拟制定该省挥发性有机污染物排放标准。根据《大气污染防治法》大气污染防治标准的有关规定，该标准的制定应当以（ ）为依据。（2017 年考题）

A．大气环境质量标准和大气污染物排放标准

B．大气环境质量标准和国家经济、技术条件

C．大气污染物排放标准和国家经济、技术条件

D．地方大气环境质量标准和地方经济、技术条件

7．根据《大气污染防治法》大气污染源监测的有关规定，企业单位、其他生产经营者应当对其排放的有毒有害大气污染物（ ）。（2017 年考题）

A．进行监测

B．安装自动监测设备进行监测

C．进行监测，并保存原始监测记录

D．安装使用自动监测设备，并与环境主管部门的监控设备联网

8．某企业采用挥发性有机物含量低的涂料，在靠近厂界的露天场地进行涂装作业，经监测该侧厂界浓度超标。根据《大气污染防治法》工业污染防治的有关规定，该企业优先考虑的整改措施是（ ）。（2017 年考题）

A．减少涂料的使用量

B．在厂界外设置大气环境防护距离

C．将涂装作业迁至室内进行，并按规定安装使用相应的污染防治措施

D．将涂装作业迁至厂区中央露天场地进行，并确保各厂界污染物浓度达标

9．根据《大气污染防治法》恶臭气体污染防治的有关规定，产生恶臭气体的企业单位，应当科学选址，设置（ ），并安装净化装置或采取其他措施，防止排放恶臭气体。（2017 年考题）

A．环境防护距离　　B．卫生防护距离

C．合理的防护距离　　D．大气环境防护距离

10．根据《大气污染防治法》，关于重点排污单位污染源监测有关规定的说法，

正确的是（ ）。（2018 年考题）

A．重点排污单位应当对自动监测数据的真实性和准确性负责

B．环境监测机构应当对自动监测数据的真实性和准确性负责

C．环境保护主管部门及环境监测机构应当对自动监测数据的真实性和准确性负责

D．重点排污单位及其委托的第三方监测机构应当对自动监测数据的真实性和准确性负责

11．根据《大气污染防治法》，下列原油成品油码头装置中，属于按国家有关规定应当安装并保持正常使用的是（ ）。（2018 年考题）

A．油气处理装置　　B．油气监控装置

C．油气报警装置　　D．油气回收装置

12．根据《大气污染防治法》，关于扬尘污染防治有关规定的说法，正确的是（ ）。（2018 年考题）

A．建筑土方在施工场地内堆存的，应当进行资源化处理

B．建筑土方在施工场地内堆存的，应当采用密闭式防尘网遮盖

C．建筑土方在施工场地内堆存的，应当采取相应水土流失防治措施

D．建筑土方在施工场地内堆存的，应当采取喷淋等方式防治扬尘污染

13．位于大气污染防治重点区域的甲省拟建设可能对相邻乙省大气环境质量产生重大影响的建设项目。根据《大气污染防治法》，关于该项目大气污染联合防治有关要求的说法，正确的是（ ）。（2018 年考题）

A．甲省应及时向乙省通报该项目有关信息，进行会商

B．该项目环境影响评价文件无须考虑对乙省的环境影响

C．该项目环境影响评价文件审批应征得乙省人民政府的同意

D．该项目环境影响评价文件应由国务院环境保护主管部门审批

14．根据《大气污染防治法》，下列说法中，错误的是（ ）。（2019 年考题）

A．各级人民政府及其农业行政等有关部门应当鼓励和支持秸秆、落叶综合利用

B．禁止露天焚烧秸秆、落叶

C．各级人民政府及其农业行政等有关部门应当加大对秸秆还田、收集一体化农业机械的财政补贴力度

D．县级人民政府应当支持集体经济组织、农民专业合作经济组织、企业等开展秸秆收集、贮存、运输和综合利用服务

15．贮煤场堆存煤炭高 8 m，环境影响评价污染防治措施应推荐的优先采取的经济技术可行方案是（ ）。（2019 年考题）

A．建条形仓储煤

B．建 8 m 高围墙

C．堆层覆盖压实喷雾抑尘

D．安装 10 m 高防尘网

16．根据《大气污染防治法》，重点排污单位（　　）。（2019 年考题）

A．应当安装、使用大气污染物排放自动监测设备并保证正常运行

B．大气污染物排放自动监测设备必要时要与生态环境主管部门的监控设备联网

C．应当在本企业内公开废气排放信息，可不对外公开

D．有选择地保存所排放工业废气的原始监测记录

17．根据《大气污染防治法》，关于大气环境质量限期达标规划的说法，错误的是（　　）。（2019 年考题）

A．未达到国家大气环境质量标准城市的人民政府应当及时编制大气环境质量限期达标规划

B．城市大气环境质量限期达标规划应当向社会公开

C．大气环境质量限期达标规划应当报国务院生态环境主管部门备案

D．编制城市大气环境质量限期达标规划应当征求公众意见

18．根据《大气污染防治法》，下列说法，错误的是（　　）。（2019 年考题）

A．禁止在未配套设立专用烟道的商住综合楼内新建产生油烟、异味、废气的餐饮服务项目

B．任何单位和个人不得在当地人民政府禁止的区域内为露天烧烤食品提供场地

C．禁止私自焚烧沥青、油毡、垃圾以及其他产生有毒有害烟尘和恶臭气体的物质

D．任何单位和个人不得在城市人民政府禁止的时段和区域内燃放烟花爆竹

二、不定项选择题

1．某商住地产项目，一至四层为商业服务设施（包括中餐餐饮），五层及以上为居住层。根据《大气污染防治法》恶臭气体防治有关规定，其环评文件中提出的餐饮设施污染防治措施应包括（　　）。（2016 年考题）

A．商住楼设置专用烟道

B．不得设置产生油烟的餐饮服务设施

C．产生油烟的餐饮服务设施应建在五层以下

D．餐饮设施安装油烟净化装置并保持正常使用

2．根据《大气污染防治法》，燃煤和其他能源污染防治有关规定，国家鼓励燃煤单位采用先进的（　　）等大气污染物协同控制的技术和装置减少大气污染物的排放。（2017 年考题）

A．脱硝　　B．脱酸　　C．脱汞　　D．除尘、脱硫

3．根据《大气污染防治法》，施工单位应当采取的扬尘污染防治措施有（　　）。（2017 年考题）

A．冲洗地面和车辆

B．及时清运建筑垃圾

C．在施工工地设置硬质围挡

D．暂时不能开工的建设用地，对裸露地面进行覆盖

4．根据《大气污染防治法》，农业污染防治的有关规定，鼓励和支持采用先进适用技术，对秸秆、落叶等进行（　　）综合利用。（2017 年考题）

A．肥料化　　B．饲料化　　C．减量化　　D．无害化

5. 根据《大气污染防治法》，关于大气环境质量和污染源监测有关规定的说法，正确的有（　　）。（2018 年考题）

A．重点排污单位应当安装、使用大气污染物排放自动监测设备

B．重点排污单位应当保证监测设备正常运行并依法公开排放信息

C．重点排污单位应将自动监测设备与环境保护主管部门的监控设备联网

D. 重点排污单位应当委托有相应资质的第三方维护自动监测设备的正常运行

6. 根据《大气污染防治法》，下列依据中，属于国务院环境保护主管部门划定的国家大气污染防治重点区域的有（　　）。（2018 年考题）

A．主体功能区划　　B．大气环境功能区划

C．区域大气环境质量状况　　D．大气污染物传输扩散规律

参考答案

一、单项选择题

1．D　【解析】第十四条：编制城市大气环境质量限期达标规划，应当征求有关行业协会、企业事业单位、专家和公众等方面的意见。

第十五条：城市大气环境质量限期达标规划应当向社会公开。直辖市和设区的市的大气环境质量限期达标规划应当报国务院生态环境主管部门备案。

第十七条：城市大气环境质量限期达标规划应当根据大气污染防治的要求和经济、技术条件适时进行评估、修订。

2．A　【解析】》第三十九条：城市建设应当统筹规划，在燃煤供热地区，推进热电联产和集中供热。在集中供热管网覆盖地区，禁止新建、扩建分散燃煤供热锅炉；已建成的不能达标排放的燃煤供热锅炉，应当在城市人民政府规定的期限内拆除。

3. B 【解析】第四十四条：生产、进口、销售和使用含挥发性有机物的原材料和产品的，其挥发性有机物含量应当符合质量标准或者要求。

4. D 【解析】第七十二条：贮存煤炭、煤矸石、煤渣、煤灰、水泥、石灰、石膏、砂土等易产生扬尘的物料应当密闭；不能密闭的，应当设置不低于堆放物高度的严密围挡，并采取有效覆盖措施防治扬尘污染。

5. C 【解析】第九十条：国家大气污染防治重点区域内新建、改建、扩建用煤项目的，应当实行煤炭的等量或者减量替代。

6. B 【解析】第九条：国务院生态环境主管部门或者省、自治区、直辖市人民政府制定大气污染物排放标准，应当以大气环境质量标准和国家经济、技术条件为依据。

7. C 【解析】第二十四条：企业事业单位和其他生产经营者应当按照国家有关规定和监测规范，对其排放的工业废气和本法第七十八条规定名录中所列有毒有害大气污染物进行监测，并保存原始监测记录。

8. C 【解析】第四十五条：产生含挥发性有机物废气的生产和服务活动，应当在密闭空间或者设备中进行，并按照规定安装、使用污染防治设施；无法密闭的，应当采取措施减少废气排放。

9. C 【解析】第八十条：企业事业单位和其他生产经营者在生产经营活动中产生恶臭气体的，应当科学选址，设置合理的防护距离，并安装净化装置或者采取其他措施，防止排放恶臭气体。

10. A 【解析】第二十五条：重点排污单位应当对自动监测数据的真实性和准确性负责

11. D 【解析】第四十七条：储油储气库、加油加气站、原油成品油码头、原油成品油运输船舶和油罐车、气罐车等，应当按照国家有关规定安装油气回收装置并保持正常使用。

12. B 【解析】第六十九条：施工单位应当在施工工地设置硬质围挡，并采取覆盖、分段作业、择时施工、洒水抑尘、冲洗地面和车辆等有效防尘降尘措施。建筑土方、工程渣土、建筑垃圾应当及时清运；在场地内堆存的，应当采用密闭式防尘网遮盖。工程渣土、建筑垃圾应当进行资源化处理。

13. A 【解析】第八十九条：重点区域内有关省、自治区、直辖市建设可能对相邻省、自治区、直辖市大气环境质量产生重大影响的项目，应当及时通报有关信息，进行会商。

14. B 【解析】B 的正确说法是第七十七条：省、自治区、直辖市人民政府应当划定区域，禁止露天焚烧秸秆、落叶等产生烟尘污染的物质。注意是在人民政府划定的区域内。

15. A 【解析】第七十二条：贮存煤炭、煤矸石、煤渣、煤灰、水泥、石灰、石膏、砂土等易产生扬尘的物料应当密闭；不能密闭的，应当设置不低于堆放物高度的严密围挡，并采取有效覆盖措施防治扬尘污染。只有A选项是密闭贮存。

16. A 【解析】第二十四条：企业事业单位和其他生产经营者应当按照国家有关规定和监测规范，对其排放的工业废气和本法第七十八条规定名录中所列有毒有害大气污染物进行监测，并保存原始监测记录。其中，重点排污单位应当安装、使用大气污染物排放自动监测设备，与生态环境主管部门的监控设备联网，保证监测设备正常运行并依法公开排放信息。监测的具体办法和重点排污单位的条件由国务院生态环境主管部门规定。重点排污单位名录由设区的市级以上地方人民政府生态环境主管部门按照国务院生态环境主管部门的规定，根据本行政区域的大气环境承载力、重点大气污染物排放总量控制指标的要求以及排污单位排放大气污染物的种类、数量和浓度等因素，商有关部门确定，并向社会公布。

17. C 【解析】C的正确说法是第十五条：城市大气环境质量限期达标规划应当向社会公开。直辖市和设区的市的大气环境质量限期达标规划应当报国务院生态环境主管部门备案。

18. C 【解析】C的正确说法是第八十二条：禁止在人口集中地区和其他依法需要特殊保护的区域内焚烧沥青、油毡、橡胶、塑料、皮革、垃圾以及其他产生有毒有害烟尘和恶臭气体的物质。

二、不定项选择题

1. AD 【解析】第八十一条：排放油烟的餐饮服务业经营者应当安装油烟净化设施并保持正常使用，或者采取其他油烟净化措施，使油烟达标排放，并防止对附近居民的正常生活环境造成污染。禁止在居民住宅楼、未配套设立专用烟道的商住综合楼以及商住综合楼内与居住层相邻的商业楼层内新建、改建、扩建产生油烟、异味、废气的餐饮服务项目。

2. ACD 【解析】第四十一条：国家鼓励燃煤单位采用先进的除尘、脱硫、脱硝、脱汞等大气污染物协同控制的技术和装置，减少大气污染物的排放。

3. ABCD 【解析】第六十九条：施工单位应当在施工工地设置硬质围挡，并采取覆盖、分段作业、择时施工、洒水抑尘、冲洗地面和车辆等有效防尘降尘措施。建筑土方、工程渣土、建筑垃圾应当及时清运；在场地内堆存的，应当采用密闭式防尘网遮盖。工程渣土、建筑垃圾应当进行资源化处理。施工单位应当在施工工地公示扬尘污染防治措施、负责人、扬尘监督管理主管部门等信息。暂时不能开工的建设用地，建设单位应当对裸露地面进行覆盖；超过三个月的，应当进行绿化、铺装或者遮盖。

4．AB 【解析】第七十六条：各级人民政府及其农业行政等有关部门应当鼓励和支持采用先进适用技术，对秸秆、落叶等进行肥料化、饲料化、能源化、工业原料化、食用菌基料化等综合利用，加大对秸秆还田、收集一体化农业机械的财政补贴力度。

5．ABC 【解析】第二十四条：企业事业单位和其他生产经营者应当按照国家有关规定和监测规范，对其排放的工业废气和本法第七十八条规定名录中所列有毒有害大气污染物进行监测，并保存原始监测记录。其中，重点排污单位应当安装、使用大气污染物排放自动监测设备，与生态环境主管部门的监控设备联网，保证监测设备正常运行并依法公开排放信息。监测的具体办法和重点排污单位的条件由国务院生态环境主管部门规定。是否委托有相应资质的第三方维护自动监测设备的正常运行法律没有作出规定。

6．ACD 【解析】第八十六条：国家建立重点区域大气污染联防联控机制，统筹协调重点区域内大气污染防治工作。国务院生态环境主管部门根据主体功能区划、区域大气环境质量状况和大气污染传输扩散规律，划定国家大气污染防治重点区域，报国务院批准。

（二）《水污染防治法》

一、单项选择题

1．依据《水污染防治法》，当饮用水水源受到污染并可能威胁到供水安全时，有权作出责令有关企业事业单位采取停止或减少排放水污染物等措施决定的是（　　）。（2009 年考题）

A．当地人民政府　　B．水行政主管部门

C．环境保护主管部门　　D．建设行政主管部门

2．依据《水污染防治法》，对超过 COD 排放总量控制指标的地区，环境保护主管部门应当暂停审批（　　）的环境影响评价文件。（2010 年考题）

A．新建水电站　　B．新建制浆造纸厂

C．新建输变电工程　　D．铁路电气化改造工程

3．依据《水污染防治法》，关于水污染防治措施，下列说法中错误的是（　　）。（2010 年考题）

A．水质差异大的多层地下水可以混合开采

B．人工回灌补给地下水不得恶化地下水质

C．已受污染的潜水和承压水不得混合开采

D．利用工业废水和城镇污水进行灌溉，应当防止污染地下水

4．依据《水污染防治法》，（　　）可以对风景名胜区水体划定保护区。（2010 年考题）

A．县级以上人民政府　　B．县级以上建设主管部门

C．县级以上环境保护主管部门　　D．县级以上水行政主管部门

5．依据《水污染防治法》，在饮用水二级保护区内已建成的排放水污染物的建设项目，由（　　）责令拆除或者关闭。（2010 年考题）

A．县级以上人民政府　　B．县级以上建设主管部门

C．县级以上环境保护主管部门　　D．县级以上水行政主管部门

6．依据《水污染防治法》，关于船舶水污染防治的规定，下列说法中，正确的是（　　）。（2011 年考题）

A．禁止向水体倾倒船舶垃圾

B．船舶残油排入水体，应当执行国家污水综合排放标准

C．禁止向水体排放船舶含油污水

D．船舶排放生活污水，应当执行地方污水综合排放标准

7．依据《水污染防治法》，在河流建设排污口涉及通航水域的，在审批环境影响评价文件时，（　　）应当征求交通、渔业主管部门的意见。（2011 年考题）

A．建设单位　　B．环境保护主管部门

C．当地水行政主管部门　　D．承担环境影响评价的评价机构

8．依据《水污染防治法》，省级人民政府可以根据本行政区域水环境质量状况和水污染防治工作的需要，确定本行政区域的（　　）。（2011 年考题）

A．水环境敏感区

B．地表水环境质量控制区

C．重点水污染物排放总量控制区

D．实施总量削减和控制的重点水污染物

9．依据《水污染防治法》，在饮用水水源地保护区内禁止（　　）。（2011 年考题）

A．垂钓　　B．旅游

C．网箱养殖　　D．新设排污口

10．中华人民共和国领域内的（　　）污染防治不适用《水污染防治法》。（2012 年考题）

A．海洋　　B．湖泊地表水体

C．江河地表水体　　D．地下水体

11．根据《水污染防治法》，建设单位在江河、湖泊新建、改建、扩建排污口时，应当取得（　　）或者流域管理机构同意。（2012 年考题）

A．水行政主管部门　　B．交通行政主管部门

C．渔业行政主管部门　　D．环境保护行政主管部门

12．根据《水污染防治法》，关于地方水污染物排放标准，下列说法中，正确的是（　　）。（2013 年考题）

A．地方水污染物排放标准须报国务院环境保护行政主管部门备案

B．地方水污染物排放标准须报国务院环境保护行政主管部门批准后实施

C．省、自治区、直辖市环境保护行政主管部门对国家水污染物排放标准中未作规定的项目，可制定地方水污染物排放标准

D．省、自治区、直辖市环境保护行政主管部门对国家水污染物排放标准中已作规定的项目，可以制定严于国家水污染物排放标准的地方水污染物排放标准

13．某企业生产废水经预处理后排入所在镇的污水集中处理厂处理后排放。根据《水污染防治法》关于水污染防治措施的规定，下列说法正确的是（　　）。（2013

年考题）

A．该企业已向镇污水集中处理厂缴纳污水处理费用，可不缴纳排污费

B．排入镇污水集中处理厂的生产废水应符合双方协商确定的水污染物排放标准

C．镇污水集中处理厂可将收取的污水处理费用一部分用于该企业废水预处理设施建设

D．该企业和镇污水集中处理厂的运营单位，共同对镇污水集中处理厂的出水水质负责

14．根据《水污染防治法》关于饮用水水源保护的有关规定，下列说法中，正确的是（　　）。（2013 年考题）

A．禁止在饮用水水源一级和二级保护区内从事网箱养殖、旅游等活动

B．禁止在饮用水水源准保护区内扩建对水体污染严重的建设项目

C．禁止在饮用水水源一级和二级保护区内新建与供水设施无关的建设项目

D．禁止在饮用水水源一级和二级保护区内设置排污口，限制在饮用水水源准保护区内设置排污口

15．某省级环境保护行政主管部门负责审批的建设项目，拟向已有地方水污染物排放标准的水体排放水污染物。根据《水污染防治法》，其水污染物排放应执行（　　）。（2014 年考题）

A．国家水污染物排放标准

B．地方水污染物排放标准

C．由行业主管部门确认的排放标准

D．由省级质量技术监督主管部门确认的排放标准

16．根据《水污染防治法》，下列说法错误的是（　　）。（2014 年考题）

A．禁止向水体排放酸液、碱液

B．禁止向水体排放含病原体的污水

C．禁止向水体排放、倾倒放射性固体废物

D．禁止向水体排放、倾倒工业废渣、城镇垃圾和其他废弃物

17．根据《水污染防治法》水污染防治措施的规定，下列说法中，错误的是（　　）。（2014 年考题）

A．人工回灌补给地下水，不得恶化地下水质

B．多层地下水的含水层水质差异大的，应当分层开采

C．禁止在水库最高水位线以上的滩地存储固体废弃物

D．存放可溶性剧毒废渣的场所，应当采取防水、防渗漏、防流失的措施

18．根据《水污染防治法》，水污染防治应当坚持（　　）的原则。（2015 年考题）

A．严格控制工业污染　　B．防治农业面源污染

C．优先保护饮用水水源　　D．预防为主、防治结合、综合治理

19．根据《水污染防治法》，建设单位在江河、湖泊新建、改建、扩建排污口，涉及通航、渔业水域的，环境保护主管部门在审批环境影响评价文件时，应当征求（　　）的意见。（2015 年考题）

A．流域管理机构　　B．水行政主管部门

C．交通、渔业主管部门　　D．上一级环境保护行政主管部门

20．根据《水污染防治法》，对超过重点水污染物排放总量控制指标的地区，有关人民政府环境保护主管部门对新增重点水污染物排放总量的建设项目的环境影响评价文件应当（　　）。（2015 年考题）

A．不予审批

B．限制审批

C．暂停审批

D．按重点水污染物排放总量控制倍量削减指标要求审批

21．根据《水污染防治法》，下列关于饮用水水源保护区保护要求的说法中，错误的是（　　）。（2015 年考题）

A．在饮用水水源保护区内，禁止设置排污口

B．在饮用水水源准保护区内，改建建设项目，不得增加排污量

C．在饮用水水源二级保护区内，已建成的排放污染物的建设项目，由县级以上环境保护行政主管部门责令拆除或者关闭

D．在饮用水水源一级保护区内，已建成的与供水建设和保护水源无关的建设项目，由县级以上人民政府责令拆除或者关闭

22．根据《水污染防治法》水污染防治原则的有关规定，下列说法中，错误的是（　　）。（2016 年考题）

A．水污染防治应当有效保护饮用水水源

B．水污染防治应当坚持预防为主、防治结合、综合治理的原则

C．水污染防治应当严格控制工业污染、城镇生活污染和农业面源污染

D．水污染防治应当积极推进生态治理工程建设，预防、控制和减少水环境污染和生态破坏

23．根据《水污染防治法》，存放可溶性剧毒废渣场所采取的水污染防治措施不包括（　　）。（2016 年考题）

A．防水的措施　　B．防淋溶的措施

C．防渗漏的措施　　D．防流失措施

24．根据《水污染防治法》水污染防治措施有关规定，人工回灌补给地下水

（　　）。（2016 年考题）

A．不得恶化地下水质　　B．应达到地下水水质标准

C．应达到农田灌溉水质标准　　D．应达到地表水环境质量标准

25．根据《水污染防治法》城镇水污染防治有关规定，下列说法中，正确的是（　　）。（2016 年考题）

A．城镇污水集中处理设施免缴排污费

B．向城镇污水集中处理设施排放污水的企业事业单位，免缴排污费

C．环境保护主管部门应加强对城镇污水集中处理设施运营的监督管理

D．环境保护主管部门对城镇污水集中处理设施的出水水质和水量进行监督检查

26．根据《水污染防治法》关于特殊水体保护的规定，在重要渔业保护区内，不得（　　）。（2016 年考题）

A．垂钓　　B．开展旅游　　C．新建排污口　　D．从事网箱养殖

27．根据《水污染防治法》水污染防治原则的有关规定，下列水体中应优先保护的是（　　）。（2017 年考题）

A．饮用水水源　　B．重要渔业水体　　C．江河源头水体　　D．城镇景观水体

28．某地区因重点水污染物氨氮指标未能完成总量削减要求而实行“区域限批”。根据《水污染防治法》的有关规定，该地区下列建设项目中应实行限批的是（　　）。（2017 年考题）

A．城市河道改造项目　　B．新建城镇污水处理厂项目

C．新建玉米深加工项目　　D．城镇污水处理提标改造项目

29．某城镇污水处理厂因接纳上游企业改变工艺后的排水而造成该厂排放口出水超标。根据《水污染防治法》水污染防治措施的有关规定，应当对该厂出水水质负责的单位是（　　）。（2017 年考题）

A．上游企业　　B．当地环境保护主管部门

C．城镇污水处理厂的运营单位　　D．上游企业和城镇污水处理厂的运营单位

30. 根据《水污染防治法》，关于饮用水水源保护有关的说法，错误的是（　　）。（2018 年考题）

A．在饮用水水源保护区内，禁止设置排污口

B．禁止在饮用水水源准保护区内新建、扩建对水体污染严重的建设项目

C．有关地方人民政府应当在饮用水水源保护区的边界设立明确的地理界标和明显的警示标志

D．国务院和省、自治区、直辖市人民政府可以根据涉及饮用水水源的建设项目对环境的敏感程度，调整饮用水水源保护区的范围，确保饮用水安全

31. 根据《水污染防治法》，关于水污染排放总量控制制度有关规定的说法，错误的是（　　）。（2018 年考题）

A. 国家对重点水污染物排放实施总量控制制度

B. 国家对水环境质量不达标的地区和污染物实施总量控制制度

C. 省人民政府可以根据本行政区域水环境质量状况和水污染防治工作的需求，对国家重点水污染物之外的其他水污染物排放实行总量控制

D. 省级以上人民政府环境保护主管部门应当对超过重点水污染物排放总量控制指标的地区，暂停审批新增重点水污染物排放总量建设项目的环境影响评价文件

32. 根据《水污染防治法》，某企业废水经处理后排入城镇污水处理厂，以下要求的说法，正确的是（　　）。（2018 年考题）

A. 该企业废水处理后应达到城镇污水处理厂排放标准

B. 该企业废水处理后应达到《污水排放下水道水质标准》

C. 该企业废水处理后应达到国家或者地方规定的水污染物排放标准

D. 该企业废水处理后应达到城镇污水处理厂处理工艺要求的进水水质

33. 根据《水污染防治法》，下列内容中，属于环境保护主管部门应当对城镇污水集中处理设施进行监督管理的是（　　）。（2018 年考题）

A. 进水水质　　B. 设施维护情况

C. 设施运行情况　　D. 出水水质和水量

34. 某机械加工企业生产废水排向农田灌溉渠道，不能稳定达标，根据《水污染防治法》，关于该企业水污染防治措施相关要求的说法，正确的是（　　）。（2018 年考题）

A. 该企业应改进处理工艺，使出水稳定达到污水排放标准

B. 该企业应改进处理工艺，使出水稳定达到农田灌溉水质标准

C. 该企业应改进处理工艺，使出水稳定达到相关回用标准后全部回用

D. 该企业应改进处理工艺，确保下游最近的农田灌溉取水点的水质符合农田灌溉水质标准

35. 根据《水污染防治法》，进入中华人民共和国（　　）的国际航线船舶排放压载水的，应当采用压载水处理装置或者采取其他等效措施，对压载水进行灭活等处理。（2019 年考题）

A. 领水　　B. 领海　　C. 内河　　D. 水域

36. 根据《水污染防治法》，下列说法，正确的是（　　）。（2019 年考题）

A. 依照本法相关条款规定被淘汰的严重污染水环境的落后设备，可以转让给不发达地区使用

B. 向污水集中处理设施排放工业废水，预处理达到集中处理设施处理工艺要求后

方可排放

C. 工业集聚区应当配套建设相应的污水集中处理设施，安装自动或手动监测设备

D. 含有毒有害水污染物的工业废水可以稀释排放工业集聚区污水集中处理设施

37. 根据《水污染防治法》，下列做法，不属于逃避监管排放水污染物的是（　　）。（2019年考题）

A. 利用渗井、渗坑、裂隙、溶洞排放水污染物

B. 私设暗管排放水污染物

C. 篡改、伪造水污染物排放监测数据

D. 将废水稀释后排放至本企业自有污水处理站处理

38. 根据《水污染防治法》，下列说法，错误的是（　　）。（2019年考题）

A. 对超过重点水污染物排放总量控制指标的地区，省级以上人民政府生态环境主管部门应当会同有关部门约谈该地区人民政府的主要负责人

B. 对未完成水环境质量改善目标的地区，省级以上人民政府生态环境主管部门应当会同有关部门约谈该地区人民政府的主要负责人

C. 对超过重点水污染物排放总量控制指标的地区，暂停审批新增重点水污染物排放总量的建设项目的环境影响评价文件

D. 对未完成水环境质量改善目标的地区，暂停审批重点水污染物排放总量的建设项目的环境影响评价文件

二、不定项选择题

1. 依据《水污染防治法》，水污染防治应当坚持的原则有（　　）。（2010年考题）

A. 综合治理　　B. 预防为主　　C. 规划优先　　D. 防治结合

2. 依据《水污染防治法》，在饮用水水源二级保护区内未禁止的活动有（　　）。（2010年、2011年考题）

A. 开展旅游活动　　B. 从事网箱养殖

C. 建造水源涵养林工程　　D. 建设城市垃圾填埋处理场

3. 适用《水污染防治法》的行为有（　　）。（2011年考题）

A. 向湖泊直接排放水污染物

B. 向河流水体倾倒船舱生活垃圾

C. 向深海排放经处理达标的生活污水

D. 向江河水体排放符合国家相关标准和规定的含有低放射性物质的废水

4. 依据《水污染防治法》，下列说法中，错误的有（　　）。（2011年考题）

A. 国家对向水体排放的所有污染物均实施总量控制

B．国家对重点水污染物排放实施总量控制制度

C．国家仅对环境质量不达标的水体实施污染物排放总量控制

D．各级地方人民政府可以根据水污染防治的需要，确定本行政区域实施总量控制的重点污染物

5．根据《水污染防治法》，国务院环境保护行政主管部门制定国家水污染物排放标准的根据有（　　）。（2012 年考题）

A．国家经济条件　　B．国家技术条件

C．国家监测能力　　D．国家水环境质量标准

6．根据《水污染防治法》，禁止在饮用水水源准保护区内（　　）。（2013 年考题）

A．新建排污口

B．新建排放水污染物的建设项目

C．扩建排放水污染物的建设项目

D．新建对水体污染严重的建设项目

7．某化工企业管线爆裂后生产废液进入周边地表水体，并导致下游死鱼事件发生。根据《水污染防治法》，下列做法中，正确的是（　　）。（2013 年考题）

A．立即启动本单位应急方案，采取应急措施

B．向事故发生地环境保护主管部门报告

C．向事故发生地的县级以上地方人民政府报告

D．向事故发生地的渔业主管部门报告，接受调查处理

8．根据《水污染防治法》，环境保护行政主管部门审批在通航渔业水体设立排污口的建设项目环境影响评价文件时，应征求（　　）的意见。（2014 年考题）

A．水行政主管部门　　B．流域管理机构

C．渔业行政主管部门　　D．交通行政主管部门

9．《水污染防治法》适用于中华人民共和国领域内的（　　）污染防治。（2015 年考题）

A．海洋　　B．地下水体　　C．湖泊、水库　　D．江河、运河、渠道

10．根据《水污染防治法》，国务院和省、自治区、直辖市人民政府根据水环境保护的需要，规定在饮用水水源保护区内限制或禁止的措施包括（　　）。（2015 年考题）

A．限制种植、养殖　　B．禁止排放水污染物

C．限制使用化肥、农药　　D．禁止使用含磷洗涤剂

11．根据《水污染防治法》水污染防治措施有关规定，下列场所中，禁止存贮固体废弃物的有（　　）。（2016 年考题）

A．湖泊湿地　　　　　　　　　　　B．废弃矿坑

C．水库最高水位线以上的岸坡　　　D．湖泊最高水位线以下的滩地

12．根据《水污染防治法》，进行（　　）等活动，应当采取防护性措施，防治地下水污染。（2016年考题）

A．采矿　　B．地下勘探　　C．存放固体废物　　D．地下工程兴建

13．根据《水污染防治法》饮用水水资源保护的有关规定，在饮用水水源二级保护区，禁止（　　）。（2016年考题）

A．网箱养殖

B．旅游活动

C．新建排放粉尘的建设项目

D．改建减少水污染物排放量的建设项目

14．根据《水污染防治法》，禁止私设暗管或者采取其他规避监管的方式排放水污染物的有关规定，下列行为中涉嫌“规避监管”的有（　　）。（2017年考题）

A．擅自设立超越排放口

B．将处理后废水经法定排污口排放

C．利用雨污分流的雨水管道排放达标污水

D．将污水通过槽车运至污水处理厂处理后达标排放

15．某医疗机构拟将现有闲置的生活污水处理设施改建为医疗废水处理设施，根据《水污染防治法》水污染防治措施的有关规定，该设施必须进行改建的内容有（　　）。（2017年考题）

A．改建排放口　　　　　　　　　B．增加砂滤工艺

C．进行防渗漏处理　　　　　　　D．增设消毒处理单元

16．根据《水污染防治法》，饮用水水源保护的有关规定，饮用水水源二级保护区禁止建设的项目有（　　）。（2017年考题）

A．旅游饭店　　B．主题公园　　C．网箱养鱼　　D．水泥粉磨站

17．根据《水污染防治法》，关于水环境质量标准和水污染物排放标准有关规定的说法，正确的有（　　）。（2018年考题）

A．向已有地方水污染物排放标准的水体排放污染物的，应当执行地方水污染物排放标准

B．省、自治区、直辖市人民政府对国家水环境质量标准中已作规定的项目，可以制定地方水环境质量标准

C．省、自治区、直辖市人民政府对国家水污染物排放标准中未做规定的项目，可以制定地方水污染物排放标准

D．省、自治区、直辖市人民政府对国家水污染物排放标准中已作规定的项目，

可以制定地方水污染物排放标准

18. 根据《水污染防治法》，饮用水水源保护区包括（ ）。（2018 年考题）

A. 准保护区　　B. 一级保护区

C. 二级保护区　　D. 外围保护地带

19. 根据《环境保护法》《水污染防治法》，下列说法正确的有（ ）。（2019 年考题）

A. 进口者应当在规定的期限内停止进口列入淘汰设备名录中的设备

B. 禁止引进不符合我国环境保护规定的技术、设备、材料和产品

C. 任何单位和个人不得生产、销售或者转移、使用严重污染环境的工艺、设备和产品

D. 工艺的采用者应当在规定的期限内停止采用列入淘汰工艺名录中的工艺

20. 根据《水污染防治法》，关于饮用水水源二级保护区环境保护的说法正确的有（ ）。（2019 年考题）

A. 禁止在饮用水水源二级保护区内新建、改建、扩建排放污染物的建设项目

B. 在饮用水水源二级保护区内已建成的排放污染物的建设项目，由县级以上人民政府责令拆除或者关闭

C. 在饮用水水源二级保护区内从事网箱养殖、旅游等活动的，应当按照规定采取措施，防止污染饮用水水体

D. 禁止在饮用水水源二级保护区内从事网箱养殖、旅游、游泳、垂钓或者其他可能污染饮用水水体的活动

参考答案

一、单项选择题

1. C 【解析】第六十九条：饮用水水源受到污染可能威胁供水安全的，环境保护主管部门应当责令有关企业事业单位和其他生产经营者采取停止排放水污染物等措施。

2. B 【解析】第二十条：对超过重点水污染物排放总量控制指标或者未完成水环境质量改善目标的地区，省级以上人民政府环境保护主管部门应当会同有关部门约谈该地区人民政府的主要负责人，并暂停审批新增重点水污染物排放总量的建设项目的环境影响评价文件。

ACD 三项都不属于新增重点水污染物排放总量的建设项目。

3. A 【解析】第四十一条：多层地下水的含水层水质差异大的，应当分层

开采。

4. A 【解析】第七十四条：县级以上人民政府可以对风景名胜区水体、重要渔业水体和其他具有特殊经济文化价值的水体划定保护区，并采取措施，保证保护区的水质符合规定用途的水环境质量标准。

5. A 【解析】第六十六条：禁止在饮用水水源二级保护区内新建、改建、扩建排放污染物的建设项目；已建成的排放污染物的建设项目，由县级以上人民政府责令拆除或者关闭。

6. A 【解析】第五十九条：船舶排放含油污水、生活污水，应当符合船舶污染物排放标准。船舶的残油、废油应当回收，禁止排入水体。禁止向水体倾倒船舶垃圾。

7. B 【解析】第十九条：建设单位在江河、湖泊新建、改建、扩建排污口的，应当取得水行政主管部门或者流域管理机构同意；涉及通航、渔业水域的，环境保护主管部门在审批环境影响评价文件时，应当征求交通、渔业主管部门的意见。

8. D 【解析】第二十条：省、自治区、直辖市人民政府可以根据本行政区域水环境质量状况和水污染防治工作的需要，对国家重点水污染物之外的其他水污染物排放实行总量控制。

9. D 【解析】第六十四条：在饮用水水源保护区内，禁止设置排污口。

10. A 【解析】第二条：本法适用于中华人民共和国领域内的江河、湖泊、运河、渠道、水库等地表水体以及地下水体的污染防治。海洋污染防治适用《海洋环境保护法》。

11. A 【解析】第十九条：建设单位在江河、湖泊新建、改建、扩建排污口的，应当取得水行政主管部门或者流域管理机构同意。

12. A 【解析】第十四条：省、自治区、直辖市人民政府对国家水污染物排放标准中未作规定的项目，可以制定地方水污染物排放标准；对国家水污染物排放标准中已作规定的项目，可以制定严于国家水污染物排放标准的地方水污染物排放标准。地方水污染物排放标准须报国务院环境保护主管部门备案。地方标准只有省、自治区、直辖市人民政府有能力制定。

13. C 【解析】第四十九条：收取的污水处理费用应当用于城镇污水集中处理设施的建设和运行，不得挪作他用。

14. B 【解析】第六十七条：禁止在饮用水水源准保护区内新建、扩建对水体污染严重的建设项目；改建建设项目，不得增加排污量。

15. B 【解析】第十四条：向已有地方水污染物排放标准的水体排放污染物的，应当执行地方水污染物排放标准。

16. B 【解析】第三十六条：含病原体的污水应当经过消毒处理，符合国家有关标准后，方可排放。

17. C 【解析】第三十八条：禁止在江河、湖泊、运河、渠道、水库最高水位线以下的滩地和岸坡堆放、存贮固体废弃物和其他污染物。

18. D 【解析】第三条：水污染防治应当坚持预防为主、防治结合、综合治理的原则，优先保护饮用水水源，严格控制工业污染、城镇生活污染，防治农业面源污染，积极推进生态治理工程建设，预防、控制和减少水环境污染和生态破坏。

19. C 【解析】第十九条：建设单位在江河、湖泊新建、改建、扩建排污口的，应当取得水行政主管部门或者流域管理机构同意；涉及通航、渔业水域的，环境保护主管部门在审批环境影响评价文件时，应当征求交通、渔业主管部门的意见。

20. C 【解析】第二十条：对超过重点水污染物排放总量控制指标或者未完成水环境质量改善目标的地区，省级以上人民政府环境保护主管部门应当会同有关部门约谈该地区人民政府的主要负责人，并暂停审批新增重点水污染物排放总量的建设项目的环境影响评价文件。

21. C 【解析】责令拆除或者关闭企业的权限只有人民政府。

22. A 【解析】第三条：水污染防治应当坚持预防为主、防治结合、综合治理的原则，优先保护饮用水水源，严格控制工业污染、城镇生活污染，防治农业面源污染，积极推进生态治理工程建设，预防、控制和减少水环境污染和生态破坏。

23. B 【解析】第三十七条：存放可溶性剧毒废渣的场所，应当采取防水、防渗漏、防流失的措施。

24. A 【解析】第四十三条：人工回灌补给地下水，不得恶化地下水质。

25. D 【解析】第五十条：环境保护主管部门应当对城镇污水集中处理设施的出水水质和水量进行监督检查。

26. C 【解析】第七十五条：在风景名胜区水体、重要渔业水体和其他具有特殊经济文化价值的水体的保护区内，不得新建排污口。

27. A 【解析】第三条：水污染防治应当坚持预防为主、防治结合、综合治理的原则，优先保护饮用水水源，严格控制工业污染、城镇生活污染，防治农业面源污染，积极推进生态治理工程建设，预防、控制和减少水环境污染和生态破坏。

38. C 【解析】第二十条：对超过重点水污染物排放总量控制指标或者未完成水环境质量改善目标的地区，省级以上人民政府环境保护主管部门应当会同有关部门约谈该地区人民政府的主要负责人，并暂停审批新增重点水污染物排放总量的建设项目的环境影响评价文件。

ABD 三项都不属于新增重点水污染物排放总量的建设项目。

29. C 【解析】第五十条：城镇污水集中处理设施的运营单位，应当对城镇污水集中处理设施的出水水质负责。

30. D 【解析】D 的正确说法为第六十三条：国务院和省、自治区、直辖市人民政府可以根据保护饮用水水源的实际需要，调整饮用水水源保护区的范围，确保饮用水安全。

31. B 【解析】B 的正确说法为第二十条：国家对重点水污染物排放实施总量控制制度。

32. C 【解析】第五十条：向城镇污水集中处理设施排放水污染物，应当符合国家或者地方规定的水污染物排放标准。

33. D 【解析】第五十条：环境保护主管部门应当对城镇污水集中处理设施的出水水质和水量进行监督检查。

34. C 【解析】第五十八条：禁止向农田灌溉渠道排放工业废水或者医疗污水。

35. C 【解析】第五十九条：进入中华人民共和国内河的国际航线船舶排放压载水的，应当采用压载水处理装置或者采取其他等效措施，对压载水进行灭活等处理。禁止排放不符合规定的船舶压载水。

36. B 【解析】第四十五条：排放工业废水的企业应当采取有效措施，收集和处理产生的全部废水，防止污染环境。含有毒有害水污染物的工业废水应当分类收集和处理，不得稀释排放。工业集聚区应当配套建设相应的污水集中处理设施，安装自动监测设备，与环境保护主管部门的监控设备联网，并保证监测设备正常运行。向污水集中处理设施排放工业废水的，应当按照国家有关规定进行预处理，达到集中处理设施处理工艺要求后方可排放。

第四十六条：国家对严重污染水环境的落后工艺和设备实行淘汰制度。国务院经济综合宏观调控部门会同国务院有关部门，公布限期禁止采用的严重污染水环境的工艺名录和限期禁止生产、销售、进口、使用的严重污染水环境的设备名录。生产者、销售者、进口者或者使用者应当在规定的期限内停止生产、销售、进口或者使用列入前款规定的设备名录中的设备。工艺的采用者应当在规定的期限内停止采用列入前款规定的工艺名录中的工艺。依照本条第二款、第三款规定被淘汰的设备，不得转让给他人使用。

37. D 【解析】第三十九条：禁止利用渗井、渗坑、裂隙、溶洞，私设暗管，篡改、伪造监测数据，或者不正常运行水污染防治设施等逃避监管的方式排放水污染物。

38. D 【解析】第二十条：对超过重点水污染物排放总量控制指标或者未完成水环境质量改善目标的地区，省级以上人民政府环境保护主管部门应当会同有关部门约谈该地区人民政府的主要负责人，并暂停审批新增重点水污染物排放总量的建设项目的环境影响评价文件。

二、不定项选择题

1. ABD 【解析】第三条：水污染防治应当坚持预防为主、防治结合、综合治理的原则，优先保护饮用水水源，严格控制工业污染、城镇生活污染，防治农业面源污染，积极推进生态治理工程建设，预防、控制和减少水环境污染和生态破坏。

2. ABC 【解析】第六十六条：禁止在饮用水水源二级保护区内新建、改建、扩建排放污染物的建设项目；已建成的排放污染物的建设项目，由县级以上人民政府责令拆除或者关闭。在饮用水水源二级保护区内从事网箱养殖、旅游等活动的，应当按照规定采取措施，防止污染饮用水水体。

3. ABD 【解析】“向深海排放经处理达标的生活污水”不是《水污染防治法》的行为，应该是《海洋环境保护法》的行为。

4. ACD 【解析】第二十条：国家对重点水污染物排放实施总量控制制度。省、自治区、直辖市人民政府可以根据本行政区域水环境质量状况和水污染防治工作的需要，对国家重点水污染物之外的其他水污染物排放实行总量控制。

5. ABD 【解析】第十四条：国务院环境保护主管部门根据国家水环境质量标准和国家经济、技术条件，制定国家水污染物排放标准。

6. D 【解析】第六十七条：禁止在饮用水水源准保护区内新建、扩建对水体污染严重的建设项目；改建建设项目，不得增加排污量。

7. ABCD 【解析】第七十八条：企业事业单位发生事故或者其他突发性事件，造成或者可能造成水污染事故的，应当立即启动本单位的应急方案，采取隔离等应急措施，防止水污染物进入水体，并向事故发生地的县级以上地方人民政府或者环境保护主管部门报告。环境保护主管部门接到报告后，应当及时向本级人民政府报告，并抄送有关部门。造成渔业污染事故或者渔业船舶造成水污染事故的，应当向事故发生地的渔业主管部门报告，接受调查处理。

8. CD 【解析】第十九条：建设单位在江河、湖泊新建、改建、扩建排污口，涉及通航、渔业水域的，环境保护主管部门在审批环境影响评价文件时，应当征求交通、渔业主管部门的意见。

9. BCD 【解析】第二条：本法适用于中华人民共和国领域内的江河、湖泊、运河、渠道、水库等地表水体以及地下水体的污染防治。

10. ACD 【解析】第七十三条：国务院和省、自治区、直辖市人民政府根据水环境保护的需要，可以规定在饮用水水源保护区内，采取禁止或者限制使用含磷洗涤剂、化肥、农药以及限制种植养殖等措施。

11. AD 【解析】第三十八条：禁止在江河、湖泊、运河、渠道、水库最高水位线以下的滩地和岸坡堆放、存贮固体废弃物和其他污染物。

12．ABD 【解析】第四十二条：兴建地下工程设施或者进行地下勘探、采矿等活动，应当采取防护性措施，防止地下水污染。

13．CD 【解析】第六十六条：禁止在饮用水水源二级保护区内新建、改建、扩建排放污染物的建设项目；已建成的排放污染物的建设项目，由县级以上人民政府责令拆除或者关闭。在饮用水水源二级保护区内从事网箱养殖、旅游等活动的，应当按照规定采取措施，防止污染饮用水水体。

14．AC 【解析】第三十九条：禁止利用渗井、渗坑、裂隙、溶洞，私设暗管，篡改、伪造监测数据，或者不正常运行水污染防治设施等逃避监管的方式排放水污染物。超越排放是指有些企业设置了超越管，超越管的作用是当污水处理厂出现问题不能运行时，污水不处理直接通过超越管排走。

15．D 【解析】第三十六条：含病原体的污水应当经过消毒处理；符合国家有关标准后，方可排放。只有选项D是必须要做的，其他选项，由于对某医疗机构的复杂程度没有明确。

16．AD 【解析】第六十六条：禁止在饮用水水源二级保护区内新建、改建、扩建排放污染物的建设项目。在饮用水水源二级保护区内从事网箱养殖、旅游等活动的，应当按照规定采取措施，防止污染饮用水水体。

17．ACD 【解析】第十二条：国务院环境保护主管部门制定国家水环境质量标准。省、自治区、直辖市人民政府可以对国家水环境质量标准中未作规定的项目，制定地方标准，并报国务院环境保护主管部门备案。

第十四条：国务院环境保护主管部门根据国家水环境质量标准和国家经济、技术条件，制定国家水污染物排放标准。省、自治区、直辖市人民政府对国家水污染物排放标准中未作规定的项目，可以制定地方水污染物排放标准；对国家水污染物排放标准中已作规定的项目，可以制定严于国家水污染物排放标准的地方水污染物排放标准。地方水污染物排放标准需报国务院环境保护主管部门备案。向已有地方水污染物排放标准的水体排放污染物的，应当执行地方水污染物排放标准。

18．BC 【解析】第六十三条：国家建立饮用水水源保护区制度。饮用水水源保护区分为一级保护区和二级保护区；必要时，可以在饮用水水源保护区外围划定一定的区域作为准保护区。

19．ABCD 【解析】《水污染防治法》第四十六条：国家对严重污染水环境的落后工艺和设备实行淘汰制度。国务院经济综合宏观调控部门会同国务院有关部门，公布限期禁止采用的严重污染水环境的工艺名录和限期禁止生产、销售、进口、使用的严重污染水环境的设备名录。生产者、销售者、进口者或者使用者应当在规定的期限内停止生产、销售、进口或者使用列入前款规定的设备名录中的设备。工艺的采用者应当在规定的期限内停止采用列入前款规定的工艺名录中的工艺。依照本条第二款、第三款规定被淘汰的设备，不得转让给他人使用。

《环境保护法》第四十六条：国家对严重污染环境的工艺、设备和产品实行淘汰制度。任何单位和个人不得生产、销售或者转移、使用严重污染环境的工艺、设备和产品。

20．ABC 【解析】第六十六条：禁止在饮用水水源二级保护区内新建、改建、扩建排放污染物的建设项目；已建成的排放污染物的建设项目，由县级以上人民政府责令拆除或者关闭。在饮用水水源二级保护区内从事网箱养殖、旅游等活动的，应当按照规定采取措施，防止污染饮用水水体。

（三）《环境噪声污染防治法》

一、单项选择题

1．依据《环境噪声污染防治法》，关于社会生活噪声污染的防治，下列说法中，错误的是（　　）。（2010年考题）

A．使用乐器等进行其他家庭内娱乐活动时，避免对他人造成环境噪声污染

B．禁止在商业经营活动中使用高声广播喇叭或者采用其他发出高噪声的方法招揽顾客

C．新建营业性文化娱乐场所的边界噪声必须符合国家规定的声环境质量标准

D．在城市市区街道、广场、公园等公共场所组织娱乐、集会等活动，使用音响器材可能产生干扰周围生活环境的过大音量的，必须遵守当地公安机关的规定

2．某城市地铁车站开挖施工中，机械设备产生的噪声影响到周围学校。依据《环境噪声污染防治法》，该施工活动应执行的排放标准是（　　）。（2011年考题）

A．城市区域环境振动标准　　B．建筑施工场界环境噪声排放标准

C．地下铁道车站站台噪声限值　　D．社会生活环境噪声排放标准

3．依据《环境噪声污染防治法》，关于交通运输噪声污染防治的规定，下列说法中，正确的是（　　）。（2011年考题）

A．机动车辆在城市市区范围内行驶时，禁止鸣喇叭

B．警车、消防车在执行非紧急任务时，可以使用警报器

C．铁路机车驶经或者进入城市市区、疗养区时，必须按照规定使用声响装置

D．消防车、工程抢险车、救护车等机动车辆安装、使用警报器，必须符合当地人民政府的规定

4．根据《环境噪声污染防治法》，产生环境噪声污染的工业企业，应当采取有效措施，（　　）噪声对周围生活环境的影响。（2012年考题）

A．减轻　　B．避免　　C．防止　　D．预防

5．根据《环境噪声污染防治法》，在城市市区噪声敏感建筑物集中区域内，禁止夜间进行（　　）建筑施工作业。（2012年考题）

A．全部　　B．产生环境噪声污染的

C．建筑机械产生严重噪声的　　D．建筑施工场界环境噪声超标的

6．根据《环境噪声污染防治法》，环境噪声污染是指（　　）。（2013年考题）

A．所产生的环境噪声干扰他人正常生活、工作和学习的现象

B．所产生的环境噪声超过国家规定的环境噪声排放标准的现象

C．在工业生产、建筑施工、交通运输和社会生活所产生的干扰周围生活环境的现象

D．所产生的环境噪声超过国家规定的环境噪声排放标准，并干扰他人正常生活、工作和学习的现象

7．根据《环境噪声污染防治法》，城市人民政府（　　）可以根据本地城市市区区域声环境保护的需要，划定禁止机动车辆行驶和禁止其使用声响装置的路段和时间，并向社会公告。（2013 年考题）

A．交通部门　　B．规划部门　　C．环保部门　　D．公安机关

8．根据《环境噪声污染防治法》，下列说法中，正确的是（　　）。（2014 年考题）

A．夜间，是指夜晚二十二点至早上八点之间的期间

B．噪声排放，是指噪声源向周围生活环境辐射噪声

C．环境噪声，是指工业生产、建筑施工、交通运输和社会生活中所产生的声音

D．环境噪声污染，是指所产生的环境噪音超过国家规定的环境噪声排放标准的现象

9．根据《环境噪声污染防治法》，建筑施工噪声污染防治的有关规定，下列说法中，正确的是（　　）。（2014 年考题）

A．在城市市区，禁止夜间进行产生环境噪声污染的建筑施工作业

B．在城市居民文教区，夜间进行产生环境噪声污染的建筑施工作业应达到国家规定的建筑施工场界环境噪声排放标准

C．在城市文教科研区，经有关主管部门批准，并告知附近居民的，夜间允许进行产生环境噪声污染的抢修市政管道作业

D．在城市市区范围内，建筑施工过程中使用机械设备，可能产生环境污染的，施工单位必须在工程开工 7 日以前向工程所在地环境保护行政主管部门申报该工程的项目名称、施工场所和期限、可能产生的环境噪声值以及所采取的环境噪声污染防治措施的情况

10．根据《环境噪声污染防治法》，交通运输噪声污染防治有关规定，下列说法中，错误的是（　　）。（2014 年考题）

A．除起飞、降落或者依法规定的情形以外，民用航空器不得飞越城市市区上空

B．在已有的城市交通干线的两侧建设噪声敏感建筑物的，公路交通管理部门应当采取减轻、避免交通噪声影响的措施

C. 在车站、铁路编组站、港口、码头、航空港等地指挥作业使用广播喇叭的，应当控制音量，减轻噪声对周围生活环境的影响

D. 建设经过已有居民住宅为主区域的城市轨道交通，有可能造成环境噪声污染，应当设置声屏障或采取其他有效控制环境噪声污染的措施

11. 根据《环境噪声污染防治法》，社会生活噪声污染防治的有关规定，下列说法中，错误的是（　　）。（2014 年考题）

A. 严格控制任何单位、个人在城市市区噪声敏感建筑物集中区域内使用高音广播喇叭

B. 使用家用电器、乐器进行家庭室内娱乐活动时，应当控制音量或采取其他有效措施，避免对周围居民造成环境噪声污染

C. 在已竣工交付使用的住宅楼进行室内装修时，应限制作业时间，并采取其他有效措施，以减轻、避免对周围居民造成的环境噪声污染

D. 在城市市区街道、广场组织娱乐、集会活动，使用音响器材可能产生干扰周围生活环境的过大音量时，必须遵守当地公安机关的规定

12. 根据《环境噪声污染防治法》，下列区域中，不属于噪声敏感建筑物集中区域的是（　　）。（2015 年考题）

A. 医疗区　　B. 商业集中区

C. 科研单位聚集的区域　　D. 以居民住宅为主的区域

13. 某市区一居民住宅小区旁新建一商业楼。根据《环境噪声污染防治法》，按照建筑施工厂界环境噪声排放标准的要求，错误的是（　　）。（2015 年考题）

A. 按照建筑施工场界环境噪声排放标准的要求，采取了相应的降噪措施

B. 在商业楼基础连续浇铸夜间施工作业经批准后，向附近居民住宅小区进行公告

C. 除商业楼基础连续浇铸外，夜间不进行未经批准的产生环境噪声污染的施工作业

D. 针对其可能产生的噪声污染及采取的防治措施，在工程开工的同时，向有关部门进行申报

14. 根据《环境噪声污染防治法》，下列关于防治机动车辆行驶噪声环境污染的说法中，错误的是（　　）。（2015 年考题）

A. 机动车辆必须按照规定使用声响装置

B. 机动车辆必须加强维修和保养，保持技术性能良好，防治环境噪声污染

C. 在城市市区范围内行驶的机动车辆的消声器和喇叭必须符合国家规定的要求

D. 城市人民政府公安机关可以根据本地城市市区区域声环境保护的需要，划

定禁止机动车辆使用声响装置的路段和时间，并向社会公告

15. 某地产商拟在已建成的城市快速路旁一侧新建居住小区。根据《环境噪声污染防治法》交通噪声污染防治的有关规定，该地产商采取的下列行动中，错误的是（　　）。（2016年考题）

A. 在居住小区临路边界布设隔声屏

B. 与快速路间隔一定距离布设居住小区

C. 对居住小区临路的房屋安装通风隔声窗

D. 要求快速路建设单位采取控制噪声污染的措施

16. 根据《环境噪声污染防治法》交通噪声污染防治有关要求，城市人民政府应当在航空器起飞、降落的净空周围划定限制建设区域，限制建设（　　）。（2016年考题）

A. 大型影剧院　　B. 机关和住宅

C. 大型工业企业　　D. 超过净空高度要求的建筑

17. 某市拟对临近城市快速路的居住地块进行开发，根据《环境噪声污染防治法》交通运输噪声污染防治的有关规定，建设单位应当优先采取的措施是（　　）。（2017年考题）

A. 在地块临路一侧设置声屏障

B. 为城市快速路铺设低噪声路面

C. 提高地块内建筑门窗的隔声要求

D. 按照国家规定，地块内住宅与城市快速路之间间隔一定距离

18. 根据《环境噪声污染防治法》，下列区域中，属于夜间禁止进行产生环境噪声污染建筑施工作业的是（　　）。（2018年考题）

A. 航空港　　B. 乡村居住区

C. 城市文教区　　D. 城市商业

19. 根据《环境噪声污染防治法》，关于交通运输噪声污染防治有关规定的说法，正确的是（　　）。（2018年考题）

A. 机动车辆在城市市区范围内行驶禁鸣喇叭

B. 机动车辆在城市市区范围内行驶必须减速行驶

C. 机动车辆在城市市区范围内行驶必须按照规定使用声响装置

D. 机动车辆在城市市区范围内行驶必须减速行驶，并按照规定使用声响装置

20. 根据《环境噪声污染防治法》，下列说法，错误的是（　　）。（2019年考题）

A. 新建营业性文化娱乐场所的边界噪声必须符合国家规定的环境噪声排放标准

B. 经营中的文化娱乐场所，其经营管理者必须采取有效措施，使其边界噪声不超

过国家规定的环境噪声排放标准

C. 在商业经营活动中使用空调器、冷却塔等可能产生环境噪声污染的设备、设施的，其经营管理者应当采取措施，使其边界噪声不超过国家规定的环境噪声排放标准

D. 在城市市区街道、广场、公园等公共场所组织娱乐、集会等活动，使用音响器材产生的噪声不超过国家规定的环境噪声质量标准

二、不定项选择题

1. 某建筑工程位于城市市区噪声敏感建筑物集中区域内，因特殊需要必须夜间连续作业。依据《环境噪声污染防治法》，施工单位必须（　　）才能进行夜间连续作业。（2010 年考题）

A. 公告附近居民

B. 采取措施消除环境噪声污染

C. 经环境保护行政主管部门批准

D. 有县级以上人民政府或者其有关主管部门的证明

2. 依据《环境噪声污染防治法》，噪声敏感建筑物集中区域包括（　　）。（2011 年考题）

A. 医疗区　　B. 宾馆区

C. 以机关为主的区域　　D. 以居民住宅为主的区域

3. 依据《环境噪声污染防治法》关于社会生活噪声污染防治的规定，下列说法中，正确的有（　　）。（2011 年考题）

A. 禁止经营中的文化娱乐场所使用大功率音响设备

B. 禁止在商业经营活动中使用高音广播喇叭招揽顾客

C. 使用家用电器，应当避免对周围居民造成环境噪声污染

D. 新建营业性文化娱乐场所的边界噪声必须符合国家规定的环境噪声排放标准

4. 根据《环境噪声污染防治法》，对可能产生环境噪声污染的工业设备，国务院有关主管部门应当逐步在依法制定的产品的（　　）中规定噪声限值。（2015 年考题）

A. 设备名录　　B. 国家标准

C. 行业标准　　D. 技术参数

5. 根据《环境噪声污染防治法》建筑施工噪声污染防治有关规定，在城市市区施工过程中使用机械设备，可能产生环境噪声污染的，施工单位必须向环境保护主管部门申报该工程的（　　）。（2016 年考题）

A. 项目名称　　B. 施工场所和期限

C. 施工内容和工艺　　D. 采取的环境噪声污染防治措施的情况

6. 某新建房地产项目位于城市主干道一侧，根据《环境噪声污染防治法》交通运输噪声污染防治的有关规定，该项目建设单位应当采取的保护措施有（　　）。（2017年考题）

A. 增加容积率　　B. 临路一侧加装隔声窗

C. 设置降噪路面和禁鸣标志　　D. 改变临路房间使用功能

7. 某新建城市快速路途径居住区，根据《环境噪声污染防治法》交通运输噪声污染防治的有关规定，建设单位可采取的措施包括（　　）。（2017年考题）

A. 设置声屏障

B. 采用低噪声路面

C. 改变临路第一排住宅使用功能

D. 控制临路第一排新建住宅与快速路的距离

8. 根据《噪声污染防治法》，关于交通运输噪声污染防治有关规定的说法，正确的有（　　）。（2018年考题）

A. 民用航空器不得飞越城市市区上空

B. 民航部门应当采取有效措施，减轻环境噪声污染

C. 城市人民政府应当在航空器起飞、降落的净空周围划定限制建设噪声敏感建筑物的区域

D. 在城市人民政府划定限制建设噪声敏感建筑物的区域内建设建筑物的，建设单位应当采取减轻、避免航空器运行时产生的噪声影响的措施

9. 根据《噪声污染防治法》，下列交通设施中，属于建设经过已有噪声敏感建筑物集中区域，有可能造成环境污染，应当设置声屏障或者采取其他有效控制环境噪声污染措施的有（　　）。（2018年考题）

A. 高速公路　　B. 城市主干道

C. 城市次干道　　D. 城市高架、轻轨道路

10. 根据《环境噪声污染防治法》对可能产生环境噪声污染的工业设备的有关规定，使用固定的设备造成环境噪声污染的工业企业，必须按照国务院生态环境主管部门的规定，向所在地的县级以上地方人民政府生态环境主管部门申报的内容包括（　　）。（2019年考题）

A. 正常及非正常工况所发出的噪声值

B. 防治噪声污染的技术资料

C. 防治环境噪声污染的设施情况

D. 造成环境噪声污染的设备的种类、数量

参考答案

一、单项选择题

1. C 【解析】第四十三条：新建营业性文化娱乐场所的边界噪声必须符合国家规定的环境噪声排放标准。

2. B 【解析】第二十八条：在城市市区范围内向周围生活环境排放建筑施工噪声的，应当符合国家规定的建筑施工场界环境噪声排放标准。

3. C 【解析】第三十四条：机动车辆在城市市区范围内行驶，机动船舶在城市市区的内河航道航行，铁路机车驶经或者进入城市市区、疗养区时，必须按照规定使用声响装置。警车、消防车、工程抢险车、救护车等机动车辆安装、使用警报器，必须符合国务院公安部门的规定；在执行非紧急任务时，禁止使用警报器。

4. A 【解析】第二十五条：产生环境噪声污染的工业企业，应当采取有效措施，减轻噪声对周围生活环境的影响。

5. B 【解析】第三十条：在城市市区噪声敏感建筑物集中区域内，夜间进行禁止进行的产生环境噪声污染的建筑施工作业。

6. D 【解析】第二条：本法所称环境噪声污染，是指所产生的环境噪声超过国家规定的环境噪声排放标准，并干扰他人正常生活、工作和学习的现象。

7. D 【解析】第三十五条：城市人民政府公安机关可以根据本地城市市区区域声环境保护的需要，划定禁止机动车辆行驶和禁止其使用声响装置的路段和时间，并向社会公告。

8. B 【解析】第六十三条：（一）“噪声排放”是指噪声源向周围生活环境辐射噪声。（四）夜间，是指晚二十二点至晨六点之间的期间。

第二条：本法所称环境噪声，是指在工业生产、建筑施工、交通运输和社会生活中所产生的干扰周围环境的声音。本法所称环境噪声污染，是指所产生的环境噪声超过国家规定的环境噪声排放标准，并干扰他人正常生活、工作和学习的现象。

9. C 【解析】第二十九条：在城市市区范围内，建筑施工过程中使用机械设备，可能产生环境噪声污染的，施工单位必须在工程开工 15 日以前向工程所在地县级以上地方人民政府环境保护行政主管部门申报该工程的项目名称、施工场所和期限、可能产生的环境噪声值以及所采取的环境噪声污染防治措施的情况。

第三十条：在城市市区噪声敏感建筑物集中区域内，禁止夜间进行产生环境噪声污染的建筑施工作业，但抢修、抢险作业和因生产工艺上要求或者特殊需要必须连续作业的除外。因特殊需要必须连续作业的，必须有县级以上人民政府或者其有关主管部门的证明。前款规定的夜间作业，必须公告附近居民。

10. B 【解析】第三十七条：在已有的城市交通干线的两侧建设噪声敏感建筑物的，建设单位应当按照国家规定间隔一定距离，并采取减轻、避免交通噪声影响的措施。

应当是建设单位采取措施，而不是公路交通管理部门。

11. A 【解析】第四十五条：禁止任何单位、个人在城市市区噪声敏感建筑物集中区域内使用高音广播喇叭。

12. B 【解析】第六十三条：（三）“噪声敏感建筑物集中区域”是指医疗区、文教科研区和以机关或者居民住宅为主的区域。

13. D 【解析】第二十九条：在城市市区范围内，建筑施工过程中使用机械设备，可能产生环境噪声污染的，施工单位必须在工程开工十五日以前向工程所在地县级以上地方人民政府环境保护行政主管部门申报该工程的项目名称、施工场所和期限、可能产生的环境噪声值以及所采取的环境噪声污染防治措施的情况。

14. A 【解析】第三十四条：机动车辆在城市市区范围内行驶，机动船舶在城市市区的内河航道航行，铁路机车驶经或者进入城市市区、疗养区时，必须按照规定使用声响装置。

按照规定使用声响装置有一定的地域范围限制。

15. D 【解析】第三十七条：在已有的城市交通干线的两侧建设噪声敏感建筑物的，建设单位应当按照国家规定间隔一定距离，并采取减轻、避免交通噪声影响的措施。

城市快速路已建成，采取防噪声措施只能是开发商。

16. B 【解析】第四十条：城市人民政府应当在航空器起飞、降落的净空周围划定限制建设噪声敏感建筑物的区域。

机关和住宅属于噪声敏感建筑物。

17. D 【解析】第三十七条：在已有的城市交通干线的两侧建设噪声敏感建筑物的，建设单位应当按照国家规定间隔一定距离，并采取减轻、避免交通噪声影响的措施。

18. C 【解析】第三十条：在城市市区噪声敏感建筑物集中区域内，禁止夜间进行产生环境噪声污染的建筑施工作业，但抢修、抢险作业和因生产工艺上要求或者特殊需要必须连续作业的除外。因特殊需要必须连续作业的，必须有县级以上人民政府或者其有关主管部门的证明。前款规定的夜间作业，必须公告附近居民。

城市文教区属于城市市区噪声敏感建筑物集中区域。

19. C 【解析】第三十四条：机动车辆在城市市区范围内行驶，机动船舶在城市市区的内河航道航行，铁路机车驶经或者进入城市市区、疗养区时，必须按照规定使用声响装置。

20．D　【解析】第四十三条：新建营业性文化娱乐场所的边界噪声必须符合国家规定的环境噪声排放标准；不符合国家规定的环境噪声排放标准的，文化行政主管部门不得核发文化经营许可证，市场监督管理部门不得核发营业执照。经营中的文化娱乐场所，其经营管理者必须采取有效措施，使其边界噪声不超过国家规定的环境噪声排放标准。

第四十四条：禁止在商业经营活动中使用高音广播喇叭或者采用其他发出高噪声的方法招揽顾客。在商业经营活动中使用空调器、冷却塔等可能产生环境噪声污染的设备、设施的，其经营管理者应当采取措施，使其边界噪声不超过国家规定的环境噪声排放标准。

第四十五条：禁止任何单位、个人在城市市区噪声敏感建筑物集中区域内使用高音广播喇叭。在城市市区街道、广场、公园等公共场所组织娱乐、集会等活动，使用音响器材可能产生干扰周围生活环境的过大音量的，必须遵守当地公安机关的规定。

二、不定项选择题

1．AD　【解析】第三十条：因特殊需要必须连续作业的，必须有县级以上人民政府或者其有关主管部门的证明。前款规定的夜间作业，必须公告附近居民。

2．ACD　【解析】第六十三条：（三）“噪声敏感建筑物集中区域”是指医疗区、文教科研区和以机关或者居民住宅为主的区域。

3．BCD　【解析】第四十三条：经营中的文化娱乐场所，其经营管理者必须采取有效措施，使其边界噪声不超过国家规定的环境噪声排放标准。

第四十四条：禁止在商业经营活动中使用高音广播喇叭或者采用其他发出高噪声的方法招揽顾客。

第四十六条：使用家用电器、乐器或者进行其他家庭室内娱乐活动时，应当控制音量或者采取其他有效措施，避免对周围居民造成环境噪声污染。

4．BC　【解析】第二十六条：国务院有关主管部门对可能产生环境噪声污染的工业设备，应当根据声环境保护的要求和国家的经济、技术条件，逐步在依法制定的产品的国家标准、行业标准中规定噪声限值。

5．ABD　【解析】第二十九条：在城市市区范围内，建筑施工过程中使用机械设备，可能产生环境噪声污染的，施工单位必须在工程开工15日以前向工程所在地县级以上地方人民政府环境保护行政主管部门申报该工程的项目名称、施工场所和期限、可能产生的环境噪声值以及所采取的环境噪声污染防治措施的情况。

6．BD　【解析】第三十七条：在已有的城市交通干线的两侧建设噪声敏感建筑物的，建设单位应当按照国家规定间隔一定距离，并采取减轻、避免交通噪声影响的措施。

7. AB 【解析】第三十六条：建设经过已有的噪声敏感建筑物集中区域的高速公路和城市高架、轻轨道路，有可能造成环境噪声污染的，应当设置声屏障或者采取其他有效的控制环境噪声污染的措施。城市快速路全部或部分采用立体交叉与控制出入，属于城市高架。选项 CD 虽然属于采取其他有效的控制环境噪声污染的措施，但题目明确了“某新建城市快速路途径居住区”，CD 没有办法再改了。

8. BC 【解析】第四十条：除起飞、降落或者依法规定的情形以外，民用航空器不得飞越城市市区上空。城市人民政府应当在航空器起飞、降落的净空周围划定限制建设噪声敏感建筑物的区域；在该区域内建设噪声敏感建筑物的，建设单位应当采取减轻、避免航空器运行时产生的噪声影响的措施。民航部门应当采取有效措施，减轻环境噪声污染。

9. AD 【解析】第三十六条：建设经过已有的噪声敏感建筑物集中区域的高速公路和城市高架、轻轨道路，有可能造成环境噪声污染的，应当设置声屏障或者采取其他有效的控制环境噪声污染的措施。

10. BCD 【解析】第二十四条：在工业生产中因使用固定的设备造成环境噪声污染的工业企业，必须按照国务院生态环境主管部门的规定，向所在地的县级以上地方人民政府生态环境主管部门申报拥有的造成环境噪声污染的设备的种类、数量以及在正常作业条件下所发出的噪声值和防治环境噪声污染的设施情况，并提供防治噪声污染的技术资料。

（四）《固体废物污染环境防治法》

一、单项选择题

1．依据《固体废物污染环境防治法》，关于贮存、利用、处置、危险废物的含义，下列说法中，错误的是（　　）。（2010 年、2011 年考题）

A．贮存，是指将固体废物临时置于特定设施或者场所中的活动

B．利用，是指从固体废物中提取物质作为原材料或者燃料的活动

C．处置，是指将固体废物临时置于符合环境保护规定要求的填埋场的活动

D．危险废物，是指列入国家危险废物名录或者根据国家规定的危险废物鉴别标准和鉴别方法认定的具有危险特性的固体废物

2．依据《固体废物污染环境防治法》，除法律、行政法规另有规定外，贮存危险废物必须采取符合国家环境保护标准的防护措施，并不得超过（　　）。确需延长期限的，必须报经原批准经营许可证的环境保护行政主管部门批准。（2010 年考题）

A．两年　　B．一年　　C．半年　　D．一个月

3．《固体废物污染环境防治法》中所称的“生活垃圾”不包括（　　）。（2011 年考题）

A．家庭生活中产生的废纸屑

B．生活垃圾焚烧发电产生的底渣

C．建筑工地产生的厨余垃圾

D．为日常生活提供服务的活动中产生的固体废物

4．依据《固体废物污染环境防治法》，对产生危险废物而未进行处置的单位，又不承担依法应当承担的处置费用的，由所在地县级以上人民政府环境保护行政主管部门责令（　　）。（2011 年考题）

A．限制生产，并指定单位代为处置

B．关闭，并处代为处置费用三倍罚款

C．限期改正，处代为处置费用一倍以上三倍以下的罚款

D．停产治理，并处代为处置费用一倍以上三倍以下的罚款

5．依据《固体废物污染环境防治法》，危险废物管理计划内容有重大改变的，应当及时（　　）。（2011 年考题）

A．备案　　B．申报

C．报请核准　　D．编制环境影响评价文件

6. 依据《固体废物污染环境防治法》，危险废物集中处置设施、场所的建设规划实施前应报国务院（　　）。（2011 年考题）

A. 核准　　B. 批准　　C. 备案　　D. 审查

7. 某产生危险废物单位已采取符合国家环境保护标准的防护措施贮存危险废物一年。依据《固体废物污染环境防治法》，该单位如需延长贮存期限，必须（　　）。（2011 年考题）

A. 报所在地市人民政府批准

B. 报所在地市人民政府备案

C. 报经批准其经营许可证的环境保护行政主管部门批准

D. 报经批准其经营许可证的环境保护行政主管部门备案

8. 根据《固体废物污染环境防治法》，关于该法适用的范围，下列说法错误的是（　　）。（2012 年考题）

A. 固体废物污染海洋环境的防治不适用该法

B. 放射性固体废物污染环境的防治不适用该法

C. 该法适用于中华人民共和国境内固体废物污染环境的防治

D. 该法适用于中华人民共和国领域内固体废物污染环境的防治

9. 根据《固体废物污染环境防治法》，（　　）应当依据国务院批准的危险废物集中处置设施、场所的建设规划组织建设危险废物集中处置设施、场所。（2012 年考题）

A. 县级以上地方人民政府

B. 县级环境保护行政主管部门

C. 国务院环境保护行政主管部门

D. 省、设区的市级环境保护行政主管部门

10. 根据《固体废物污染环境防治法》，收集、贮存危险废物，必须按照危险废物（　　）分类进行。（2012 年考题）

A. 形态　　B. 特性　　C. 来源　　D. 去向

11. 根据《固体废物污染环境防治法》，国家对固体废物污染环境防治实行的原则不包括（　　）。（2013 年考题）

A. 无害化处置固体废物　　B. 充分合理利用固体废物

C. 促进清洁生产和循环经济发展　　D. 减少固体废物的产生量和危害性

12. 《固体废物污染环境防治法》不适用于（　　）污染环境的防治。（2014 年考题）

A. 废酸　　B. 废矿物油

C. 教学用的射线装置　　D. 置于容器中的废甲苯

13. 根据《固体废物污染环境防治法》，工业固体废物利用、安全分类存放和无害化处置措施的规定，下列说法中，错误的是（ ）。（2014 年考题）

A. 国家实行工业固体废物申报登记制度

B. 矿山企业应当减少尾扩、矸石、废石等矿业固体废物的产生量和贮存量

C. 企事业单位应当根据经济、技术条件对其产生的工业固体废物加以利用

D. 建设工业固体废物贮存、处置的设施、场所，必须符合国家和地方环境保护标准

14. 根据《固体废物污染环境防治法》，下列关于危险废物、工业固体废物及固体废物利用、贮存的含义中，错误的是（ ）。（2015 年考题）

A. 列入国家危险废物名录的固体废物属于危险废物

B. 工业固体废物，是指在工业生产活动中产生的固体废物

C. 利用，是指从固体废物中提取物质作为原材料或者燃料的活动

D. 贮存，是指将固体废物最终置于符合环境保护规定要求场所中的活动

15. 根据《固体废物污染环境防治法》，下列关于固体废物污染防治原则的说法中，错误的是（ ）。（2015 年考题）

A. 国家对固体废物污染环境防治实行生产者依法负责的原则

B. 对固体废物实行减量化、资源化和无害化是防治固体废物污染环境的重要原则

C. 国家采取有利于固体废物综合利用的经济、技术政策和措施，对固体废物实行充分回收和合理利用

D. 国家鼓励、支持采取有利于保护环境的集中处置固体废物的措施，促进固体废物污染环境防治产业发展

16. （ ）适用于《固体废物污染环境防治法》。（2016 年考题）

A. 液态废物污染的防治　　B. 排入水体的废水的污染防治

C. 固体废物污染海洋环境的防治　　D. 放射性固体废物污染环境的防治

17. 《固体废物污染环境防治法》适用于（ ）污染环境的防治。（2016 年考题）

A. 液态废物　　B. 城市生活污水

C. 固态废物排到海洋　　D. 放射性废物

18. 根据《固体废物污染环境防治法》关于工业固体废物贮存、处置设施、场所管理的规定，下列说法中，错误的是（ ）。（2016 年考题）

A. 禁止擅自关闭，闲置或者拆除工业固体废物污染环境的防治设施、场所

B. 建设工业固体废物贮存、处置的设施、场所，必须符合国家环境保护标准

C. 在饮用水水源保护区内禁止建设工业固体废物集中贮存、处置的设施和

场所

D．对于确有必要关闭的工业固体废物污染防治设施、场所，必须经所在地省级环境保护行政主管部门核准，并采取措施，防止污染环境

19．根据《固体废物污染环境防治法》，关于生活垃圾处置设施、场所管理的说法中，错误的是（　　）。（2016 年考题）

A．禁止擅自关闭生活垃圾处置的设施

B．关闭生活垃圾处置的设施或场所必须采取措施，防止污染环境

C．经所在地县人民政府环境保护行政主管部门核准后可以关闭和拆除生活垃圾处置场所

D．建设生活垃圾处置的设施、场所，必须符合国务院环境保护行政主管部门和国务院建设行政主管部门规定的环境保护和环境卫生标准

20．根据《固体废物污染环境防治法》危险废物污染环境防治的有关规定，下列说法中，正确的是（　　）。（2016 年考题）

A．禁止将危险废物倒入非危险废物中贮存

B．危险废物管理计划内容有变化的，应当及时申报

C．运输危险废物，必须采取防止污染环境的措施，并遵守国家有关安全管理的规定

D．从事收集、贮存、处置危险废物经营活动的单位，必须向县级以上人民政府申请领取经营许可证

21．根据《固体废物污染环境防治法》，下列活动中属于固体废弃物利用的是（　　）。（2017 年考题）

A．甲厂利用乙厂的副产品生产合格产品

B．甲厂利用乙厂废弃的下脚料生产合格产品

C．甲厂对乙厂生产的污水处理污泥进行焚烧

D．甲厂利用乙厂产生的余热对本厂污水处理装置生产的污泥进行脱水干化

22．根据《固体废物污染环境防治法》生活垃圾处置设施和场所的有关规定，生活垃圾填埋场建设必须符合国务院有关部门规定的（　　）。（2017 年考题）

A．环境保护指标　　　　　　B．环境卫生标准

C．环境保护标准或环境卫生标准　　D．环境保护标准和环境卫生标准

23．根据《固体废物污染环境防治法》，关于危险废物污染环境防治的特别规定，下列说法中，错误的是（　　）。（2017 年考题）

A．禁止将危险废物混入非危险废物中贮存

B．禁止经中华人民共和国过境转移危险废物

C. 禁止将危险废物与旅客在同一运输工具上载运

D. 从事收集、贮存、利用危险废物经营活动的单位，必须向县级以上人民政府环境保护行政主管部门申请领取经营许可证

24. 根据《固体废物污染环境防治法》，关于确有必要关闭、闲置或拆除生活垃圾处置设施和场所有关规定的说法，正确的是（　　）。（2018 年考题）

A. 必须经所在地市、县人民政府建设主管部门核准，并采取措施，防止污染环境

B. 必须经所在地市、县人民政府环境卫生行政主管部门核准，并采取措施，防止污染环境

C. 必须经所在地市、县人民政府环境保护行政主管部门核准，并采取措施，防止污染环境

D. 必须经所在地市、县人民政府环境卫生行政主管部门和环境保护行政主管部门核准，并采取措施，防止污染环境

25. 某危险废物经营单位，需超期贮存危险废物，根据《固体废物污染环境防治法》，关于该单位危险废物贮存、处置有关要求的说法，错误的是（　　）。（2018 年考题）

A. 应停止危险废物经营行为

B. 应按照国家环境保护标准要求的防护措施建设贮存场所

C. 应报原批准经营许可证的环境保护行政主管部门批准延长贮存期限

D. 应制定意外事故的防范措施和应急预案，并向县级以上地方人民政府环境保护行政主管部门备案

26. 根据《固体废物污染环境防治法》，下列单位中属于向国务院或省、自治区、直辖市人民政府环境保护行政主管部门申请经营许可证的是（　　）。（2018 年考题）

A. 危险废物收集单位　　　　B. 危险废物贮存单位

C. 危险废物利用单位　　　　D. 危险废物处置单位

27. 根据《固体废物污染环境防治法》，下列说法，错误的是（　　）。（2019 年考题）

A. 建设工业固体废物贮存、处置的设施、场所，必须符合国家环境保护标准

B. 禁止擅自关闭、闲置或者拆除工业固体废物污染环境防治设施、场所

C. 建设生活垃圾处置的设施、场所，必须符合国务院生态环境主管部门规定的环境保护标准或国务院建设行政主管部门规定的环境卫生标准

D. 禁止擅自关闭、闲置或者拆除生活垃圾处置的设施、场所

28. 根据《固体废物污染环境防治法》，下列说法，错误的是（　　）。（2019 年考题）

A．禁止将危险废物与旅客在同一运输工具上载运

B．禁止经中华人民共和国过境转移危险废物

C．禁止混合收集、贮存、运输、处置性质不相容的危险废物

D．禁止将危险废物混入非危险废物中贮存

29．根据《固体废物污染环境防治法》，下列废物的污染防治不适用本法的是（　　）。（2019 年考题）

A．液态废物（排入水体的废水除外）

B．在生活中产生的虽未丧失利用价值但被抛弃的置于容器中的气态物质

C．在生产中产生的丧失原有利用价值的半固态物质

D．放射性废物

二、不定项选择题

1．依据《固体废物污染环境防治法》，应当按照国家有关环境卫生的规定，配套建设生活垃圾收集设施的单位有（　　）。（2010 年考题）

A．飞机场的经营管理单位　　B．商店的经营管理单位

C．码头的经营管理单位　　D．从事城市旧区改建的单位

2．依据《固体废物污染环境防治法》，关于危险废物的收集、贮存，下列说法中，正确的是（　　）。（2010 年考题）

A．性质相容的危险废物可以混合收集、贮存

B．收集、贮存危险废物，必须按照危险废物特性分类进行

C．性质相容且经安全性处置的危险废物可以与非危险废物混合贮存

D．性质不相容且未经过安全性处置的危险废物禁止混合收集、贮存

3．依据《固体废物污染环境防治法》，国家对固体废物污染环境防治实行（　　）的原则。（2011 年考题）

A．总量控制　　B．无害化处置固体废物

C．充分合理利用固体废物　　D．减少固体废物的产生量和危害性

4．依据《固体废物污染环境防治法》，（　　）必须经过县级以上地方人民政府环境保护行政主管部门和环境卫生行政主管部门核准。（2011 年考题）

A．拆除生活垃圾处置设施　　B．关闭生活垃圾处置场所

C．闲置生活垃圾处置设施　　D．建设生活垃圾处置场所

5．依据《固体废物污染环境防治法》关于危险废物收集、贮存的规定，下列说法中，正确的是（　　）。（2011 年考题）

A．禁止危险废物与非危险废物混合收集、贮存

B．收集、贮存危险废物，必须按照危险废物赋存形态分类进行

C．性质相容且经安全性处置的危险废物可以与非危险废物混合贮存运输

D．性质不相容且未经过安全性处置的危险废物，可以混合收集、贮存、运输

6．根据《固体废物污染环境防治法》，关于固体废物贮存、处置、利用的含义，下列说法中，正确的是（　　）。（2012年考题）

A．利用，是指将固体废物直接作为产品原料的活动

B．处置，包括将固体废物焚烧以消除其危险成分的活动

C．贮存，是指将固体废物临时置于特定设施或者场所中的活动

D．处置，包括将固体废物最终置于符合环境保护规定要求的填埋场的活动

7．根据《固体废物污染环境防治法》关于产生危险废物的单位必须处置危险废物的规定，下列说法中，正确的是（　　）。（2012年考题）

A．产生危险废物的单位不处置的，代为处置的处置费用由该单位承担

B．产生危险废物的单位不处置的，由所在地县级以上人民政府责令限期改正

C．产生危险废物的单位，必须按照国家有关规定处置危险废物，不得擅自倾倒、堆放

D．产生危险废物的单位逾期不处置或者处置不符合国家有关规定的，由国家环境保护行政主管部门指定单位按国家有关规定代为处置

8．根据《固体废物污染环境防治法》，下列关于固体废物的说法中，正确的是（　　）。（2014年考题）

A．工业固体废物指在工业生产活动中产生的固体废物

B．丧失原有利用价值，放置于容器中的气态物品属固体废物

C．在日常生活中或为日常生活提供服务的活动中产生的固体废物属生活垃圾

D．根据国家规定的危险废物鉴别标准和鉴别方法认定具有危险特性的固体废物属危险废物

9．根据《固体废物污染环境防治法》危险废物污染环境防治的规定，产生危险废物的单位制订的危险废物管理计划应当包括（　　）。（2014年考题）

A．危险废物处置措施　　B．危险废物贮存、利用措施

C．减少危险废物产生量的措施　　D．减少危险废物危害性的措施

10．根据《固体废物污染环境防治法》固体废物贮存、处置设施、场所的有关规定，下列区域中，禁止建设工业固体废物贮存场的有（　　）。（2015年考题）

A．风景名胜区　　B．基本农田保护区

C．自然保护区实验区　　D．饮用水水源二级保护区

11．根据《固体废物污染环境防治法》危险废物污染环境防治的有关规定，下列说法中，正确的有（　　）。（2016年考题）

A．收集、贮存危险废物，必须按照危险废物特性分类进行

B．危险废物管理计划应当报产生危险废物的单位所在地县级以上地方人民政府备案

C．产生危险废物的单位，必须按照国家有关规定处置危险废物，不得擅自倾倒、堆放

D．转移危险废物的，必须按照国家有关规定填写危险废物转移联单，并向危险废物移出地设区的市级以上地方人民政府环境保护行政主管部门提出申请

12．根据《固体废物污染环境防治法》有关规定，产生危险废物单位制定的危险废物管理计划应当包括减少危险废物产生量和危害性的措施以及危险废物（　　）措施。（2016 年考题）

A．贮存　　B．利用　　C．处置　　D．收集

13．根据《固体废物污染环境防治法》的有关规定，（　　）内禁止建设工业固体废物贮存、处置设施和场所。（2017 年考题）

A．基本农田　　B．省级自然保护区

C．省级风景名胜区　　D．饮用水水源保护区

14．根据《固体废物污染环境防治法》关于危险废物污染环境防治的特别规定，（　　）危险废物，必须按照危险废物特性分类进行。（2017 年考题）

A．收集　　B．贮存　　C．运输　　D．处置

15．根据《固体废物污染环境防治法》，关于危险废物污染环境防治的特别规定，禁止无经营许可证或者不按经营许可证规定从事危险废物（　　）的经营活动。（2017 年考题）

A．收集　　B．贮存　　C．运输　　D．处置

16．根据《固体废物污染环境防治法》，下列区域中，属于禁止建设生活垃圾填埋场的有（　　）。（2018 年考题）

A．省级自然保护区　　B．省级风景名胜区

C．省级旅游度假区　　D．饮用水水源保护区

17．根据《固体废物污染环境防治法》，下列内容中，属于产生危险废物的单位应向环境保护行政主管部门申报的有（　　）。（2018 年考题）

A．危险废物的流向　　B．危险废物的贮存资料

C．危险废物的利用资料　　D．危险废物的处置资料

18．根据《固体废物污染环境防治法》，产生危险废物的单位，必须按照国家有关规定制定危险废物管理计划，并向所在地县级以上地方人民政府环境保护行政主管部门申报危险废物的（　　）等有关资料。（2019 年考题）

A.种类、产生量　　B.流向　　C.贮存　　D.处置

19．根据《固体废物污染环境防治法》，下列关于固体废物污染防治原则的说

法中，正确的是（ ）。（2019 年考题）

A. 国家对固体废物污染环境的防治，实行“减量化、资源化和无害化”的原则

B. 国家对固体废物污染环境防治实行污染者依法负责的原则

C. 国家采取有利于固体废物综合利用活动的经济、技术政策和措施，对固体废物实行充分回收和合理利用

D. 国家鼓励、支持采取有利于保护环境的集中处置固体废物的措施，促进固体废物污染环境防治产业发展

参考答案

一、单项选择题

1. C 【解析】第八十八条：（六）处置，是指将固体废物焚烧和用其他改变固体废物的物理、化学、生物特性的方法，达到减少已产生的固体废物数量、缩小固体废物体积、减少或者消除其危险成分的活动，或者将固体废物最终置于符合环境保护规定要求的填埋场的活动。处置应该是最终处理，不是临时的。

2. B 【解析】第五十八条：贮存危险废物必须采取符合国家环境保护标准的防护措施，并不得超过一年。

3. B 【解析】第八十八条：（三）生活垃圾，是指在日常生活中或者为日常生活提供服务的活动中产生的固体废物以及法律、行政法规规定视为生活垃圾的固体废物。

4. C 【解析】第七十六条：违反本法规定，危险废物产生者不处置其产生的危险废物又不承担依法应当承担的处置费用的，由县级以上地方人民政府环境保护行政主管部门责令限期改正，处代为处置费用一倍以上三倍以下的罚款。

5. B 【解析】第五十三条：本条规定的申报事项或者危险废物管理计划内容有重大改变的，应当及时申报。

6. B 【解析】第五十四条：国务院环境保护行政主管部门会同国务院经济综合宏观调控部门组织编制危险废物集中处置设施、场所的建设规划，报国务院批准后实施。

7. C 【解析】第五十八条：确需延长期限的，必须报经原批准经营许可证的环境保护行政主管部门批准；法律、行政法规另有规定的除外。

8. D 【解析】第二条：本法适用于中华人民共和国境内固体废物污染环境的防治。

9. A 【解析】第五十四条：县级以上地方人民政府应当依据危险废物集中处

置设施、场所的建设规划组织建设危险废物集中处置设施、场所。

10. B 【解析】第五十八条：收集、贮存危险废物，必须按照危险废物特性分类进行。

11. C 【解析】第三条：国家对固体废物污染环境的防治，实行减少固体废物的产生量和危害性、充分合理利用固体废物和无害化处置固体废物的原则，促进清洁生产和循环经济发展。

12. C 【解析】第二条：固体废物污染海洋环境的防治和放射性固体废物污染环境的防治不适用本法。

13. D 【解析】第三十三条：建设工业固体废物贮存、处置的设施、场所，必须符合国家环境保护标准。

14. D 【解析】第八十八条：贮存，是指将固体废物临时置于特定设施或者场所中的活动。

15. A 【解析】第五条：国家对固体废物污染环境防治实行污染者依法负责的原则。

16. A 【解析】第八十九条：液态废物的污染防治，适用本法；但是，排入水体的废水的污染防治适用有关法律，不适用本法。

第二条：固体废物污染海洋环境的防治和放射性固体废物污染环境的防治不适用本法。

17. A 【解析】第二条：固体废物污染海洋环境的防治和放射性固体废物污染环境的防治不适用本法。

18. D 【解析】第三十四条：禁止擅自关闭、闲置或者拆除工业固体废物污染环境防治设施、场所；确有必要关闭、闲置或者拆除的，必须经所在地县级以上地方人民政府环境保护行政主管部门核准，并采取措施，防止污染环境。

19. C 【解析】第四十四条：禁止擅自关闭、闲置或者拆除生活垃圾处置的设施、场所；确有必要关闭、闲置或者拆除的，必须经所在地的市、县级人民政府环境卫生行政主管部门商所在地环境保护行政主管部门同意后核准，并采取措施，防止污染环境。

20. A 【解析】第五十三条：本条规定的申报事项或者危险废物管理计划内容有重大改变的，应当及时申报。

第六十条：运输危险废物，必须采取防止污染环境的措施，并遵守国家有关危险货物运输管理的规定。

第五十七条：从事收集、贮存、处置危险废物经营活动的单位，必须向县级以上人民政府环境保护行政主管部门申请领取经营许可证。

21. B 【解析】第八十八条：（七）利用，是指从固体废物中提取物质作为原材料或者燃料的活动。

A 选项用的是副产品不是固体废物；C 选项没说清焚烧的目的到底是作为燃料，还是仅为处置措施，有可能是处置；D 选项是处置。

22．D 【解析】第四十四条：建设生活垃圾处置的设施、场所，必须符合国务院环境保护行政主管部门和国务院建设行政主管部门规定的环境保护和环境卫生标准。

23．D 【解析】第五十七条：从事收集、贮存、处置危险废物经营活动的单位，必须向县级以上人民政府环境保护行政主管部门申请领取经营许可证；从事利用危险废物经营活动的单位，必须向国务院环境保护行政主管部门或者省、自治区、直辖市人民政府环境保护行政主管部门申请领取经营许可证。

24．D 【解析】第四十四条：禁止擅自关闭、闲置或者拆除生活垃圾处置的设施、场所；确有必要关闭、闲置或者拆除的，必须经所在地的市、县级人民政府环境卫生行政主管部门商所在地环境保护行政主管部门同意后核准，并采取措施，防止污染环境。

25．A 【解析】第五十八条：贮存危险废物必须采取符合国家环境保护标准的防护措施，且不得超过一年；确需延长期限的，必须报经原批准经营许可证的环境保护行政主管部门批准；法律、行政法规另有规定的除外。

第六十二条：产生、收集、贮存、运输、利用、处置危险废物的单位，应当制定意外事故的防范措施和应急预案，并向所在地县级以上地方人民政府环境保护行政主管部门备案；环境保护行政主管部门应当进行检查。

26．C 【解析】第五十七条：从事收集、贮存、处置危险废物经营活动的单位，必须向县级以上人民政府环境保护行政主管部门申请领取经营许可证；从事利用危险废物经营活动的单位，必须向国务院环境保护行政主管部门或者省、自治区、直辖市人民政府环境保护行政主管部门申请领取经营许可证。具体管理办法由国务院规定。

27．C 【解析】第四十四条：建设生活垃圾处置的设施、场所，必须符合国务院环境保护行政主管部门和国务院建设行政主管部门规定的环境保护和环境卫生标准。

28．C 【解析】第五十八条：禁止混合收集、贮存、运输、处置性质不相容而未经安全性处置的危险废物。

29．D 【解析】第二条：固体废物污染海洋环境的防治和放射性固体废物污染环境的防治不适用本法。

二、不定项选择题

1．ABCD 【解析】第四十八条：从事城市新区开发、旧区改建和住宅小区开发建设的单位，以及机场、码头、车站、公园、商店等公共设施、场所的经营管理单位，应当按照国家有关环境卫生的规定，配套建设生活垃圾收集设施。

2. ABD 【解析】第五十八条：禁止将危险废物混入非危险废物中贮存。

3. BCD 【解析】第三条：国家对固体废物污染环境的防治，实行减少固体废物的产生量和危害性、充分合理利用固体废物和无害化处置固体废物的原则，促进清洁生产和循环经济发展。

4. ABC 【解析】第四十四条：禁止擅自关闭、闲置或者拆除生活垃圾处置的设施、场所；确有必要关闭、闲置或者拆除的，必须经所在地的市、县级人民政府环境卫生行政主管部门商所在地环境保护行政主管部门同意后核准，并采取措施，防止污染环境。

5. A 【解析】第五十八条：收集、贮存危险废物，必须按照危险废物特性分类进行。禁止混合收集、贮存、运输、处置性质不相容而未经安全性处置的危险废物。禁止将危险废物混入非危险废物中贮存。

6. BCD 【解析】A 的正确说法为第八十八条：（七）利用，是指从固体废物中提取物质作为原材料或者燃料的活动。

7. AC 【解析】其余两个选项的执行部门都是所在地县级以上地方人民政府环境保护行政主管部门。

8. ABCD 【解析】第八十八条：（一）固体废物，是指在生产、生活和其他活动中产生的丧失原有利用价值或者虽未丧失利用价值但被抛弃或者放弃的固态、半固态和置于容器中的气态的物品、物质以及法律、行政法规规定纳入固体废物管理的物品、物质。（二）工业固体废物，是指在工业生产活动中产生的固体废物。（三）生活垃圾，是指在日常生活中或者为日常生活提供服务的活动中产生的固体废物以及法律、行政法规规定视为生活垃圾的固体废物。（四）危险废物，是指列入国家危险废物名录或者根据国家规定的危险废物鉴别标准和鉴别方法认定的具有危险特性的固体废物。

9. ABCD 【解析】第五十三条：前款所称危险废物管理计划应当包括减少危险废物产生量和危害性的措施以及危险废物贮存、利用、处置措施。

10. ABCD 【解析】第二十二条：在国务院和国务院有关主管部门及省、自治区、直辖市人民政府划定的自然保护区、风景名胜区、饮用水水源保护区、基本农田保护区和其他需要特别保护的区域内，禁止建设工业固体废物集中贮存、处置的设施、场所和生活垃圾填埋场。

11. ACD 【解析】选项 B 的正确说法是第五十三条：危险废物管理计划应当报产生危险废物的单位所在地县级以上地方人民政府环境保护行政主管部门备案。

12. ABC 【解析】第五十三条：前款所称危险废物管理计划应当包括减少危险废物产生量和危害性的措施以及危险废物贮存、利用、处置措施。

13．BCD 【解析】第二十二条：在国务院和国务院有关主管部门及省、自治区、直辖市人民政府划定的自然保护区、风景名胜区、饮用水水源保护区、基本农田保护区和其他需要特别保护的区域内，禁止建设工业固体废物集中贮存、处置的设施、场所和生活垃圾填埋场。

基本农田，是指按照一定时期人口和社会经济发展对农产品的需求，依据土地利用总体规划确定的不得占用的耕地。基本农田保护区，是指为对基本农田实行特殊保护而依据土地利用总体规划和依照法定程序确定的特定保护区域。两者区别是：基本农田是一个地块的概念，必须落实到具体地块。基本农田保护区是一个区域概念，保护区内以基本农田为主，但并非都是基本农田，除了基本农田外，还可能有少量的一般耕地、其他农用地、建设用地、未利用地等。

14．AB 【解析】第五十八条：收集、贮存危险废物，必须按照危险废物特性分类进行。

15．ABD 【解析】第五十七条：禁止无经营许可证或者不按照经营许可证规定从事危险废物收集、贮存、利用、处置的经营活动。

第六十条：运输危险废物，必须采取防止污染环境的措施，并遵守国家有关危险货物运输管理的规定。

16．ABD 【解析】第二十二条：在国务院和国务院有关主管部门及省、自治区、直辖市人民政府划定的自然保护区、风景名胜区、饮用水水源保护区、基本农田保护区和其他需要特别保护的区域内，禁止建设工业固体废物集中贮存、处置的设施、场所和生活垃圾填埋场。

17．ABD 【解析】第五十三条：产生危险废物的单位，必须按照国家有关规定制定危险废物管理计划，并向所在地县级以上地方人民政府环境保护行政主管部门申报危险废物的种类、产生量、流向、贮存、处置等有关资料。

18．ABCD 【解析】第五十三条：产生危险废物的单位，必须按照国家有关规定制定危险废物管理计划，并向所在地县级以上地方人民政府环境保护行政主管部门申报危险废物的种类、产生量、流向、贮存、处置等有关资料。

19．ABCD 【解析】第三条：国家对固体废物污染环境的防治，实行减少固体废物的产生量和危害性、充分合理利用固体废物和无害化处置固体废物的原则，促进清洁生产和循环经济发展。国家采取有利于固体废物综合利用活动的经济、技术政策和措施，对固体废物实行充分回收和合理利用。国家鼓励、支持采取有利于保护环境的集中处置固体废物的措施，促进固体废物污染环境防治产业发展。

第五条：国家对固体废物污染环境防治实行污染者依法负责的原则。

（五）《海洋环境保护法》

一、单项选择题

1．依据《海洋环境保护法》，下列区域中不属于滨海湿地的是（　　）。（2011 年考题）

A．低潮时水深不超过 6 m 的潮间带

B．低潮时水深低于 6m 的沿海低地

C．低潮时水深超过 6m 的永久性海域

D．低潮时水深低于 6m 的沿岸浸湿地带

2．依据《海洋环境保护法》，未被禁止向海域排放的是（　　）。（2011 年考题）

A．油类　　B．碱液　　C．剧毒废液　　D．低水平放射性废水

3．根据《海洋环境保护法》关于禁止、严格控制或严格向海域排放废液或废水的有关规定，下列说法中，错误的是（　　）。（2013 年考题）

A．禁止向海域排放含重金属废水

B．禁止向海域排放高、中水平放射性废水

C．含病原体的医疗污水经过处理达到国家有关排放标准后，可排入海域

D．严格控制向海湾、半封闭海及其他自净能力较差的海域排放含有机物和营养物质的工业废水、生活污水

4．根据《海洋环境保护法》，下列说法中，错误的是（　　）。（2014 年考题）

A．沿海低地不属于滨海湿地

B．我国领海基线向内陆一侧的所有海域称为内水

C．海洋功能区划是指依据海洋自然属性和社会属性，以及自然资源和环境特定条件，界定海洋利用的主导功能和使用范畴

D．海洋环境污染损害是指直接或者间接地把物质或者能量引入海洋环境，产生损害海洋生物资源、危害人体健康、妨碍渔业和海上其他合法活动、损害海水使用素质和减损环境质量等有害影响

5．根据《海洋环境保护法》向海域排污的有关规定，下列说法中，正确的是（　　）。（2014 年考题）

A．禁止向海域排放油类

B．严格控制向海域排放剧毒废液

C．禁止向海域排放有机物和重金属废水

D．禁止向海湾、半封闭海域排放含有有机物和营养物质的生活污水

6．根据《海洋环境保护法》向海域排污的有关规定，下列说法中，错误的是（　　）。（2014 年考题）

A．工业废水必须经处理，符合国家有关排放标准后，方能排入海域

B．含病原体的医疗污水经过处理后符合国家有关排放标准，方能排入海域

C．含中水平放射性废水经过处理符合国家有关排放标准后，方能排入海域

D．向海湾排放含热废水，必须采取有效措施，保证邻近渔业水域的水温符合国家海洋环境质量标准

7．根据《海洋环境保护法》，下列区域中，不必建立海洋自然保护区的是（　　）。（2015 年考题）

A．海洋生物物种高度丰富的区域

B．遭受破坏的海洋自然生态区域

C．具有特殊保护价值的海域、海岸、岛屿

D．具有重大科学文化价值的海洋自然遗迹所在区域

8．根据《海洋环境保护法》海洋生态保护有关规定，下列说法中，正确的是（　　）。（2016 年考题）

A．对具有重要经济、社会价值的已遭到破坏的海洋生态，应当进行保护

B．开发利用海洋资源，应当根据近岸海域环境功能区划合理布局，不得造成海洋生态破坏

C．国务院有关部门和沿海省级人民政府应当根据保护海洋生态的需要，选划、建立海洋自然保护区

D．凡具有特殊地理条件、生态系统、生物与非生物资源及海洋开发利用特殊需要的区域，必须建立海洋特别保护区

9．根据《海洋环境保护法》防治海岸工程建设项目对海洋环境的污染损害的有关规定，下列说法中，正确的是（　　）。（2016 年考题）

A．严格限制在海岸采挖砂石

B．禁止在沿海陆域内新建印染、电镀以及其他严重污染海洋环境的工业生产项目

C．在依法划定的海洋风景名胜区、渔业水域，禁止从事污染、破坏景观的海岸工程建设项目

D．兴建海岸工程建设项目，必须采取有效措施，保护野生动植物及其生存环境和海洋水产资源

10．根据《海洋环境保护法》，海洋功能区划是指依据海洋（　　）以及自然

资源和环境特定条件，界定海洋利用的主导功能和使用范畴。（2017年考题）

A．环境属性和社会属性　　B．社会属性和经济属性

C．自然属性和经济属性　　D．自然属性和社会属性

11．根据《海洋环境保护法》建立海洋自然保护区的有关规定，下列说法中，错误的是（　　）。（2017年考题）

A．国家级海洋自然保护区的建立，需经国务院批准

B．市级海洋自然保护区的建立，须经市级人民政府批准

C．海洋生物物种高度丰富的区域，应当建立海洋自然保护区

D．具有重大科学文化价值的海洋自然遗迹所在区域，应当建立海洋自然保护区

12．根据《海洋环境保护法》，凡具有特殊地理条件、生态系统、生物与非生物资源及海洋开发利用特殊需要的区域，可以建立（　　），采取有效的保护措施和科学的开发方式进行特殊管理。（2017年考题）

A．海洋生态功能区　　B．海洋自然保护区

C．海洋主体功能区　　D．海洋特别保护区

13．根据《海洋环境保护法》，下列说法正确的是（　　）。（2017年考题）

A．禁止生活污水向海湾排放

B．严格控制生活污水向自净能力较差的海域排放

C．严格限制含营养物质的生活污水向半封闭海排放

D．禁止含有机物和营养物质的工业废水向半封闭海排放

14．根据《海洋环境保护法》，下列区域中，不属于滨海湿地的是（　　）。（2018年考题）

A．潮间带　　B．洪泛地带

C．沿海低地　　D．水深不超过6 m的水域

15．根据《海洋环境保护法》，关于海洋生态保护有关规定的说法，错误的是（　　）。（2018年考题）

A．国家建立健全海洋生态保护补偿制度

B．禁止毁坏海岸防护设施、沿海防护林、沿海城镇园林和绿地

C．海水养殖应当合理投饵，施肥，禁止使用药物，防止造成海洋环境污染

D．引进海洋动植物物种，应当进行科学论证，避免对海洋生态系统造成危害

16．根据《海洋环境保护法》，关于防治海岸工程建设项目污染损害海洋环境有关规定的说法，错误的是（　　）。（2018年考题）

A．在海洋自然保护区、海滨风景名胜区、渔业水域，不得从事污染环境、破坏景观的海岸工程项目建设或者其他活动

B．海岸工程建设项目单位，必须对海洋进行科学调查，根据自然条件和社会条件，合理选址，编制环境影响报告书（表）

C．新建、改建、扩建海岸工程建设项目，必须遵守国家有关建设项目环境保护管理的规定，并把防治污染所需资金纳入建设项目投资计划

D．环境保护行政主管部门在批准环境影响报告书（表）之前，必须征求海事、渔业行政主管部门和军队环境保护部门的意见

17．根据《海洋环境保护法》在沿海陆域内建设工业生产项目的有关规定，下列说法中，正确的是（　　）。（2019年考题）

A．禁止在沿海陆域内新建化学制浆造纸、化工、印染、制革、电镀、酿造、炼油、岸边冲滩拆船等工业生产项目

B．禁止在沿海陆域内新建除化学制浆造纸、化工、印染、制革、电镀、酿造、炼油、岸边冲滩拆船以外的其他严重污染海洋环境的工业生产项目

C．禁止在沿海陆域内新建不具备有效治理措施的化学制浆造纸、化工、印染、制革、电镀、酿造、炼油、岸边冲滩拆船等工业生产项目

D．禁止在沿海陆域内新建不具备有效治理措施的污染海洋环境的工业生产项目

18．根据《海洋环境保护法》，下列说法中，错误的是（　　）。（2019年考题）

A．禁止向海域排放含有不易降解的有机物和重金属的废水

B．禁止向海域排放油类、酸液、碱液、剧毒废液和高、中水平放射性废水

C．严格限制向海域排放低水平放射性废水

D．应当严格控制向海湾排放含有机物和营养物质的工业废水、生活污水

19．根据《海洋环境保护法》，有关内水、滨海湿地、海洋功能区划、海洋环境污染损害的含义，下列说法中，错误的是（　　）。（2019年考题）

A．内水是指我国领海基线向内陆一侧的所有海域

B．滨海湿地是指低潮时水深浅于8米的水域及其沿岸浸湿地带，包括水深不超过8米的永久性水域、潮间带（或洪泛地带）和沿海低地等

C．海洋功能区划是指依据海洋自然属性和社会属性，以及自然资源和环境特定条件，界定海洋利用的主导功能和使用范畴

D．海洋环境污染损害是指直接或者间接地把物质或者能量引入海洋环境，产生损害海洋生物资源、危害人体健康、妨害渔业和海上其他合法活动、损害海水使用素质和减损环境质量等有害影响

20．根据《海洋环境保护法》，下列有关海洋环境保护的说法中，错误的是（　　）。（2019年考题）

A．禁止毁坏海岸防护设施、沿海防护林、沿海城镇园林和绿地

B．在依法划定的海洋自然保护区不得从事污染环境、破坏景观的海岸工程项目建设

C．禁止在沿海陆域内新建不具备有效治理措施的酿造等严重污染海洋环境的工业

生产项目

D．禁止在海岸采挖砂石

二、不定项选择题

1．依据《海洋环境保护法》，海洋功能区划，是指依据海洋（　　），界定海洋利用的主导功能和使用范畴。（2010年考题）

A．自然资源和环境特定条件　　B．自然属性和社会属性

C．海水使用素质损害的程度　　D．生物资源利用的主导功能

2．适用《海洋环境保护法》的行为有（　　）。（2011年考题）

A．围海造地

B．从事海上旅游观光

C．在海洋专属经济区内从事海洋石油勘探

D．在海洋自然保护区的实验区开展海洋生态系统研究

3．某灌丛生长茂盛的无人海岛拟开发用于建设造船基地。依据《海洋环境保护法》，基地建设过程中，符合海洋生态保护要求的做法有（　　）。（2011年考题）

A．利用该岛原有岸滩靠泊船只

B．基础设施建设过程中砍伐海岛上的灌丛

C．为平整场地，将海岛西侧山体削平填至东侧

D．经科学论证，引进国外经济鱼种在海岛周边放养，以丰富周边海域鱼类品种

4．依据《海洋环境保护法》关于防治海岸工程建设项目对海洋环境污染损害的有关规定，下列说法中，正确的是（　　）。（2011年考题）

A．禁止在海岸采沙挖石

B．严格限制在沿海陆域内新建不具备有效防治措施的岸边冲滩拆船项目

C．兴建海岸工程建设项目，必须采取有效措施，保护国家和地方重点保护的野生动植物

D．在依法划定的海滨风景名胜区不得从事污染环境、破坏景观的海岸工程建设项目

5．根据《海洋环境保护法》，可建立海洋自然保护区的区域包括（　　）。（2014年考题）

A．海洋生物物种高度丰富的区域

B．具有特殊保护价值的入海河口

C．遭受破坏且经保护不能恢复的海洋自然生态区域

D．具有重大科学文化价值的海洋自然遗迹所在区域

6．根据《海洋环境保护法》海洋生态保护的有关规定，沿海地方各级人民政府

应当结合当地自然环境的特点，建设（　　），对海岸侵蚀和海水入侵地区进行综合治理。（2015 年考题）

A．滨海湿地　　B．沿海防护林

C．海岸防护设施　　D．沿海城镇园林和绿地

7．根据《海洋环境保护法》，设置陆源污染物深海离岸排放排污口，应当依据（　　）和海底工程设施的有关情况规定，具体办法由国务院规定。（2017 年考题）

A．海洋功能区划　　B．海水动力条件

C．海洋生态保护规划　　D．海洋生态保护目标分布

8．根据《海洋环境保护法》，禁止在沿海陆域内新建不具备有效治理措施的（　　），以及其他严重污染海洋环境的工业生产项目。（2017 年考题）

A．化工　　B．印染

C．燃气电厂　　D．岸边冲滩拆船

9．根据《海洋环境保护法》，下列海洋生态系统中，属于国务院和沿海地方各级人民政府应当采取有效措施保护的有（　　）。（2018 年考题）

A．海岛、海湾　　B．红树林、珊瑚礁

C．滨海湿地、入海河口　　D．重要渔业水域，海产品养殖水域

10．根据《海洋环境保护法》，关于向海域排放废液或废水有关规定的说法，错误的有（　　）。（2018 年考题）

A．禁止向海域排放含有不易降解的有机物和重金属的废水

B．严格限制向海域排放油类、酸液、碱液、剧毒废液和高、中水平放射性废水

C．严格限制向海域排放低水平放射性废水，确需排放的，必须严格执行国家水污染物排放标准的要求

D．向海域排放含热废水，必须采取有效措施，保证邻近渔业水域的水温符合国家海洋环境质量标准，避免热污染对水产资源的危害

参考答案

一、单项选择题

1．C　【解析】第九十四条：（三）滨海湿地，是指低潮时水深浅于六米的水域及其沿岸浸湿地带，包括水深不超过六米的永久性水域、潮间带（或洪泛地带）和沿海低地等。

2．D　【解析】第三十三条：禁止向海域排放油类、酸液、碱液、剧毒废液和高、中水平放射性废水。严格限制向海域排放低水平放射性废水；确需排放的，必

须严格执行国家辐射防护规定。

3. A 【解析】第三十三条：禁止向海域排放油类、酸液、碱液、剧毒废液和高、中水平放射性废水。严格控制向海域排放含有不易降解的有机物和重金属的废水。

第三十四条：含病原体的医疗污水、生活污水和工业废水必须经过处理，符合国家有关排放标准后，方能排入海域。

第三十五条：含有机物和营养物质的工业废水、生活污水，应当严格控制向海湾、半封闭海及其他自净能力较差的海域排放。

4. A 【解析】第九十四条：（三）滨海湿地，是指低潮时水深浅于六米的水域及其沿岸浸湿地带，包括水深不超过六米的永久性水域、潮间带（或洪泛地带）和沿海低地等。

5. A 【解析】第三十三条：禁止向海域排放油类、酸液、碱液、剧毒废液和高、中水平放射性废水。严格控制向海域排放含有不易降解的有机物和重金属的废水。

第三十五条：含有机物和营养物质的工业废水、生活污水，应当严格控制向海湾、半封闭海及其他自净能力较差的海域排放。

6. C 【解析】第三十三条：禁止向海域排放油类、酸液、碱液、剧毒废液和高、中水平放射性废水。

7. B 【解析】第二十二条：凡具有下列条件之一的，应当建立海洋自然保护区：（一）典型的海洋自然地理区域、有代表性的自然生态区域，以及遭受破坏但经保护能恢复的海洋自然生态区域；（二）海洋生物物种高度丰富的区域，或者珍稀、濒危海洋生物物种的天然集中分布区域；（三）具有特殊保护价值的海域、海岸、岛屿、滨海湿地、入海河口和海湾等；（四）具有重大科学文化价值的海洋自然遗迹所在区域；（五）其他需要予以特殊保护的区域。

8. C 【解析】第二十条：对具有重要经济、社会价值的已遭到破坏的海洋生态，应当进行整治和恢复。

第二十四条：开发利用海洋资源，应当根据海洋功能区划合理布局，严格遵守生态保护红线，不得造成海洋生态环境破坏。

第二十一条：国务院有关部门和沿海省级人民政府应当根据保护海洋生态的需要，选划、建立海洋自然保护区。

第二十三条：凡具有特殊地理条件、生态系统、生物与非生物资源及海洋开发利用特殊需要的区域，可以建立海洋特别保护区，采取有效的保护措施和科学的开发方式进行特殊管理。

9. A 【解析】第四十二条：在依法划定的海洋自然保护区、海滨风景名胜区、重要渔业水域及其他需要特别保护的区域，不得从事污染环境、破坏景观的海岸工程项目建设或者其他活动。

第四十五条：禁止在沿海陆域内新建不具备有效治理措施的化学制浆造纸、化工、印染、制革、电镀、酿造、炼油、岸边冲滩拆船以及其他严重污染海洋环境的工业生产项目。

第四十六条：兴建海岸工程建设项目，必须采取有效措施，保护国家和地方重点保护的野生动植物及其生存环境和海洋水产资源。严格限制在海岸采挖砂石。露天开采海滨砂矿和从岸上打井开采海底矿产资源，必须采取有效措施，防止污染海洋环境。

10. D 【解析】第九十四条：（四）海洋功能区划，是指依据海洋自然属性和社会属性，以及自然资源和环境特定条件，界定海洋利用的主导功能和使用范畴。

11. B 【解析】第二十一条：国务院有关部门和沿海省级人民政府应当根据保护海洋生态的需要，选划、建立海洋自然保护区。国家级海洋自然保护区的建立，须经国务院批准。

第二十二条：凡具有下列条件之一的，应当建立海洋自然保护区：（二）海洋生物物种高度丰富的区域，或者珍稀、濒危海洋生物物种的天然集中分布区域；（四）具有重大科学文化价值的海洋自然遗迹所在区域。

12. D 【解析】第二十三条：凡具有特殊地理条件、生态系统、生物与非生物资源及海洋开发利用特殊需要的区域，可以建立海洋特别保护区，采取有效的保护措施和科学的开发方式进行特殊管理。

13. B 【解析】第三十五条：含有机物和营养物质的工业废水、生活污水，应当严格控制向海湾、半封闭海及其他自净能力较差的海域排放。

14. D 【解析】第九十四条：滨海湿地，是指低潮时水深浅于六米的水域及其沿岸浸湿地带，包括水深不超过六米的永久性水域、潮间带（或洪泛地带）和沿海低地等。

15. C 【解析】C 的正确说法是第二十八条：海水养殖应当科学确定养殖密度，并应当合理投饵、施肥，正确使用药物，防止造成海洋环境的污染。

16. A 【解析】A 的正确说法是第四十二条：在依法划定的海洋自然保护区、海滨风景名胜区、重要渔业水域及其他需要特别保护的区域，不得从事污染环境、破坏景观的海岸工程项目建设或者其他活动。注意是重要渔业水域。

17. C 【解析】第四十五条：禁止在沿海陆域内新建不具备有效治理措施的化学制浆造纸、化工、印染、制革、电镀、酿造、炼油、岸边冲滩拆船以及其他严重污染海洋环境的工业生产项目。

18. A 【解析】A 的正确说法是第三十三条：严格控制向海域排放含有不易降

解的有机物和重金属的废水。

19．B 【解析】B的正确说法是第九十四条：（三）滨海湿地，是指低潮时水深浅于六米的水域及其沿岸浸湿地带，包括水深不超过六米的永久性水域、潮间带（或洪泛地带）和沿海低地等。

20．D 【解析】D的正确说法是第四十六条：严格限制在海岸采挖砂石。

二、不定项选择题

1．AB 【解析】第九十四条：海洋功能区划，是指依据海洋自然属性和社会属性，以及自然资源和环境特定条件，界定海洋利用的主导功能和使用范畴。

2．ABCD 【解析】第二条：本法适用于中华人民共和国内水、领海、毗连区、专属经济区、大陆架以及中华人民共和国管辖的其他海域。在中华人民共和国管辖海域内从事航行、勘探、开发、生产、旅游、科学研究及其他活动，或者在沿海陆域内从事影响海洋环境活动的任何单位和个人，都必须遵守本法。

3．AD 【解析】第二十六条：开发海岛及周围海域的资源，应当采取严格的生态保护措施，不得造成海岛地形、岸滩、植被以及海岛周围海域生态环境的破坏。

第二十五条：引进海洋动植物物种，应当进行科学论证，避免对海洋生态系统造成危害。

4．CD 【解析】第四十六条：兴建海岸工程建设项目，必须采取有效措施，保护国家和地方重点保护的野生动植物及其生存环境和海洋水产资源。严格限制在海岸采挖砂石。

第四十五条：禁止在沿海陆域内新建不具备有效治理措施的化学制浆造纸、化工、印染、制革、电镀、酿造、炼油、岸边冲滩拆船以及其他严重污染海洋环境的工业生产项目。

第四十二条：在依法划定的海洋自然保护区、海滨风景名胜区、重要渔业水域及其他需要特别保护的区域，不得从事污染环境、破坏景观的海岸工程项目建设或者其他活动。

5．ABD 【解析】第二十二条：凡具有下列条件之一的，应当建立海洋自然保护区：（一）典型的海洋自然地理区域、有代表性的自然生态区域，以及遭受破坏但经保护能恢复的海洋自然生态区域；（二）海洋生物物种高度丰富的区域，或者珍稀、濒危海洋生物物种的天然集中分布区域；（三）具有特殊保护价值的海域、海岸、岛屿、滨海湿地、入海河口和海湾等；（四）具有重大科学文化价值的海洋自然遗迹所在区域；（五）其他需要予以特殊保护的区域。

6．BCD 【解析】第二十七条：沿海地方各级人民政府应当结合当地自然环境的特点，建设海岸防护设施、沿海防护林、沿海城镇园林和绿地，对海岸侵蚀和海水入侵地区进行综合治理。

7. AB 【解析】第三十条：设置陆源污染物深海离岸排放排污口，应当根据海洋功能区划、海水动力条件和海底工程设施的有关情况确定，具体办法由国务院规定。

8. ABD 【解析】第四十五条：禁止在沿海陆域内新建不具备有效治理措施的化学制浆造纸、化工、印染、制革、电镀、酿造、炼油、岸边冲滩拆船以及其他严重污染海洋环境的工业生产项目。“岸边冲滩拆船”容易被忽视。

9. ABC 【解析】第二十条：国务院和沿海地方各级人民政府应当采取有效措施，保护红树林、珊瑚礁、滨海湿地、海岛、海湾、入海河口、重要渔业水域等具有典型性、代表性的海洋生态系统，珍稀、濒危海洋生物的天然集中分布区，具有重要经济价值的海洋生物生存区域及有重大科学文化价值的海洋自然历史遗迹和自然景观。

10. ABC 【解析】第三十三条：禁止向海域排放油类、酸液、碱液、剧毒废液和高、中水平放射性废水。严格限制向海域排放低水平放射性废水；确需排放的，必须严格执行国家辐射防护规定。严格控制向海域排放含有不易降解的有机物和重金属的废水。

第三十六条：向海域排放含热废水，必须采取有效措施，保证邻近渔业水域的水温符合国家海洋环境质量标准，避免热污染对水产资源的危害。

（六）《放射性污染防治法》

一、单项选择题

1．依据《放射性污染防治法》，放射性废液产生单位的下列做法中，正确的是（　　）。（2010年考题）

A．采取严格防渗措施后利用天然裂隙、溶洞排放放射性废液

B．利用渗井、渗坑排放符合国家放射性污染防治标准的放射性废液

C．对不得向环境排放的放射性废液按国家放射性污染防治标准予以贮存

D．采用符合省级环境保护行政主管部门规定的排放方式排放符合国家放射性污染防治标准的放射性废液

2．根据《放射性污染防治法》，产生放射性固体废物的单位，应当按照（　　）的规定，对其产生的放射性固体废物进行处理后，送交放射性固体废物处置单位处置，并承担处置费用。（2012年考题）

A．所在地市级人民政府　　B．所在地省级人民政府

C．所在地省级环境保护行政主管部门　　D．国务院环境保护行政主管部门

3．根据《放射性污染防治法》，低、中水平放射性固体废物在符合国家规定的区域实行（　　）。（2013年考题）

A．海洋上处置　　B．近地表处理

C．内河水域处置　　D．集中的深地质处置

4．根据《放射性污染防治法》关于产生放射性固体废物的单位处理处置放射性固体废物的规定，下列说法中，错误的是（　　）。（2013年考题）

A．禁止将放射性固体废物提供或者委托给无许可证的单位贮存和处置

B．专门从事放射性固体废物贮存处置的单位，须经国务院环境保护行政主管部门审查批准，并取得许可证

C．产生放射性固体废物的单位，对其按规定送交放射性固体废物处置单位处置的放射性固体废物承担处置费用

D．产生放射性固体废物的单位，应当按照国务院环境保护行政主管部门的规定，直接将放射性固体废物送交放射性固体废物处理单位处置

5．根据《放射性污染防治法》中放射性固体废物处理处置的有关规定，下列说法中，错误的是（　　）。（2014年考题）

A．设立专门从事放射性固体废物贮存、处置的单位，须经国务院核设施主管

部门审查批准，取得许可证

B．伴生放射性稀土矿开发利用过程中产生的尾矿，应当建设尾矿库进行贮存、处置，建造的尾矿库应当符合放射性污染防治的要求

C．产生放射性固体废物的单位，应按照国家有关规定，对其产生的放射性固体废物进行处理后，送交放射性固体废物处置单位处置，并承当处置费用

D．国务院核设施主管部门会同国务院环境保护行政主管部门根据地质条件和放射性固体废物处置要求，在环境影响评价的基础上编制放射性固体废物处置场所选址规划，报国务院批准后实施

6．根据《放射性污染防治法》，下列关于放射性废液管理的说法中，错误的是（　　）。（2015 年考题）

A．禁止利用渗井、渗坑排放放射性废液

B．禁止利用天然裂隙、溶洞排放放射性废液

C．产生放射性废液的单位，必须按照国家放射性污染防治标准的要求，对放射性废液进行处理或者贮存

D．产生放射性废液的单位达标排放放射性废液的排放方式必须符合国务院环境保护行政主管部门的规定

7．根据《放射性污染防治法》，下列关于放射性固体废物的处置设施的说法中，错误的是（　　）。（2015 年考题）

A．放射性固体废物处置场所选址规划须报国务院批准后实施

B．放射性固体废物处置场所选址规划应在环境影响评价的基础上编制

C．负责放射性固体废物处置场所规划编制的牵头单位是国务院环境保护行政主管部门

D．有关地方人民政府应当根据放射性固体废物处置场所选址规划，提供放射性固体废物处置场所的建设用地

8．根据《放射性污染防治法》关于环境影响评价的有关规定，下列说法中，正确的是（　　）。（2016 年考题）

A．在办理核设施选址审批手续前，应当编制环境影响报告书，报国务院环境保护行政主管部门审查批准

B．核设施运营单位应当在办理退役审批手续前编制环境影响报告书，报省级以上人民政府环境保护行政主管部门审查批准

C．开发利用伴生放射性矿的单位，应当在申请领取采矿许可证前编制环境影响报告书，报国务院环境保护行政主管部门审查批准

D．关闭铀（钍）矿的单位，应当在办理退役审批手续前编制环境影响报告书，报省级以上人民政府环境保护行政主管部门审查批准

9．根据《放射性污染防治法》关于“放射性固体废物处置方式及编制处理设施选址规划”的规定，下列说法中，正确的是（　　）。（2016 年考题）

A．放射性固体废物处置场所选址规划须报国务院批准后实施

B．放射性固体废物应当在符合国家规定的区域内实行近地表处置

C．在内河水域处置放射性固体废物，必须符合国家有关放射性污染标准的要求

D．负责放射性固体废物处置场所规划编制的牵头单位，应当是国务院环境保护行政主管部门

10．根据《放射性污染防治法》放射性固体废物处置的有关规定，下列说法中，错误的是（　　）。（2016 年考题）

A．放射性固体废物实行有偿处置

B．放射性固体废物处置实行经营许可

C．放射性固体废物处置费用收取和使用管理办法，由国务院环境保护行政主管部门规定

D．产生放射性固体废物的单位，应当按照国务院环境保护行政主管部门的规定，对其产生的放射性固体废物进行处理后，送交放射性固体废物处置单位处置，并承担处置费用

11．根据《放射性污染防治法》核设施进行环境影响评价的有关规定，下列说法中，正确的是（　　）。（2017 年考题）

A．在办理核设施选址审批手续后，应当编制环境影响报告书，报国务院环境保护行政主管部门审查批准

B．核设施营运单位应在办理核设施退役审批手续前编制环境影响报告书，并报国务院环境保护行政主管部门审查批准

C．核设施营运单位应在申请领取运行许可证前编制环境影响报告书，报省级以上人民政府环境保护行政主管部门审查批准

D．核设施营运单位应在领取核设施建造许可证前编制环境影响报告书，报省级以上人民政府环境保护行政主管部门审查批准

12．根据《放射性污染防治法》，关于产生放射性废液的单位排放或者处理、贮存放射性废液有关规定的说法，错误的是（　　）。（2018 年考题）

A．禁止向海洋排放放射性废液

B．禁止利用溶洞排放放射性废液

C．禁止利用天然裂隙排放放射性废液

D．产生放射性废液的单位，必须按照国家放射性污染防治标准的要求，对不得

向环境排放的放射性废液进行处理或者贮存

13．根据《放射性污染防治法》，关于编制和实施放射性固体废物处置场所选址规划的说法，正确的是（ ）。（2018 年考题）

A．国务院核设施主管部门会同省级人民政府根据地质条件和放射性固体废物处置的需要，在环境影响评价的基础上编制，报国务院批准后实施

B．国务院核设施主管部门会同省级人民政府根据土地利用规划和放射性固体废物处置的需要，在环境影响评价的基础上编制，报国务院批准后实施

C．国务院核设施主管部门会同国务院环境保护行政主管部门根据地质条件和放射性固体废物处置的需要，在环境影响评价的基础上编制，报国务院批准后实施

D．国务院核设施主管部门会同国务院环境保护行政主管部门根据土地利用规划和放射性固体废物处置的需要，在环境影响评价的基础上重编制报国务院批准后实施

14．根据《放射性污染防治法》，放射性固体废物处置方式的说法中，错误的有（ ）。（2019 年考题）

A．α 放射性固体废物实行近地表处置

B．高水平放射性固体废物实行集中的深地质处置

C．低、中水平放射性固体废物在符合国家规定的区域实行近地表处置

D．禁止在内河水域和海洋上处置放射性固体废物

15．根据《放射性污染防治法》，下列关于放射性固体废物处置的说法中，正确的是（ ）。（2019 年考题）

A．产生放射性固体废物的单位，可将其产生的放射性固体废物直接送交放射性固体废物处置单位处置

B．放射性固体废物处置单位处置放射性固体废物需要产生放射性固体废物的单位承担处置费用

C．产生放射性固体废物的单位，将其产生的放射性固体废物送交放射性固体废物处置单位处置前，必要的话要进行处理

D．产生放射性固体废物的单位，将其产生的放射性固体废物送交放射性固体废物处置单位处置前进行处理的，可不必承担处置费用

16．根据《放射性污染防治法》开发利用或关闭铀（钍）矿前进行环境影响评价的有关规定，下列说法中，错误的是（ ）。（2019 年考题）

A．关闭铀（钍）矿的单位，应当在办理退役审批手续前编制环境影响报告书，报国务院生态环境主管部门审查批准

B．开发利用伴生放射性矿的单位，应当在办理退役审批手续前编制环境影响报告

书，报国务院生态环境主管部门审查批准

C. 开发利用伴生放射性矿的单位，应当在申请领取采矿许可证前编制环境影响报告书，报省级以上人民政府生态环境主管部门审查批准

D. 开发利用铀（钍）矿的单位，应当在申请领取采矿许可证前编制环境影响报告书，报国务院生态环境主管部门审查批准

二、不定项选择题

1. 依据《放射性污染防治法》，适用于（　　）过程中发生的放射性的防治活动。（2010 年考题）

A. 核技术开发利用　　B. 铀（钍）矿开发利用

C. 伴生放射性矿开发利用　　D. 核设施选址、建造、运行、退役

2. 依据《放射性污染防治法》，放射性废液禁止采用的方式有（　　）。（2010 年考题）

A. 利用渗井排放　　B. 利用渗坑排放

C. 利用溶洞排放　　D. 利用开然裂隙排放

3. 适用《放射性污染防治法》的活动包括（　　）。（2011 年考题）

A. 核设施选址　　B. 核设施建造

C. 核设施运行　　D. 核设施退役

4. 根据《放射性污染防治法》，开发利用或者关闭铀（钍）矿的单位，需编制环境影响报告书的时段包括（　　）。（2013 年考题）

A. 铀（钍）矿开发选址前　　B. 铀（钍）矿申请领取采矿许可证前

C. 铀（钍）矿申请运行许可证前　　D. 铀（钍）矿办理退役审批手续前

5. 《放射性污染防治法》适用于（　　）的放射性污染的防治活动。（2014 年考题）

A. 射线装置　　B. 核设施退役

C. 核电厂选址　　D. 放射性废物

6. 根据《放射性污染防治法》放射性固体废物处理处置的规定，下列说法中，正确的是（　　）。（2014 年考题）

A. 禁止在海洋上处置放射性固体废物

B. 禁止未经许可从事处置放射性固体废物的活动

C. 禁止α放射性固体废物实行集中的深地质处置

D. 禁止高水平放射性固体废物实行集中的深地质处置

7. 根据《放射性污染防治法》，下列矿产资源开发项目中，其环境影响报告书应当报国务院环境保护行政主管部门审查批准的有（　　）。（2015 年考题）

A．铀矿开发项目

B．钍矿开发项目

C．伴生放射性稀土矿开发利用项目

D．伴生放射性磷酸盐矿开发利用项目

8．根据《放射性污染防治法》，下列关于放射性固体废物处置方式的说法中，正确的有（　　）。（2017 年考题）

A．低水平放射性固体废物实行近地表处置

B．高水平放射性固体废物实行集中的深地质处置

C．中、低水平放射性固体废物禁止在内河水域进行处置

D．高水平放射性固体废物可以在符合国家规定的区域进行近地表处置

9．根据《放射性污染防治法》，下列行为中，属于该法适用范围的有（　　）。（2018 年考题）

A．核设施选址

B．核技术开发利用

C．含有天然放射性核素浓度稀土矿的开发利用

D．含有天然放射性核素浓度稀土矿和磷酸盐矿的开发利用

参考答案

一、单项选择题

1．C 【解析】第四十二条：产生放射性废液的单位，必须按照国家放射性污染防治标准的要求，对不得向环境排放的放射性废液进行处理或者贮存。产生放射性废液的单位，向环境排放符合国家放射性污染防治标准的放射性废液，必须采用符合国务院环境保护行政主管部门规定的排放方式。禁止利用渗井、渗坑、天然裂隙、溶洞或者国家禁止的其他方式排放放射性废液。

2．D 【解析】第四十五条：产生放射性固体废物的单位，应当按照国务院环境保护行政主管部门的规定，对其产生的放射性固体废物进行处理后，送交放射性固体废物处置单位处置，并承担处置费用。

3．B 【解析】第四十三条：低、中水平放射性固体废物在符合国家规定的区域实行近地表处置。

4．D 【解析】第四十五条：产生放射性固体废物的单位，应当按照国务院环境保护行政主管部门的规定，对其产生的放射性固体废物进行处理后，送交放射性固体废物处置单位处置，并承担处置费用。

5. A 【解析】第四十六条：设立专门从事放射性固体废物贮存、处置的单位，必须经国务院环境保护行政主管部门审查批准，取得许可证。

6. C 【解析】第四十二条：产生放射性废液的单位，必须按照国家放射性污染防治标准的要求，对不得向环境排放的放射性废液进行处理或者贮存。产生放射性废液的单位，向环境排放符合国家放射性污染防治标准的放射性废液，必须采用符合国务院环境保护行政主管部门规定的排放方式。

7. C 【解析】第四十四条：国务院核设施主管部门会同国务院环境保护行政主管部门根据地质条件和放射性固体废物处置的需要，在环境影响评价的基础上编制放射性固体废物处置场所选址规划，报国务院批准后实施。

8. A 【解析】第十八条：在办理核设施选址审批手续前，应当编制环境影响报告书，报国务院环境保护行政主管部门审查批准；未经批准，有关部门不得办理核设施选址批准文件。

第二十条：核设施营运单位应当在申请领取核设施建造、运行许可证和办理退役审批手续前编制环境影响报告书，报国务院环境保护行政主管部门审查批准；未经批准，有关部门不得颁发许可证和办理批准文件。

第三十四条：开发利用或者关闭铀（钍）矿的单位，应当在申请领取采矿许可证或者办理退役审批手续前编制环境影响报告书，报国务院环境保护行政主管部门审查批准。开发利用伴生放射性矿的单位，应当在申请领取采矿许可证前编制环境影响报告书，报省级以上人民政府环境保护行政主管部门审查批准。

9. A 【解析】第四十四条：国务院核设施主管部门会同国务院环境保护行政主管部门根据地质条件和放射性固体废物处置的需要，在环境影响评价的基础上编制放射性固体废物处置场所选址规划，报国务院批准后实施。

第四十三条：低、中水平放射性固体废物在符合国家规定的区域实行近地表处置。高水平放射性固体废物实行集中的深地质处置。α 放射性固体废物依照前款规定处置。禁止在内河水域和海洋上处置放射性固体废物。

10. C 【解析】第四十五条：放射性固体废物处置费用收取和使用管理办法，由国务院财政部门、价格主管部门会同国务院环境保护行政主管部门规定。

11. B 【解析】第十八条：在办理核设施选址审批手续前，应当编制环境影响报告书，报国务院环境保护行政主管部门审查批准；未经批准，有关部门不得办理核设施选址批准文件。

第二十条：核设施营运单位应当在申请领取核设施建造、运行许可证和办理退役审批手续前编制环境影响报告书，报国务院环境保护行政主管部门审查批准；未经批准，有关部门不得颁发许可证和办理批准文件。

12. A 【解析】第四十二条：产生放射性废液的单位，必须按照国家放射性污染防治标准的要求，对不得向环境排放的放射性废液进行处理或者贮存。产生放射性废液的单位，向环境排放符合国家放射性污染防治标准的放射性废液，必须采用符合国务院环境保护行政主管部门规定的排放方式。禁止利用渗井、渗坑、天然裂隙、溶洞或者国家禁止的其他方式排放放射性废液。

13. C 【解析】第四十四条：国务院核设施主管部门会同国务院环境保护行政主管部门根据地质条件和放射性固体废物处置的需要，在环境影响评价的基础上编制放射性固体废物处置场所选址规划，报国务院批准后实施。

14. A 【解析】第四十三条：低、中水平放射性固体废物在符合国家规定的区域实行近地表处置。高水平放射性固体废物实行集中的深地质处置。α 放射性固体废物依照前款规定处置。禁止在内河水域和海洋上处置放射性固体废物。

15. B 【解析】第四十五条：产生放射性固体废物的单位，应当按照国务院环境保护行政主管部门的规定，对其产生的放射性固体废物进行处理后，送交放射性固体废物处置单位处置，并承担处置费用。

16. B 【解析】第三十四条：开发利用或者关闭铀（钍）矿的单位，应当在申请领取采矿许可证或者办理退役审批手续前编制环境影响报告书，报国务院环境保护行政主管部门审查批准。开发利用伴生放射性矿的单位，应当在申请领取采矿许可证前编制环境影响报告书，报省级以上人民政府环境保护行政主管部门审查批准。

二、不定项选择题

1. ABCD 【解析】第二条：本法适用于中华人民共和国领域和管辖的其他海域在核设施选址、建造、运行、退役和核技术、铀（钍）矿、伴生放射性矿开发利用过程中发生的放射性污染的防治活动。

2. ABCD 【解析】第四十二条：禁止利用渗井、渗坑、天然裂隙、溶洞或者国家禁止的其他方式排放放射性废液。

3. ABCD 【解析】第二条：本法适用于中华人民共和国领域和管辖的其他海域在核设施选址、建造、运行、退役和核技术、铀（钍）矿、伴生放射性矿开发利用过程中发生的放射性污染的防治活动。

4. BD 【解析】第三十四条：开发利用或者关闭铀（钍）矿的单位，应当在申请领取采矿许可证或者办理退役审批手续前编制环境影响报告书，报国务院环境保护行政主管部门审查批准。

5. BCD 【解析】第二条：本法适用于中华人民共和国领域和管辖的其他海域在核设施选址、建造、运行、退役和核技术、铀（钍）矿、伴生放射性矿开发利用过程中发生的放射性污染的防治活动。

6. AB 【解析】第四十三条：低、中水平放射性固体废物在符合国家规定的区域实行近地表处置。高水平放射性固体废物实行集中的深地质处置。α 放射性固体废物依照前款规定处置。禁止在内河水域和海洋上处置放射性固体废物。

第四十六条：禁止未经许可或者不按照许可的有关规定从事贮存和处置放射性固体废物的活动。

7. AB 【解析】第三十四条：开发利用或者关闭铀（钍）矿的单位，应当在申请领取采矿许可证或者办理退役审批手续前编制环境影响报告书，报国务院环境保护行政主管部门审查批准。开发利用伴生放射性矿的单位，应当在申请领取采矿许可证前编制环境影响报告书，报省级以上人民政府环境保护行政主管部门审查批准。

8. BC 【解析】第四十三条：低、中水平放射性固体废物在符合国家规定的区域实行近地表处置。高水平放射性固体废物实行集中的深地质处置。α放射性固体废物依照前款规定处置。禁止在内河水域和海洋上处置放射性固体废物。

9. AB 【解析】第二条：本法适用于中华人民共和国领域和管辖的其他海域在核设施选址、建造、运行、退役和核技术、铀（钍）矿、伴生放射性矿开发利用过程中发生的放射性污染的防治活动。

第六十二条：（七）伴生放射性矿，是指含有较高水平天然放射性核素浓度的非铀矿（如稀土矿和磷酸盐矿等）。注意“较高水平”是前提条件。

（七）《清洁生产促进法》

一、单项选择题

1．根据《清洁生产促进法》，下列行为中，不符合企业进行技术改造时的清洁生产要求的是（　　）。（2015 年考题）

A．某煤矿改变开拓开采工艺，提高了原煤产量

B．某化工企业通过循环水系统改造，提高了中水回用率

C．某养猪场改进养殖方式，推进了猪粪尿的资源化利用

D．某再生有色金属企业改进冶炼工艺，降低了二噁英的排放强度

2．根据《清洁生产促进法》，关于企业在进行技术改造中应当采取清洁生产措施的规定，下列不属于的是（　　）。（2016 年考题）

A．采用节水马桶　　　　　　B．简化包装

C．酒店增大一次性筷子使用量　　　　D．采用低噪音空调系统

3．根据《清洁生产促进法》，下列措施中，属于企业技术改造过程中应当采取的清洁生产措施的是（　　）。（2018 年考题）

A．为提高产品质量改造生产工艺

B．为提高矿石开采量引进先进采矿工艺

C．为减少废气污染物排放量采用替代能源

D．为大幅度增加产品产量调整产品生产工序

4．根据《清洁生产促进法》，关于企业在进行技术改造中应当采取清洁生产措施的规定，下列不符合相关规定的是（　　）。（2019 年考题）

A．企业污染防治技术升级，满足达标排放和总量控制要求

B．企业生产废水处理后回用

C．企业把单效蒸发升级改造为三效蒸发

D．企业采用产量高但资源利用率低、污染物产生量多的工艺和设备

二、不定项选择题

1．根据《清洁生产促进法》，企业在进行技术改造过程中，应当采取的清洁生产措施有（　　）。（2012 年考题）

A．采用无毒的原料替代毒性大的原料

B．对生产过程中产生的废水进行综合利用

C．采用污染物产量少的设备替代污染物产生量多的设备

D．采用能够达到国家或者地方规定的污染物排放标准的污染防治技术

2．根据《清洁生产促进法》，下列措施中，属于企业在进行技术改造时应当采取的清洁生产措施有（　　）。（2015 年考题）

A．对生产过程中产生的固体废物进行综合利用

B．采用能达到国家污染物排放标准的污染防治技术

C．对生产过程中产生的预热进行循环使用，充分利用热量

D．采用能达到国家污染物排放总量控制指标的污染防治技术

参考答案

一、单项选择题

1．A　【解析】第十九条：企业在进行技术改造过程中，应当采取以下清洁生产措施：（一）采用无毒、无害或者低毒、低害的原料，替代毒性大、危害严重的原料；（二）采用资源利用率高、污染物产生量少的工艺和设备，替代资源利用率低、污染物产生量多的工艺和设备；（三）对生产过程中产生的废物、废水和余热等进行综合利用或者循环使用；（四）采用能够达到国家或者地方规定的污染物排放标准和污染物排放总量控制指标的污染防治技术。

选项 A 与环境保护无关。

2．C　【解析】第十九条。

3．C　【解析】第十九条。

4．D　【解析】第十九条。

二、不定项选择题

1．ABCD　【解析】第十九条。

2．ABCD　【解析】第十九条。

（八）《水法》

一、单项选择题

1．依据《水法》，国家鼓励开发、利用水能资源，在水能丰富的河流，应当有计划地进行（　　）。（2010 年考题）

A．多目标梯级开发

B．以航运为目标的梯级开发

C．以生态保护为目标的梯级开发

D．以水能资源开发为目标的梯级开发

2．依据《水法》，关于排污口设置，下列说法中，正确的是（　　）。（2010 年考题）

A．在湖泊扩大排污口，由流域管理机构审批

B．在江河改建排污口，由有管辖权的水行政主管部门审批

C．在饮用水水源保护区设置排污口，由环境保护行政主管部门审批

D．在湖泊新建排污口，由环境保护行政主管部门负责对该建设项目的环境影响报告书进行审批

3．依据《水法》关于围湖造地的规定，下列说法中，正确的是（　　）。（2011 年考题）

A．严格限制围湖造地

B．已经围垦的，应当按照国家规定的防洪标准有计划地退地还湖

C．确需围垦的，应当经省、自治区、直辖市人民政府水行政主管部门或国务院水行政主管部门同意后，报本级人民政府批准

D．确需围垦的，应当先进行科学论证，再经省、自治区、直辖市人民政府水行政主管部门或者国务院水行政主管部门同意后，报本级人民政府批准

4．根据《水法》，开发利用水资源，应当首先满足（　　）。（2012 年考题）

A．农业用水　　B．工业用水

C．生态环境用水　　D．城乡居民生活用水

5．根据《水法》，为防止水源枯竭和水体污染，保证城乡居民饮用水安全，国家建立（　　）。（2012 年考题）

A．饮用水保护制度　　B．水源保护区制度

C．水源涵养林保护制度　　D．饮用水水源保护区制度

6．根据《水法》关于水资源开发利用的规定，下列说法中，错误的是（　　）。（2013 年考题）

A．国家鼓励开发利用水能、水运资源

B．开发、利用水资源，应当首先满足农业、工业、生态环境用水的需要

C．跨流域调水，应当进行全面规划和科学论证，统筹兼顾调出和调入流域的用水需要，防止对生态环境造成破坏

D．开发、利用水资源，应当坚持兴利与除害相结合，兼顾上下游、左右岸和有关地区之间的利益，充分发挥水资源的综合效益，并服从防洪的总体安排

7．根据《水法》，下列关于河道管理范围内禁止行为的说法中，错误的是（　　）。（2015 年考题）

A．禁止围湖造地

B．禁止围垦河道

C．禁止在渠道内种植林木及农作物

D．禁止在江河内堆放阻碍行洪的物体

8．根据《水法》，在干旱和半干旱地区开发、利用水资源，应当充分考虑（　　）要求。（2016 年考题）

A．工业用水　　B．农业用水

C．生态环境用水　　D．城乡居民用水

9．根据《水法》关于设置、新建、改建或者扩大排污口的有关规定，以下说法正确的是（　　）。（2016 年考题）

A．限制在江河、湖泊改建或者扩大排污口

B．禁止在饮用水水源一级保护区内设置排污口

C．在江河、湖泊新建、改建或者扩大排污口，应当经过所在地水行政部门和流域管理机构的同意

D．在饮用水水源准保护区内设置排污口，应当经过所在地水行政主管部门和流域管理机构的同意

10．根据《水法》，关于水资源开发利用中生态环境保护有关规定的说法，错误的是（　　）。（2018 年考题）

A．在干旱、半干旱地区开发、利用水资源，应当充分考虑生态环境用水需要

B．建设水力发电站，应当保护生态环境，兼顾防洪、供水、灌溉、航运、竹木流放和渔业等方面的需要

C．开发利用水资源，应当首先满足生态环境用水，并兼顾农业、工业、城市居民生活用水以及航运等需要

D．跨流域调水，应当进行全面规划和科学论证，统筹兼顾调出和调入流域的用水需求，防止对生态环境造成破坏

11．根据《水法》，关于新建排污口有关规定的说法，正确的是（　　）。（2018 年考题）

A．在江河、湖泊新建排污口应该经过河道管理机关同意

B．在江河、湖泊新建排污口应该经过县级以上水行政主管部门同意

C．在江河、湖泊新建排污口应该经过市级以上水行政主管部门同意

D．在江河、湖泊新建排污口应该经过有管辖权的水行政主管部门或流域管理机构同意

12．根据《水法》，（　　）应当划定饮用水水源保护区。（2019 年考题）

A．省级人民政府

B．县级以上人民政府

C．县级以上人民政府水行政主管部门

D．国务院水行政主管部门

13．根据《水法》，下列说法错误的有（　　）。（2019 年考题）

A．禁止围湖造地

B．在水工程保护范围内，禁止从事影响水工程运行和危害水工程安全的采石、取土等活动

C．单位和个人不得侵占、毁坏堤防、护岸、防汛、水文监测、水文地质监测等工程设施

D．确需围垦河道的，应当经过科学论证，经县级以上人民政府水行政主管部门同意后，报本级人民政府批准

14．根据《水法》，下列说法错误的有（　　）。（2019 年考题）

A．禁止在江河、湖泊、水库、运河、渠道内种植阻碍行洪的高秆作物

B．禁止在河道管理范围内从事影响河势稳定、危害河岸堤防安全和其他妨碍河道行洪的活动

C．国家实行河道采砂许可制度

D．在河道管理范围内采砂，影响河势稳定或者危及堤防安全的，有关县级以上人民政府应当划定禁采区和规定禁采期

二、不定项选择题

1．依据《水法》，建立饮用水水源保护区的目的是（　　）。（2010 年考题）

A．保证灌溉用水　　B．防止水体污染

C．防止水源枯竭　　D．保证城乡居民饮用水安全

2．根据《水法》，在水资源短缺的地区，国家鼓励（　　）。（2012 年考题）

A．对海水的利用、淡化　　B．对雨水收集、开发、利用

C．对微咸水的收集、开发、利用　　D．对苦咸水的收集、开发、利用

3．根据《水法》关于设置、新建、改建或者扩大排污口的规定，下列说法中，正确的是（　　）。（2013 年考题）

A．在饮用水水源保护区设置排污口，应当由省级人民政府批准

B．在江河新建排污口，应经过有管辖权的水行政主管部门或者流域管理机构同意

C．在饮用水水源保护区设置排污口，应当由省级人民政府环境保护行政主管部门批准

D．在湖泊扩大排污口，应当经过有关部门同意，由环境保护行政主管部门负责对该建设项目的环境影响报告书进行审批

4．根据《水法》，禁止在（　　）内弃置、堆放阻碍行洪的物品和种植阻碍行洪的林木及高秆作物。（2017 年考题）

A．江河　　B．水库　　C．运河　　D．渠道

5．根据《水法》，关于建立饮用水水源保护区制度及设置、新建、改建或者扩大排污口有关规定的说法，错误的有（　　）。（2018 年考题）

A．国家建立饮用水水源保护区制度

B．禁止在饮用水水源保护区内设置排污口

C．在江河新建排污口，应该经过有管辖权的水行政主管部门或者流域管理机构同意

D．省级人民政府应当划定饮用水水源保护区，并采取措施，防止水源枯竭和水体污染，保证生产、生活、生态用水需要

6．根据《水法》《渔业法》，水力发电站项目在水生生物洄游通道、通航或者竹木流放的河流上修建永久性拦河闸坝，建设单位应当同时修建（　　）。（2019 年考题）

A．过鱼设施　　B．过船设施　　C．过木设施　　D．防洪设施

参考答案

一、单项选择题

1．A 【解析】第二十六条：国家鼓励开发、利用水能资源。在水能丰富的河流，应当有计划地进行多目标梯级开发。

2．D 【解析】第三十四条：禁止在饮用水水源保护区内设置排污口。在江河、湖泊新建、改建或者扩大排污口，应当经过有管辖权的水行政主管部门或者流域管理机构同意，由环境保护行政主管部门负责对该建设项目的环境影响报告书进行审批。

3．B 【解析】第四十条：禁止围湖造地。已经围垦的，应当按照国家规定的防洪标准有计划地退地还湖。

4．D 【解析】第二十一条：开发、利用水资源，应当首先满足城乡居民生活用水，并兼顾农业、工业、生态环境用水以及航运等需要。

5．D 【解析】第三十三条：国家建立饮用水水源保护区制度。省、自治区、直辖市人民政府应当划定饮用水水源保护区，并采取措施，防止水源枯竭和水体污染，保证城乡居民饮用水安全。

6．B 【解析】第二十一条：开发、利用水资源，应当首先满足城乡居民生活用水，并兼顾农业、工业、生态环境用水以及航运等需要。

7．C 【解析】第三十七条：禁止在江河、湖泊、水库、运河、渠道内弃置、堆放阻碍行洪的物体和种植阻碍行洪的林木及高秆作物。

8．C 【解析】第二十一条：在干旱和半干旱地区开发、利用水资源，应当充分考虑生态环境用水需要。

9．B 【解析】第三十四条：禁止在饮用水水源保护区内设置排污口。在江河、湖泊新建、改建或者扩大排污口，应当经过有管辖权的水行政主管部门或者流域管理机构同意，由环境保护行政主管部门负责对该建设项目的环境影响报告书进行审批。

10．C 【解析】第二十一条：开发、利用水资源，应当首先满足城乡居民生活用水，并兼顾农业、工业、生态环境用水以及航运等需要。

11．D 【解析】第三十四条：在江河、湖泊新建、改建或者扩大排污口，应当经过有管辖权的水行政主管部门或者流域管理机构同意，由环境保护行政主管部门负责对该建设项目的环境影响报告书进行审批。

12．A 【解析】第三十三条：国家建立饮用水水源保护区制度。省、自治区、直辖市人民政府应当划定饮用水水源保护区，并采取措施，防止水源枯竭和水体污染，保证城乡居民饮用水安全。

13．D 【解析】第四十条：禁止围垦河道。确需围垦的，应当经过科学论证，经省、自治区、直辖市人民政府水行政主管部门或者国务院水行政主管部门同意后，报本级人民政府批准。

14．D 【解析】第三十九条：在河道管理范围内采砂，影响河势稳定或者危及堤防安全的，有关县级以上人民政府水行政主管部门应当划定禁采区和规定禁采期，并予以公告。

二、不定项选择题

1．BCD 【解析】第三十三条：国家建立饮用水水源保护区制度。省、自治区、直辖市人民政府应当划定饮用水水源保护区，并采取措施，防止水源枯竭和水体污染，保证城乡居民饮用水安全。

2．ABC 【解析】第二十四条：在水资源短缺的地区，国家鼓励对雨水和微咸水的收集、开发、利用和对海水的利用、淡化。

3．BD 【解析】第三十四条：禁止在饮用水水源保护区内设置排污口。在江河、湖泊新建、改建或者扩大排污口，应当经过有管辖权的水行政主管部门或者流域管理机构同意，由环境保护行政主管部门负责对该建设项目的环境影响报告书进行审批。

4．ABCD 【解析】第三十七条：禁止在江河、湖泊、水库、运河、渠道内弃置、堆放阻碍行洪的物体和种植阻碍行洪的林木及高秆作物。

5．D 【解析】第三十四条：禁止在饮用水水源保护区内设置排污口。在江河、湖泊新建、改建或者扩大排污口，应当经过有管辖权的水行政主管部门或者流域管理机构同意，由环境保护行政主管部门负责对该建设项目的环境影响报告书进行审批。

第三十三条：国家建立饮用水水源保护区制度。省、自治区、直辖市人民政府应当划定饮用水水源保护区，并采取措施，防止水源枯竭和水体污染，保证城乡居民饮用水安全。

6．ABC 【解析】第二十七条：在水生生物洄游通道、通航或者竹木流放的河流上修建永久性拦河闸坝，建设单位应当同时修建过鱼、过船、过木设施，或者经国务院授权的部门批准采取其他补救措施，并妥善安排施工和蓄水期间的水生生物保护、航运和竹木流放，所需费用由建设单位承担。

（九）《防沙治沙法》

一、单项选择题

1．依据《防沙治沙法》，在沙化土地范围内从事开发建设活动，必须依法提交环境影响报告；环境影响报告应当包括（　　）。（2010 年考题）

A．移民安置专章　　　　　　　　　　B．流行病学调查

C．有关防沙治沙的内容　　　　　　　D．对土著居民产生的影响

2．依据《防沙治沙法》关于“已沙化土地范围内实行单位治理责任制”的要求，下列说法中，正确的是（　　）。（2011 年考题）

A．由林业行政主管部门下达治理责任书

B．由县级以上地方人民政府下达治理责任书

C．由县级以上地方人民政府负责组织造林种草或者采取其他治理措施

D．由沙化土地封禁保护区主管部门负责造林种草或者采取其他治理措施

3．根据《防沙治沙法》，不属于该法所称“土地沙化”定义的情形是（　　）。（2012 年、2013 年考题）

A．气候变化导致草场沙化　　　　　　B．过度放牧导致草场沙化

C．天然绿洲人口过载导致沙化　　　　D．沙漠边缘砍伐植被形成流沙

4．根据《防沙治沙法》所称的土地沙化，是指主要因（　　）所导致的天 然沙漠扩张和沙质土壤上植被及覆盖物被破坏，形成流沙及沙土裸露的过程。（2018 年考题）

A．自然因素　B．气候变化　C．开发建设活动　D．人类不合理活动

5．根据《防沙治沙法》，下列说法中，正确的是（　　）。（2019 年考题）

A．禁止在沙化土地封禁保护区范围内安置移民

B．不得在沙化土地封禁保护区范围内进行修建铁路、公路等建设活动

C．对沙化土地封禁保护区范围内的农牧民，沙化土地封禁保护区主管部门应当有计划地组织迁出

D．沙化土地封禁保护区范围内尚未迁出的农牧民的生产生活，由县级以上地方人民政府妥善安排

二、不定项选择题

1．根据《防沙治沙法》，在沙化土地封禁保护区范围内，未禁止的行为有

（　　）。（2012 年考题）

A．放牧　　B．安置移民　　C．修建铁路　　D．扩建公路

2．根据《防沙治沙法》，下列说法中，正确的是（　　）。（2017 年考题）

A．严格控制在沙化土地封禁保护区内安置移民

B．在沙化土地封禁保护区范围内，禁止一切破坏植被的活动

C．未经国务院或国务院指定部门同意，不得在沙化土地封禁保护区范围内新建铁路、公路

D．对沙化土地封禁保护区范围内尚未迁出的农牧民，沙化土地封禁保护区主管部门应当有计划地组织迁出

参考答案

一、单项选择题

1．C　【解析】第二十一条：在沙化土地范围内从事开发建设活动的，必须事先就该项目可能对当地及相关地区生态产生的影响进行环境影响评价，依法提交环境影响报告；环境影响报告应当包括有关防沙治沙的内容。

2．B　【解析】第三十条：已经沙化的土地范围内的铁路、公路、河流和水渠两侧，城镇、村庄、厂矿和水库周围，实行单位治理责任制，由县级以上地方人民政府下达治理责任书，由责任单位负责组织造林种草或者采取其他治理措施。

3．A　【解析】第二条：本法所称土地沙化，是指主要因人类不合理活动所导致的天然沙漠扩张和沙质土壤上植被及覆盖物被破坏，形成流沙及沙土裸露的过程。

4．D　【解析】第二条。

5．A　【解析】第二十二条：在沙化土地封禁保护区范围内，禁止一切破坏植被的活动。禁止在沙化土地封禁保护区范围内安置移民。对沙化土地封禁保护区范围内的农牧民，县级以上地方人民政府应当有计划地组织迁出，并妥善安置。沙化土地封禁保护区范围内尚未迁出的农牧民的生产生活，由沙化土地封禁保护区主管部门妥善安排。未经国务院或者国务院指定的部门同意，不得在沙化土地封禁保护区范围内进行修建铁路、公路等建设活动。

二、不定项选择题

1．CD　【解析】第二十二条。

2．BC　【解析】第二十二条。

（十）《草原法》

一、单项选择题

1. 根据《草原法》，编制草原保护、建设、利用规划应遵循的原则不包括（ ）。（2012 年考题）

A. 预防为主，综合治理

B. 生态效益、经济效益、社会效益相结合

C. 以现有草原为基础，因地制宜、统筹规划、分类指导

D. 改善生态环境，维护生物多样性，促进草原的可持续利用

2. 根据《草原法》关于草原保护的规定，下列说法中，错误的是（ ）。（2012 年考题）

A. 已造成石漠化的已垦草原，应当限期治理

B. 水土流失严重的已垦草原，应当限期治理

C. 已造成盐碱化的已垦草原，应当限期治理

D. 有沙化趋势的需要改善生态环境的已垦草原，应当有计划、有步骤地退耕还草

3. 根据《草原法》关于禁止开垦草原的有关规定，对（ ）的已垦草原，应当有计划、有步骤地退耕还草。（2016 年考题）

A. 沙化

B. 盐碱化

C. 石漠化

D. 水土流失严重，有沙化趋势，需要改善生态环境的

4. 根据《草原法》基本草原保护的有关规定，下列说法中，错误的是（ ）。（2017 年考题）

A. 国家实行基本草原保护制度

B. 用于畜牧业生产的人工草地应当划为基本草原

C. 基本草原的保护管理办法，应由省级以上人民政府制定

D. 对调节气候、涵养水源、保持水土、防风固沙具有特殊作用的草原，应按基本草原要求实施严格管理

5. 根据《草原法》，下列草原中，不属于基本草原的是（ ）。（2018 年考题）

A. 放牧场

B．割草地

C．作为国家重点保护野生动物生存环境的草原

D．对调节气候、涵养水源、保持水土、防风固沙具有特殊作用的草原

6．根据《草原法》，不应当划为基本草原的是（　　）。（2019年考题）

A．重要放牧场

B．割草地

C．重要人工草地

D．草原科研、教学试验基地

二、不定项选择题

1．依据《草原法》，关于草原的保护，下列说法正确的是（　　）。（2010年考题）

A．禁止一切开垦草原的活动

B．已沙化的已垦草原，应当限期治理

C．对需要改善生态环境的已垦草原，应当实行禁牧

D．水土流失严重的已垦草原，应当实行禁牧

2．根据《草原法》，下列草原中，应当划为基本草原，实施严格管理的有（　　）。（2015年考题）

A．割草地

B．草原科研、教学实验基地

C．有沙化趋势、需要改善生态环境的已垦草原

D．对调节气候、涵养水源、保持水土、防风固沙具有特殊作用的草原

3．根据《草原法》禁止开垦草原的有关规定，已造成（　　）的已开垦草原，应当限期治理。（2017年考题）

A．沙化　　B．盐碱化

C．石漠化　　D．水土流失

参考答案

一、单项选择题

1．A　【解析】第十八条：编制草原保护、建设、利用规划，应当依据国民经济和社会发展规划并遵循下列原则：（一）改善生态环境，维护生物多样性，促进草原的可持续利用；（二）以现有草原为基础，因地制宜，统筹规划，分类指导；

（三）保护为主、加强建设、分批改良、合理利用；（四）生态效益、经济效益、社会效益相结合。

2．B 【解析】第四十六条：禁止开垦草原。对水土流失严重、有沙化趋势、需要改善生态环境的已垦草原，应当有计划、有步骤地退耕还草；已造成沙化、盐碱化、石漠化的，应当限期治理。

3．D 【解析】第四十六条。

4．C 【解析】第四十二条：基本草原的保护管理办法，由国务院制定。

5．A 【解析】第四十二条：国家实行基本草原保护制度。下列草原应当划为基本草原，实施严格管理：（一）重要放牧场；（二）割草地；（三）用于畜牧业生产的人工草地、退耕还草地以及改良草地、草种基地；（四）对调节气候、涵养水源、保持水土、防风固沙具有特殊作用的草原；（五）作为国家重点保护野生动植物生存环境的草原；（六）草原科研、教学试验基地；（七）国务院规定应当划为基本草原的其他草原。基本草原的保护管理办法，由国务院制定。

6．C 【解析】第四十二条。

二、不定项选择题

1．AB 【解析】第四十六条。

2．ABD 【解析】第四十二条。

3．ABC 【解析】第四十六条。

（十一）《文物保护法》

一、单项选择题

1. 某项目需要在M市N县的县级文物保护单位的保护范围内进行钻探。依据《文物保护法》，该项目的建设单位在钻探前应当（　　）。（2010年考题）

A. 征得国务院文物行政部门同意

B. 报M市人民政府文物行政部门批准

C. 征得核定公布该文物保护单位的人民政府同意

D. 征得M市人民政府文物行政部门同意后，报核定公布该文物保护单位的人民政府批准

2. 某省一大型水库建设工程选址涉及全国重点文物保护单位，因特殊情况无法对其实施原址保护。依据《文物保护法》，下列对该文物实施保护的做法中，正确的是（　　）。（2010年、2011年考题）

A. 报该省人民政府批准后将其拆除

B. 征得国务院文物行政部门同意后将其迁移异地保护

C. 由该省人民政府报国务院批准后将其拆除

D. 由该省人民政府报国务院批准后进行迁移保护

3. 某工程位于文物保护单位的建设控制地带内。依据《文物保护法》，该工程设计方案应当（　　）。（2011年考题）

A. 根据文物保护单位级别，取得相应的人民政府同意

B. 根据文物保护单位级别，报相应的文物行政部门批准

C. 根据文物保护单位级别，经相应文物行政部门同意后，报城乡建设规划部门批准

D. 根据文物保护单位级别，经工程主管部门审核同意后，报相应的文物行政部门备案

4. 根据《文物保护法》，下列关于建设工程选址中保护文物的说法中，错误的是（　　）。（2016年考题）

A. 全国重点文物保护单位不得拆除

B. 建设工程选址，应当尽可能避开不可移动文物

C. 迁移或拆除省级文物保护单位的，须由省、自治区、直辖市人民政府报国务院批准

D．建设工程选址，因特殊情况不能避开不可移动文物的，对文物保护单位应当尽可能实施原址保护

5．根据《文物保护法》，建设工程选址时因特殊情况不能避开不可移动文物的，对文物保护单位应当尽可能实施（　　）。（2017 年考题）

A．原址保护　　B．拆除补偿

C．迁移保护　　D．异地重建

6．根据《文物保护法》，关于文物保护单位保护范围及建设控制地带内不得进行活动有关规定的说法，错误的是（　　）。（2018 年考题）

A．无特殊情况，文物保护单位的保护范围内不得进行爆破、钻探、挖掘等作业

B．在文物保护单位保护范围和建设控制地带内，对已有的污染文物保护单位及其环境的设施，应当限期治理

C．因特殊情况需要在全国重点文物保护单位的保护范围内进行爆破、钻探、挖掘等作业的，需经国务院文物行政部门批准

D．在文物保护单位保护范围和建设控制地带内，不得建设污染文物保护单位及其环境的设施，不得进行可能影响文物保护单位安全及其环境的活动

7．根据《文物保护法》，下列关于在文物保护单位的保护范围及建设控制地带内进行相关活动的说法中，错误的有（　　）。（2019 年考题）

A．文物保护单位的保护范围内不得进行其他建设工程或者爆破、钻探、挖掘等作业

B．在文物保护单位的建设控制地带内进行建设工程，不得破坏文物保护单位的历史风貌

C．在文物保护单位的保护范围和建设控制地带内，不得建设污染文物保护单位及其环境的设施

D．在文物保护单位的保护范围和建设控制地带内，不得进行可能影响文物保护单位安全及其环境的活动

二、不定项选择题

1．某省一建设工程选址涉及一国家级重点文物保护单位的不可移动文物，依据《文物保护法》，下列说法中，正确的是（　　）。（2010 年考题）

A．应当尽可能避开该不可移动文物

B．因特殊情况不能避开，应对文物实施原址保护

C．若无法实施原址保护的，应报该省人民政府批准后迁移异地保护

D．因特殊情况不能避开，应报国务院批准后拆除异地重建

2．根据《文物保护法》，下列关于在文物保护范围和建设控制地带内进行相关活动的说法中，正确的有（　　）。（2016 年考题）

A．文物保护单位的保护范围内不得进行其他建设工程或者爆破、钻探、挖掘等作业

B．在文物保护单位的建设控制地带内进行建设工程，不得破坏文物保护单位的历史风貌

C．在文物保护单位的保护范围和建设控制地带内，对已有的污染文物保护单位及其环境的设施，应当限期治理

D．根据保护文物的实际需要，经国务院文物行政部门批准，可以在文物保护单位的周围划出一定的建设控制地带，并予以公布

3．根据《文物保护法》，在文物保护单位建设控制地带范围内不得进行（　　）。（2017 年考题）

A．爆破、钻探、挖掘等作业

B．与保护文物无关的其他建设工程

C．破坏文物保护单位历史风貌的建设活动

D．可能影响文物保护单位安全及其环境的活动

参考答案

一、单项选择题

1．D　【解析】第十七条：文物保护单位的保护范围内不得进行其他建设工程或者爆破、钻探、挖掘等作业。但是，因特殊情况需要在文物保护单位的保护范围内进行其他建设工程或者爆破、钻探、挖掘等作业的，必须保证文物保护单位的安全，并经核定公布该文物保护单位的人民政府批准，在批准前应当征得上一级人民政府文物行政部门同意。

2．D　【解析】第二十条：全国重点文物保护单位不得拆除；需要迁移的，须由省、自治区、直辖市人民政府报国务院批准。

3．C　【解析】第十八条：在文物保护单位的建设控制地带内进行建设工程，不得破坏文物保护单位的历史风貌；工程设计方案应当根据文物保护单位的级别，经相应的文物行政部门同意后，报城乡建设规划部门批准。

4．C　【解析】第二十条：迁移或者拆除省级文物保护单位的，批准前须征得国务院文物行政部门同意。

5．A　【解析】第二十条：建设工程选址，应当尽可能避开不可移动文物；因特殊情况不能避开的，对文物保护单位应当尽可能实施原址保护。

6．C　【解析】第十七条：文物保护单位的保护范围内不得进行其他建设工程

或者爆破、钻探、挖掘等作业。但是，因特殊情况需要在文物保护单位的保护范围内进行其他建设工程或者爆破、钻探、挖掘等作业的，必须保证文物保护单位的安全，并经核定公布该文物保护单位的人民政府批准，在批准前应当征得上一级人民政府文物行政部门同意；在全国重点文物保护单位的保护范围内进行其他建设工程或者爆破、钻探、挖掘等作业的，必须经省、自治区、直辖市人民政府批准，在批准前应当征得国务院文物行政部门同意。

第十九条：在文物保护单位的保护范围和建设控制地带内，不得建设污染文物保护单位及其环境的设施，不得进行可能影响文物保护单位安全及其环境的活动。对已有的污染文物保护单位及其环境的设施，应当限期治理。

7．A 【解析】第十七条。

二、不定项选择题

1．AB 【解析】第二十条：建设工程选址，应当尽可能避开不可移动文物；因特殊情况不能避开的，对文物保护单位应当尽可能实施原址保护。全国重点文物保护单位不得拆除；需要迁移的，须由省、自治区、直辖市人民政府报国务院批准。。

2．BC 【解析】第十七条。

第十八条：根据保护文物的实际需要，经省、自治区、直辖市人民政府批准，可以在文物保护单位的周围划出一定的建设控制地带，并予以公布。在文物保护单位的建设控制地带内进行建设工程，不得破坏文物保护单位的历史风貌。

第十九条：在文物保护单位的保护范围和建设控制地带内，不得建设污染文物保护单位及其环境的设施，不得进行可能影响文物保护单位安全及其环境的活动。对已有的污染文物保护单位及其环境的设施，应当限期治理。

3．CD 【解析】第十八条：在文物保护单位的建设控制地带内进行建设工程，不得破坏文物保护单位的历史风貌。

第十九条：在文物保护单位的保护范围和建设控制地带内，不得建设污染文物保护单位及其环境的设施，不得进行可能影响文物保护单位安全及其环境的活动。对已有的污染文物保护单位及其环境的设施，应当限期治理。

“文物保护单位的保护范围”和“文物保护单位建设控制地带范围”属两个不同区域，保护的内容不一样。

（十二）《森林法》

一、单项选择题

1．根据《森林法》，下列说法中，错误的是（　　）。（2012 年考题）

A．禁止毁林采石　　B．禁止毁林开垦

C．禁止占林修路　　D．禁止在幼林地内放牧

2．根据《森林法》，进行勘查、开采矿藏和各项建设工程占用或者征用林地的，用地单位应当依照国务院有关规定缴纳（　　）。（2017 年考题）

A．林地征用费　　B．森林植被恢复费

C．林地赔偿费　　D．植被补偿和恢复费

二、不定项选择题

1．依据《森林法》关于“进行勘察、开采矿藏和各项建设工程占用或者征用林地”的规定，下列说法中，正确的是（　　）。（2011 年考题）

A．进行勘察工程应当不占或少占林地

B．开采矿藏必须占用林地的，应当经县级以上人民政府审核同意

C．修建铁路已占用林地的，应当由用地单位安排植树造林、恢复植被

D．修建公路占用的林地已进行植被恢复，上级林业主管部门应当定期检查用地单位组织植树造林的情况

2．根据《森林法》，下列说法中正确的有（　　）。（2017 年考题）

A．禁止毁林开垦

B．严格控制毁林采石、采砂、采土

C．严格控制在幼林地和特殊用途林内砍柴、放牧

D．进入森林和森林边缘地区的人员，不得损坏为林业服务的标志

参考答案

一、单项选择题

1．C　【解析】第三十九条：禁止毁林开垦、采石、采砂、采土以及其他毁坏林木和林地的行为。禁止在幼林地砍柴、毁苗、放牧。

2．B 【解析】第三十七条：占用林地的单位应当缴纳森林植被恢复费。

二、不定项选择题

1．A 【解析】第三十七条：矿藏勘查、开采以及其他各类工程建设，应当不占或者少占林地；确需占用林地的，应当经县级以上人民政府林业主管部门审核同意，依法办理建设用地审批手续。占用林地的单位应当缴纳森林植被恢复费。森林植被恢复费征收使用管理办法由国务院财政部门会同林业主管部门制定。县级以上人民政府林业主管部门应当按照规定安排植树造林，恢复森林植被，植树造林面积不得少于因占用林地而减少的森林植被面积。上级林业主管部门应当定期督促下级林业主管部门组织植树造林、恢复森林植被，并进行检查。

2．A 【解析】第三十九条：禁止毁林开垦、采石、采砂、采土以及其他毁坏林木和林地的行为。禁止在幼林地砍柴、毁苗、放牧。禁止擅自移动或者损坏森林保护标志。

（十三）《渔业法》

一、单项选择题

1．珍贵、濒危的水生野生动物以外的其他水生野生动物的保护，适用于（　）的规定。（2010 年考题）

A．《水法》　　B．《渔业法》

C．《水污染防治法》　　D．《野生动物保护法》

2．根据《渔业法》，下列生产活动中，不适用该法的是（　　）。（2015 年考题）

A．湖泊养殖螃蟹　　B．海湾养殖海参

C．近海养殖海带　　D．湖泊驯养繁殖水禽

3．某河流有多种洄游鱼类生存，一水电站大坝修筑后可能影响鱼类洄游通道。根据《渔业法》，该工程建设单位采取的下列措施中，错误的是（　　）。（2015 年考题）

A．保护栖息地　　B．建造过鱼设施

C．施工期避让鱼类洄游产卵期　　D．为保证发电，未设置生态基流保证设施

4．不适用《渔业法》的生产活动是（　　）。（2017 年考题）

A．海湾养虾　　B．水库捕鱼

C．湖泊驯养鸬鹚　　D．海湾养殖海带

5．根据《渔业法》，在鱼、虾、蟹洄游通道建闸、筑坝，对渔业资源产生严重影响的，建设单位应当（　　）或者采取其他补救措施。（2017 年考题）

A．设立禁渔区　　B．建造过鱼设施

C．定期放养鱼苗　　D．改善鱼类养殖水域的水体质量

6．根据《渔业法》，在中华人民共和国的（　　）以及中华人民共和国管辖的一切其他海域从事养殖和捕捞水生动物、水生植物等渔业生产、活动，都必须遵守此法。（2018 年考题）

A．内水、滩涂、领海、专属经济区

B．河流、滩涂、领海、专属经济区

C．内水、滩涂、领海、大陆架和毗连区

D．河流、滩涂、领海、大陆架和毗连区

7．不适用于《渔业法》的生产活动是（　　）。（2019 年考题）

A．海湾养殖海蟹　　B．滩涂养海参

C．水库养鸭　　D．专属经济区捕鱼

二、不定项选择题

1．某河流有多种洄游鱼类，在该河道建闸、筑坝期间，渔业资源将受到严重影响。根据《渔业法》，建设单位的下列做法中，正确的有（　　）。（2015年考题）

A．建设升鱼机　　B．使用集运鱼船

C．建造溢流水池　　D．施工期避开鱼类洄游期

2．根据《渔业法》，该法适用于中华人民共和国的（　　）以及中华人民共和国管辖的一切其他海域从事养殖和捕捞水生动物、水生植物等渔业生产活动。（2016年考题）

A．内水　　B．滩涂　　C．领海　　D．专属经济区

参考答案

一、单项选择题

1．B　【解析】《中华人民共和国野生动物保护法》第二条：珍贵、濒危的水生野生动物以外的其他水生野生动物的保护，适用《中华人民共和国渔业法》等有关法律的规定。

2．D　【解析】水禽包括鸭、鹅、鸿雁、灰雁等以水面为生活环境的禽类动物，不属于水生动物。

3．D　【解析】第三十二条：在鱼、虾、蟹洄游通道建闸、筑坝，对渔业资源有严重影响的，建设单位应当建造过鱼设施或者采取其他补救措施。

4．C　【解析】鸬鹚属于鸟类。

5．B　【解析】第三十二条。

6．A　【解析】第二条：在中华人民共和国的内水、滩涂、领海、专属经济区以及中华人民共和国管辖的一切其他海域从事养殖和捕捞水生动物、水生植物等渔业生产活动，都必须遵守本法。

7．C　【解析】养鸭不属于渔业生产活动。

二、不定项选择题

1．ABD　【解析】第三十二条。

2．ABCD　【解析】第二条。

（十四）《矿产资源法》

一、单项选择题

1. 依据《矿产资源法》，关闭矿山时不必提交（　　）。（2010年考题）

A. 矿山闭坑报告　　B. 不安全隐患资料

C. 土地复垦利用资料　　D. 闭矿环境影响报告书

2. 依据《矿产资源法》，关于开采矿产资源，下列说法中，错误的是（　　）。（2010年考题）

A. 开采矿产资源，应当节约用地

B. 矿山企业的开采回采率应当满足市场要求

C. 建设铁路、公路、水库、大型建筑物等工程前，建设单位应了解工程所在地区的矿产资源情况

D. 开采主要矿产的同时，对具有工业价值的伴生矿产应统一规划、综合开采、综合利用、防止浪费

3. 依据《矿产资源法》关于矿产资源开采的规定，下列说法中，正确的是（　　）。（2011年考题）

A. 开采矿产资源，必须采取合理的开采顺序、开采方法和选矿工艺

B. 耕地因采矿受到破坏，当地政府应当因地制宜地采取复垦措施

C. 矿山企业应当根据市场需要合理确定开采回采率

D. 对同时采出而尚无综合利用途径的含有有用组分的尾矿可以暂时予以丢弃

4. 根据《矿产资源法》，关闭矿山必须提出的资料不包括（　　）。（2012年考题）

A. 采掘工程资料　　B. 环境保护资料

C. 职业健康评价资料　　D. 土地复垦利用资料

5. 根据《矿产资源法》关于矿产资源开采的规定，下列说法中，错误的是（　　）。（2013年考题）

A. 开采矿产资源必须采取合理的开采顺序

B. 开采矿产资源必须采取合理的开采方法

C. 开采矿产资源必须采取合理的选矿工艺

D. 对具有工业价值的伴生矿必须与主要矿产同时开采，并进行综合利用

6. 根据《矿产资源法》，耕地、草原、林地因采矿受到破坏的，（　　）应当

采取复垦利用、植树种草或者其他利用措施。（2014 年考题）

A．当地政府　　B．矿山企业

C．地质矿产主管部门　　D．农业和林业主管部门

7．根据《矿产资源法》，下列关于矿产资源开采环境保护的说法中，错误的是（　　）。（2015 年考题）

A．开采矿产资源，应当节约用地

B．开采矿产资源，必须遵守有关环境保护的法律规定，防止污染环境

C．耕地、草原、林地因采矿受到破坏的，矿山企业应当因地制宜地采取复垦利用、植树种草或者其他利用措施

D．在开采主要矿产的同时，对具有工业价值的共生和伴生矿产应当统一规划，分步开采，综合利用，防止浪费

8．根据《矿产资源法》，下列关于矿产资源开采环境保护有关的说法中，正确的是（　　）。（2016 年考题）

A．开采矿产资源，应当节约用地

B．开采矿产资源，必须采取合理的开采顺序、先进的开采方法和选矿工艺

C．矿山企业的开采回采率，采矿贫化率和选矿回收率应当达到国内先进水平

D．耕地、草原、林地因采矿受到破坏的，县级以上人民政府应当因地制直采取复垦利用、植树种草或者其他利用措施

9．根据《矿产资源法》关于矿产资源开采环境保护的有关规定，下列说法中，错误的是（　　）。（2017 年考题）

A．开采矿产资源，应当节约用地

B．开采矿产资源，必须采用先进的开采方法和选矿工艺

C．开采矿产资源，必须遵守有关环境保护法律规定，防止污染环境

D．耕地、草原、林地因采矿受到破坏的，矿山企业应当因地制宜地采取复垦利用、植树种草或者其他利用措施

10．根据《矿产资源法》有关矿产资源开采的环境保护的规定，以下说法错误的是（　　）。（2018 年考题）

A．非经省、自治区、直辖市人民政府批准，不得压覆重要矿床

B．在开采主要矿产的同时，对具有工业价值的共生和伴生矿产应当统一规划，综合开采，综合利用，防止浪费

C．耕地、草原、林地、因采矿受到破坏的，矿山企业应当因地制宜地采取复垦利用、植树种草或者其他利用措施

D．对暂时不能综合开采或者必须同时采出而暂时还不能综合利用的矿产以及含有有用组分的尾矿，应当采取有效的保护措施，防止损失破坏

11．根据《矿产资源法》，非经国务院授权的有关主管部门同意，不得开采矿产资源的地区有（　　）。（2019 年考题）

A．重要河流、堤坝两侧一定距离以内

B．铁路、公路两侧一定距离以内

C．自然保护区、风景区以及不能移动的历史文物和名胜古迹所在地

D．工业区、城镇市政工程设施附近一定距离以内

二、不定项选择题

1．依据《矿产资源法》关于矿产资源开采的规定，下列说法中，正确的是（　）。（2011 年考题）

A．开采矿产资源应当节约用地

B．开采矿产资源必须防止污染环境

C．开采矿产资源必须具备保障安全生产的必要条件

D．开采矿产资源破坏草原的，当地政府应当因地制宜地采取植树种草措施

2．根据《矿产资源法》，非经国务院授权的有关主管部门同意，不得开采矿产资源的地区有（　）。（2017 年考题）

A．河流、堤坝两侧一定距离以内

B．铁路、重要公路两侧一定距离以内

C．港口、机场、国防工程设施圈定地区以内

D．重要工业区、大型水利工程设施、城镇市政工程设施附近一定距离以内

3．根据《矿产资源法》，关闭矿山，必须提出矿山闭坑报告及有关（　　）的资料，并按照国家规定报请审查批准。（2017 年考题）

A．采掘工程　　B．环境保护

C．不安全隐患　　D．职工职业病档案

4．根据《矿产资源法》，下列材料中，属于关闭矿山应当提交的有（　　）。（2018 年考题）

A．矿山闭坑报告　　B．环境保护资料

C．不安全隐患资料　　D．土地复垦利用资料

参考答案

一、单项选择题

1．D　【解析】第二十一条：关闭矿山，必须提出矿山闭坑报告及有关采掘工

程、不安全隐患、土地复垦利用、环境保护的资料，并按照国家规定报请审查批准。

2．B 【解析】第二十九条：矿山企业的开采回采率、采矿贫化率和选矿回收率应当达到设计要求。

3．A 【解析】第二十九条：开采矿产资源，必须采取合理的开采顺序、开采方法和选矿工艺。矿山企业的开采回采率、采矿贫化率和选矿回收率应当达到设计要求。

第三十二条：耕地、草原、林地因采矿受到破坏的，矿山企业应当因地制宜地采取复垦利用、植树种草或者其他利用措施。

第三十条：在开采主要矿产的同时，对具有工业价值的共生和伴生矿产应当统一规划，综合开采，综合利用，防止浪费；对暂时不能综合开采或者必须同时采出而暂时还不能综合利用的矿产以及含有有用组分的尾矿，应当采取有效的保护措施，防止损失破坏。

4．C 【解析】第二十一条：关闭矿山，必须提出矿山闭坑报告及有关采掘工程、不安全隐患、土地复垦利用、环境保护的资料，并按照国家规定报请审查批准。

5．D 【解析】第三十条：在开采主要矿产的同时，对具有工业价值的共生和伴生矿产应当统一规划、综合开采、综合利用、防止浪费；对暂时不能综合开采或者必须同时采出而暂时还不能综合利用的矿产以及含有有用组分的尾矿，应当采取有效的保护措施，防止损失破坏。

6．B 【解析】第三十二条：耕地、草原、林地因采矿受到破坏的，矿山企业应当因地制宜地采取复垦利用、植树种草或者其他利用措施。

7．D 【解析】第三十条：在开采主要矿产的同时，对具有工业价值的共生和伴生矿产应当统一规划，综合开采，综合利用，防止浪费。

8．A 【解析】第三十二条：开采矿产资源，应当节约用地。耕地、草原、林地因采矿受到破坏的，矿山企业应当因地制宜地采取复垦利用、植树种草或者其他利用措施。

第二十九条：开采矿产资源，必须采取合理的开采顺序、开采方法和选矿工艺。矿山企业的开采回采率、采矿贫化率和选矿回收率应当达到设计要求。

9．B 【解析】第二十九条：开采矿产资源，必须采取合理的开采顺序、开采方法和选矿工艺。

10．A 【解析】第三十三条：非经国务院授权的部门批准，不得压覆重要矿床。

11．A 【解析】第二十条：非经国务院授权的有关主管部门同意，不得在下列地区开采矿产资源：（一）港口、机场、国防工程设施圈定地区以内；（二）重要工业区、大型水利工程设施、城镇市政工程设施附近一定距离以内；（三）铁路、重要公路两侧一定距离以内；（四）重要河流、堤坝两侧一定距离以内；（五）国家划定的自然保护区、重要风景区，国家重点保护的不能移动的历史文物和名胜古迹所在地；（六）国家规定不得开采矿产资源的其他地区。

二、不定项选择题

1. ABC 【解析】第三十二条：开采矿产资源，必须遵守有关环境保护的法律规定，防止污染环境。开采矿产资源，应当节约用地。耕地、草原、林地因采矿受到破坏的，矿山企业应当因地制宜地采取复垦利用、植树种草或者其他利用措施。

第三十一条：开采矿产资源，必须遵守国家劳动安全卫生规定，具备保障安全生产的必要条件。

2. BCD 【解析】第二十条：非经国务院授权的有关主管部门同意，不得在下列地区开采矿产资源：（一）港口、机场、国防工程设施圈定地区以内；（二）重要工业区、大型水利工程设施、城镇市政工程设施附近一定距离以内；（三）铁路、重要公路两侧一定距离以内；（四）重要河流、堤坝两侧一定距离以内；（五）国家划定的自然保护区、重要风景区，国家重点保护的不能移动的历史文物和名胜古迹所在地；（六）国家规定不得开采矿产资源的其他地区。

3. ABC 【解析】第二十一条：关闭矿山，必须提交矿山闭坑报告及有关采掘工程、不安全隐患、土地复垦利用、环境保护的资料，并按照国家规定报请审查批准。

4. ABCD 【解析】第二十一条。

（十五）《土地管理法》

一、单项选择题

1．依据《土地管理法》，关于“土地利用总体规划确定的用地规模范围内，将农用地转为建设用地”的审批权限，按土地利用年度计划分批次由（　　）。（2011 年考题）

A．国务院审批

B．省级人民政府批准

C．原批准土地利用总体规划的机关批准

D．原批准土地利用总体规划的主管部门审批

2．依据《土地管理法》关于耕地保护的规定，下列说法中，正确的是（　　）。（2011 年考题）

A．禁止耕地转为非耕地

B．应有计划地将河滩地开垦为耕地

C．非农业建设必须节约使用土地，可以利用荒地的，不得占用耕地

D．非农业建设经批准占用耕地的，除开垦与所占用耕地的数量相当的耕地外，还必须交纳开垦费

3．依据《土地管理法》，可由省级人民政府批准征收并报国务院备案的土地是（　　）。（2011 年考题）

A．蔬菜生产基地

B．农业科研、教学试验田

C．基本农田以外不超过 35 公顷的耕地

D．经省级人民政府批准确定的粮、棉、油生产基地内不超过 35 公顷的耕地

4．根据《土地管理法》，国家编制土地利用总体规划，规定土地用途，将土地分为（　　）。（2014 年考题）

A．耕地、建设用地和未利用地　　B．耕地、工业用地和未利用地

C．农用地、建设用地和未利用地　　D．农用地、工业用地和建设用地

5．根据《土地管理法》，下列用地中，不属于农用地的是（　　）。（2015 年考题）

A．养殖水面　　B．草地、林地

C．农田水利用地　　D．交通水利设施用地

6．某公路建设项目经批准占用了 50 hm^2 耕地。根据《土地管理法》，下列关于占用耕地补偿的做法中，正确的是（　　）。（2015 年考题）

A．公路建设单位负责开垦了 50 hm^2 耕地，开垦耕地的质量与所占用耕地质量相当

B．耕地属地的县级以上人民政府监督公路建设单位开垦了 50 hm^2 耕地，并进行验收

C．耕地属地的土地管理部门负责开垦了 50 hm^2 耕地，开垦耕地的质量与所占用耕地质量相当

D．公路建设单位没有条件开垦耕地，但按照相关规定缴纳了耕地开垦费，用于公路沿途的绿化补偿

7．根据《土地管理法》，下列关于保护耕地和占用耕地补偿制度的说法中，错误的是（　　）。（2016 年考题）

A．国家实行占用耕地补偿制度

B．县级以上人民政府应当制订开垦耕地计划

C．国家保护耕地，严格控制耕地转为非耕地

D．非农业建设经批准占用耕地的，按照“占多少、垦多少”的原则，由占用耕地的单位负责开垦与所占用的耕地数量和质量相当的耕地

8．根据《土地管理法》，属于由国务院批准征用土地的是（　　）。（2017 年考题）

A．40 hm^2 林地　　B．40 hm^2 养殖水面

C．40 hm^2 工矿用地　　D．40 hm^2 蔬菜生产基地

9．根据《土地管理法》，征用下列土地不需经国务院批准的是（　　）。（2019 年考题）

A．林地 80 hm^2　　B．永久基本农田

C．中低产农田 40 hm^2　　D．有良好的水利与水土保持设施的耕地

二、不定项选择题

1．依据《土地管理法》，经国务院批准方可征用的土地有（　　）。（2010 年考题）

A．林地 90 hm^2　　B．基本农田 0.5 hm^2

C．集体所有未利用地 60 hm^2　　D．基本农田外的低产耕地 70 hm^2

2．根据《土地管理法》关于保护耕地和占用耕地的规定，下列说法中，正确的是（　　）。（2012 年考题）

A．非农业建设经批准占用耕地的，由占用耕地的单位负责开垦与所占用耕地数量和质量相当的耕地

B. 县级人民政府应当制订开垦耕地计划，监督占用耕地的单位按照计划开垦耕地，并进行验收

C. 非农业建设经批准占用耕地的，没条件开垦或开垦的耕地不符合要求的，应按照规定缴纳耕地开垦费，专款用于开垦新的耕地

D. 县级以上地方人民政府可以要求占用耕地的单位将所占用耕地耕作层的土壤用于新开垦耕地、劣质地或者其他耕地的土壤改良

3. 根据《土地管理法》关于保护耕地和占用耕地补偿制度的有关规定，下列说法中，错误的有（ ）。（2017 年考题）

A. 国家实行土地用途管制制度

B. 国家保护耕地，严格控制耕地转为非耕地

C. 县级人民政府应当制定开垦耕地计划，监督占用耕地的单位按照计划开垦耕地或者按照计划组织开垦耕地，并进行验收

D. 农田水利设施建设经批准占用耕地的，按照“占多少，垦多少”的原则，由占用耕地的单位负责开垦与所占用耕地的数量和质量相当的耕地

4. 根据《土地管理法》，下列土地中，属于应由国务院批准方可征用的有（ ）。（2018 年考题）

A. 基本农田小于 35 hm^2 的

B. 基本农田超过 35 hm^2 的

C. 军用设施用地超过 35 hm^2 的

D. 基本农田以外的耕地超过 35 hm^2 的

参考答案

一、单项选择题

1. C 【解析】第四十四条：在土地利用总体规划确定的城市和村庄、集镇建设用地规模范围内，为实施该规划而将永久基本农田以外的农用地转为建设用地的，按土地利用年度计划分批次按照国务院规定由原批准土地利用总体规划的机关或者其授权的机关批准。

2. C 【解析】第三十条：国家保护耕地，严格控制耕地转为非耕地。国家实行占用耕地补偿制度。非农业建设经批准占用耕地的，按照“占多少，垦多少”的原则，由占用耕地的单位负责开垦与所占用耕地的数量和质量相当的耕地；没有条件开垦或者开垦的耕地不符合要求的，应当按照省、自治区、直辖市的规定缴纳耕地开垦费，专款用于开垦新的耕地。

第四十条：禁止毁坏森林、草原开垦耕地，禁止围湖造田和侵占江河滩地。

3．C　【解析】第三十三条：国家实行永久基本农田保护制度。下列耕地应当根据土地利用总体规划划为永久基本农田，实行严格保护：（一）经国务院农业农村主管部门或者县级以上地方人民政府批准确定的粮、棉、油、糖等重要农产品生产基地内的耕地；（二）有良好的水利与水土保持设施的耕地，正在实施改造计划以及可以改造的中、低产田和已建成的高标准农田；（三）蔬菜生产基地；（四）农业科研、教学试验田；（五）国务院规定应当划为永久基本农田的其他耕地。ABD三项均属于应划为永久基本农田的。

第四十六条：征收下列土地的，由国务院批准：（一）永久基本农田；（二）永久基本农田以外的耕地超过三十五公顷的；（三）其他土地超过七十公顷的。

4．C　【解析】第四条：国家编制土地利用总体规划，规定土地用途，将土地分为农用地、建设用地和未利用地。

5．D　【解析】第四条：前款所称农用地是指直接用于农业生产的土地，包括耕地、林地、草地、农田水利用地、养殖水面等；建设用地是指建造建筑物、构筑物的土地，包括城乡住宅和公共设施用地、工矿用地、交通水利设施用地、旅游用地、军事设施用地等；未利用地是指农用地和建设用地以外的土地。

6．A　【解析】第三十条：国家实行占用耕地补偿制度。非农业建设经批准占用耕地的，按照“占多少，垦多少”的原则，由占用耕地的单位负责开垦与所占用耕地的数量和质量相当的耕地；没有条件开垦或者开垦的耕地不符合要求的，应当按照省、自治区、直辖市的规定缴纳耕地开垦费，专款用于开垦新的耕地。

7．B　【解析】第三十条：省、自治区、直辖市人民政府应当制定开垦耕地计划，监督占用耕地的单位按照计划开垦耕地或者按照计划组织开垦耕地，并进行验收。

8．D　【解析】第四十六条：征收下列土地的，由国务院批准：（一）永久基本农田；（二）永久基本农田以外的耕地超过三十五公顷的；（三）其他土地超过七十公顷的。蔬菜生产基地属于耕地。

9．D　【解析】第四十六条：征收下列土地的，由国务院批准：（一）永久基本农田；（二）永久基本农田以外的耕地超过三十五公顷的；（三）其他土地超过七十公顷的。

二、不定项选择题

1．ABD　【解析】第四十六条：征收下列土地的，由国务院批准：（一）永久基本农田；（二）永久基本农田以外的耕地超过三十五公顷的；（三）其他土地超过七十公顷的。

2. ACD 【解析】第三十条：国家保护耕地，严格控制耕地转为非耕地。国家实行占用耕地补偿制度。非农业建设经批准占用耕地的，按照“占多少，垦多少”的原则，由占用耕地的单位负责开垦与所占用耕地的数量和质量相当的耕地；没有条件开垦或者开垦的耕地不符合要求的，应当按照省、自治区、直辖市的规定缴纳耕地开垦费，专款用于开垦新的耕地。省、自治区、直辖市人民政府应当制定开垦耕地计划，监督占用耕地的单位按照计划开垦耕地或者按照计划组织开垦耕地，并进行验收。

第三十一条：县级以上地方人民政府可以要求占用耕地的单位将所占用耕地耕作层的土壤用于新开垦耕地、劣质地或者其他耕地的土壤改良。

3. CD 【解析】第三十条：国家保护耕地，严格控制耕地转为非耕地。国家实行占用耕地补偿制度。非农业建设经批准占用耕地的，按照“占多少，垦多少”的原则，由占用耕地的单位负责开垦与所占用耕地的数量和质量相当的耕地；没有条件开垦或者开垦的耕地不符合要求的，应当按照省、自治区、直辖市的规定缴纳耕地开垦费，专款用于开垦新的耕地。省、自治区、直辖市人民政府应当制定开垦耕地计划，监督占用耕地的单位按照计划开垦耕地或者按照计划组织开垦耕地，并进行验收。D中农田水利设施不属于非农业建设。

4. ABD 【解析】第四十六条：征收下列土地的，由国务院批准：（一）永久基本农田；（二）永久基本农田以外的耕地超过三十五公顷的；（三）其他土地超过七十公顷的。

（十六）《野生动物保护法》

一、单项选择题

1．《野生动物保护法》规定保护的野生动物，不包括（　　）。（2013 年）

A．珍贵、濒危的陆生野生动物

B．珍贵、濒危的水生野生动物

C．有益的或有重要经济、科学研究价值的陆生野生动物

D．有益的或有重要经济、科学研究价值的水生野生动物

2．依据《野生动物保护法》，（　　）应当监视、监测环境对野生动物的影响。（2010 年考题）

A．各级环境监测站　　B．各级地方人民政府

C．各级野生动物行政主管部门　　D．各级环境保护行政主管部门

3．某自然保护区试验区内的农田，被自然保护区内的国家重点保护野生动物黑熊践踏，造成农作物严重受损。依据《野生动物保护法》，关于该农作物损失的补偿，下列说法中，正确的是（　　）。（2010 年、2011 年考题）

A．农作物损失由当地政府给予补偿

B．农作物损失由自然保护区主管部门给予补偿

C．农作物损失由国务院野生动物行政主管部门给予补偿

D．因是国家重点保护野生动物造成的损失，农作物损失不予补偿

4．《野生动物保护法》不适用于（　　）。（2012 年考题）

A．中华人民共和国境内从事野生动物的保护活动

B．中华人民共和国境内从事野生动物的驯养繁殖活动

C．中华人民共和国境内从事野生动物的开发利用活动

D．珍贵、濒危的水生野生动物以外的其他水生野生动物的保护活动

5．根据《野生动物保护法》，下列内容中，不属于野生动物及其栖息地状况的调查、监测和评估应当包括的是（　　）。（2018 年考题）

A．野生动物种群数量及结构

B．野生动物栖息地的面积、生态状况

C．野生动物野外分布区域的环境质量

D．野生动物及其栖息地的主要威胁因素

6. 根据《野生动物保护法》，建设项目可能对相关自然保护区域、野生动物迁徙洄游通道产生影响的，环境影响评价文件的审批部门在审批环境影响评价文件时，涉及地方重点保护野生动物的，应当征求（ ）意见。（2019 年考题）

A. 国务院野生动物保护主管部门

B. 省、自治区、直辖市人民政府野生动物保护主管部门

C. 县级以上人民政府野生动物保护主管部门

D. 设区的市级以上人民政府野生动物保护主管部门

二、不定项选择题

1. 根据《野生动物保护法》，关于重点保护的野生动物的规定，下列说法中，正确的是（ ）。（2012 年考题）

A. 国家对陆生和水生野生动物实行重点保护

B. 国家对珍贵、濒危的野生动物实行重点保护

C. 国家重点保护的野生动物分为一级保护野生动物和二级保护野生动物

D. 地方重点保护野生动物，是指国家重点保护野生动物以外，由省、自治区、直辖市重点保护的野生动物

2. 下列活动中，适用《野生动物保护法》的有（ ）。（2015 年考题）

A. 濒临陆生野生动物的保护

B. 濒临水生野生动物的开发利用

C. 有科学研究价值的陆生野生动物的开发

D. 有科学研究价值的水生野生动物的保护

3. 根据《野生动物保护法》关于野生动物保护有关规定的说法，正确的有（ ）。（2018 年考题）

A. 省级以上人民政府依法划定相关自然保护区域，保护野生动物及其重要栖息地、保护、恢复和改善野生动物生存环境

B. 禁止或者限制在相关自然保护区区域内引入外来物种、营造单一纯林、过量施洒农药等人为干扰、威胁野生动物生息繁衍的行为

C. 对不具备划定自然保护区域条件的，须由省级人民政府依法划定禁猎（渔）区、规定禁猎（渔）期等其他形式予以保护

D. 机场、铁路建设项目的选址选线，应当避让野生动物迁徙洄游通道，无法避让的，应当采取措施消除或者减少对野生动物的不利影响

4. 根据《野生动物保护法》，禁止或者限制在相关自然保护区域内（ ）等人为干扰、威胁野生动物生息繁衍的行为。（2019 年考题）

A. 引入外来物种

B．营造单一纯林

C．过量施洒农药

D．人工繁育野生动物

5．根据《野生动物保护法》，县级以上人民政府野生动物保护主管部门，应当定期组织或者委托有关科学研究机构对野生动物及其栖息地状况进行调查、监测和评估，调查、监测和评估应当包括的内容有（　　）。（2019年考题）

A．野生动物野外分布区域、种群数量及结构

B．野生动物栖息地的面积、生态状况

C．野生动物及其栖息地的主要威胁因素

D．野生动物人工繁育情况

参考答案

一、单项选择题

1．D　【解析】第二条：在中华人民共和国领域及管辖的其他海域，从事野生动物保护及相关活动，适用本法。珍贵、濒危的水生野生动物以外的其他水生野生动物的保护，适用《中华人民共和国渔业法》等有关法律的规定。

高频考点。有益的或有重要经济、科学研究价值的水生野生动物适用于《渔业法》。

2．C　【解析】第十四条：各级野生动物保护主管部门应当监视、监测环境对野生动物的影响。

3．A　【解析】第十九条：因保护本法规定保护的野生动物，造成人员伤亡、农作物或者其他财产损失的，由当地人民政府给予补偿。

4．D　【解析】第二条：在中华人民共和国领域及管辖的其他海域，从事野生动物保护及相关活动，适用本法。珍贵、濒危的水生野生动物以外的其他水生野生动物的保护，适用《中华人民共和国渔业法》等有关法律的规定。

5．C　【解析】第十一条：对野生动物及其栖息地状况的调查、监测和评估应当包括下列内容：（一）野生动物野外分布区域、种群数量及结构；（二）野生动物栖息地的面积、生态状况；（三）野生动物及其栖息地的主要威胁因素；（四）野生动物人工繁育情况等其他需要调查、监测和评估的内容。

6．B　【解析】第十三条：建设项目可能对相关自然保护区域、野生动物迁徙洄游通道产生影响的，环境影响评价文件的审批部门在审批环境影响评价文件时，涉及国家重点保护野生动物的，应当征求国务院野生动物保护主管部门意见；涉及

地方重点保护野生动物的，应当征求省、自治区、直辖市人民政府野生动物保护主管部门意见。

二、不定项选择题

1. BCD 【解析】第二条：珍贵、濒危的水生野生动物以外的其他水生野生动物的保护，适用《中华人民共和国渔业法》等有关法律的规定。

第十条：国家对珍贵、濒危的野生动物实行重点保护。国家重点保护的野生动物分为一级保护野生动物和二级保护野生动物。地方重点保护野生动物，是指国家重点保护野生动物以外，由省、自治区、直辖市重点保护的野生动物。

2. ABC 【解析】第二条：珍贵、濒危的水生野生动物以外的其他水生野生动物的保护，适用《中华人民共和国渔业法》等有关法律的规定。。

3. ABD 【解析】第十二条：省级以上人民政府依法划定相关自然保护区域，保护野生动物及其重要栖息地，保护、恢复和改善野生动物生存环境。对不具备划定相关自然保护区域条件的，县级以上人民政府可以采取划定禁猎（渔）区、规定禁猎（渔）期等其他形式予以保护。禁止或者限制在相关自然保护区域内引入外来物种、营造单一纯林、过量施洒农药等人为干扰、威胁野生动物生息繁衍的行为。

第十三条：机场、铁路、公路、水利水电、围堰、围填海等建设项目的选址选线，应当避让相关自然保护区域、野生动物迁徙洄游通道；无法避让的，应当采取修建野生动物通道、过鱼设施等措施，消除或者减少对野生动物的不利影响。

4. ABC 【解析】第十二条：禁止或者限制在相关自然保护区域内引入外来物种、营造单一纯林、过量施洒农药等人为干扰、威胁野生动物生息繁衍的行为。

5. ABCD 【解析】第十一条：对野生动物及其栖息地状况的调查、监测和评估应当包括下列内容：（一）野生动物野外分布区域、种群数量及结构；（二）野生动物栖息地的面积、生态状况；（三）野生动物及其栖息地的主要威胁因素；（四）野生动物人工繁育情况等其他需要调查、监测和评估的内容。

（十七）《城乡规划法》

一、单项选择题

1．《城乡规划法》所称“城乡规划”包括（　　）。（2010 年、2011 年考题）

A．乡规划和村庄规划　　B．土地利用总体规划

C．综合交通体系规划　　D．历史文化遗产保护规划

2．依据《城乡规划法》，下列不符合城市新区开发和建设有关规定的是（　　）。（2011 年考题）

A．合理确定建设规模和时序

B．严格保护自然资源和生态环境

C．充分利用现有市政基础设施和公共服务设施

D．在城镇总体规划确定的建设用地范围外设立开发区和城市新区

3．根据《城乡规划法》，（　　）不属于“省域城镇体系规划”的内容。（2012 年考题）

A．重大基础设施的布局

B．城镇空间布局和规模控制

C．城市、镇的发展规模、步骤和建设标准

D．为保护生态环境、资源等需要严格控制的区域

4．根据《城乡规划法》，在城市整体规划、镇总体规划确定的建设用地范围以外，不得设立（　　）。（2013 年、2014 年考题）

A．生活垃圾填埋场　　B．公共服务设施区域

C．各类开发区和城市新区　　D．畜禽养殖场所等农村生产、生活服务设施

5．根据《城乡规划法》，下列规划中，不属于该法所称的城乡规划的是（　　）。（2015 年考题）

A．村庄规划　　B．城市总体规划

C．城市交通规划　　D．城市控制性详细规划

6．根据《城乡规划法》，下列内容中，不属于乡规划内容的是（　　）。（2015 年考题）

A．规划区范围

B．各类专项规划

C．住宅、道路、供水、供电等各项建设的用地布局、建设要求

D．对耕地等自然资源和历史文化遗产保护、防灾减灾等的具体安排

7．根据《城乡规划法》，应当作为城市总体规划、镇总体规划强制性内容的是（　　）。（2016年考题）

A．用地布局　　B．功能分区

C．环境保护　　D．综合交通体系

8．根据《城乡规划法》关于城市总体规划和乡规划、村庄规划的有关规定，下列说法中，错误的是（　　）。（2017年考题）

A．城市总体规划的规划期限一般为20年

B．规划区内建设用地规模应当作为城市总体规划的强制性内容

C．乡规划应当包括本行政区域内的村庄发展布局及产业发展规划

D．乡规划、村庄规划应当从农村实际出发，尊重村民意愿，体现地方和农村特色

9．根据《城乡规划法》，下列用地中，不属于城市规划确定的需要依法保护、禁止擅自改变用途的是（　　）。（2018年考题）

A．铁路、公路用地　　B．污水处理厂用地

C．垃圾焚烧厂用地　　D．旅游风景区用地

10．根据《城乡规划法》，在规划区范围、规划区内，不应作为城市总体规划、镇总体规划强制性内容的是（　　）。（2019年考题）

A．公益设施用地　　B．基本农田

C．绿化用地　　D．历史文化遗产保护

11．根据《城乡规划法》，下列说法错误的是（　　）。（2019年考题）

A．城市规划、镇规划分为总体规划和控制性详细规划

B．城乡规划，包括城镇体系规划、城市规划、镇规划、乡规划和村庄规划

C．城市总体规划、镇总体规划的规划期限一般为二十年

D．规划区的具体范围由有关人民政府划定

二、不定项选择题

1．依据《城乡规划法》，关于“城市总体规划的审批”，下列说法中，正确的是（　　）。（2010年考题）

A．一般城市的总体规划由该城市人民政府审批

B．直辖市的城市总体规划须报国务院审批

C．省、自治区人民政府所在地的城市总体规划，由省、自治区人民政府审批

D．国务院确定的城市总体规划，在报国务院审批前，应经省、自治区人民政府审查同意

2. 依据《城乡规划法》，（　　）应当作为城市规划、镇总体规划的强制性内容。（2010 年考题）

A. 水源地和水系

B. 基本农田和绿化用地

C. 基础设施和公共服务设施用地

D. 环境保护、自然与历史文化遗产保护

3. 《城乡规划法》中所称的“规划区”包括（　　）。（2011 年考题）

A. 镇的建成区

B. 村庄的建成区

C. 城市的建成区

D. 因城乡建设和发展需要，必须实行规划控制的区域

4. 依据《城乡规划法》，城乡规划确定的（　　）等用地，禁止擅自改变用途。（2011 年考题）

A. 水源地　　B. 自然保护区

C. 垃圾填埋场　　D. 污水处理厂

5. 根据《城乡规划法》，省域城镇体系规划的内容应包括（　　）。（2013 年考题）

A. 工业园区布局

B. 重大基础设施布局

C. 城镇空间布局和规模控制

D. 为保护生态环境、资源等需要严格控制的区域

6. 根据《城乡规划法》，乡规划的内容应当包括（　　）等。（2016 年考题）

A. 规划区范围

B. 建设用地布局及建设要求

C. 本行政区域内的村庄发展方向

D. 对耕地等自然资源和历史文化遗产保护的具体安排

7. 根据《城乡规划法》关于城市新区开发和建设的有关规定，下列说法中，正确的有（　　）。（2017 年考题）

A. 应当合理确定建设规模和时序

B. 充分利用现有市政基础设施和公共服务设施

C. 有计划地对危房集中、基础设施落后等地段进行改建

D. 在城市总体规划、镇总体规划确定的建设用地范围以外，不得设立各类开发区和城市新区

参考答案

一、单项选择题

1. A 【解析】第二条：本法所称城乡规划，包括城镇体系规划、城市规划、镇规划、乡规划和村庄规划。

2. D 【解析】第三十条：城市新区的开发和建设，应当合理确定建设规模和时序，充分利用现有市政基础设施和公共服务设施，严格保护自然资源和生态环境，体现地方特色。在城市总体规划、镇总体规划确定的建设用地范围以外，不得设立各类开发区和城市新区。

3. C 【解析】第十三条：省域城镇体系规划的内容应当包括：城镇空间布局和规模控制，重大基础设施的布局，为保护生态环境、资源等需要严格控制的区域。

4. C 【解析】第三十条：在城市总体规划、镇总体规划确定的建设用地范围以外，不得设立各类开发区和城市新区。

5. C 【解析】第二条：本法所称城乡规划，包括城镇体系规划、城市规划、镇规划、乡规划和村庄规划。城市规划、镇规划分为总体规划和详细规划。详细规划分为控制性详细规划和修建性详细规划。

6. B 【解析】第十八条：乡规划、村庄规划的内容应当包括：规划区范围，住宅、道路、供水、排水、供电、垃圾收集、畜禽养殖场所等农村生产、生活服务设施、公益事业等各项建设的用地布局、建设要求，以及对耕地等自然资源和历史文化遗产保护、防灾减灾等的具体安排。乡规划还应当包括本行政区域内的村庄发展布局。

选项 B 属城市总体规划、镇总体规划的内容。

7. C 【解析】第十七条：规划区范围、规划区内建设用地规模、基础设施和公共服务设施用地、水源地和水系、基本农田和绿化用地、环境保护、自然与历史文化遗产保护以及防灾减灾等内容，应当作为城市总体规划、镇总体规划的强制性内容。

8. C 【解析】第十八条。

9. D 【解析】第三十五条：城乡规划确定的铁路、公路、港口、机场、道路、绿地、输配电设施及输电线路走廊、通信设施、广播电视设施、管道设施、河道、水库、水源地、自然保护区、防汛通道、消防通道、核电站、垃圾填埋场及焚烧厂、污水处理厂和公共服务设施的用地以及其他需要依法保护的用地，禁止擅自改变用途。

10. A 【解析】第十七条：规划区范围、规划区内建设用地规模、基础设施和公共服务设施用地、水源地和水系、基本农田和绿化用地、环境保护、自然与历史文化遗产保护以及防灾减灾等内容，应当作为城市总体规划、镇总体规划的强制性内容。

11. A 【解析】第二条：本法所称城乡规划，包括城镇体系规划、城市规划、镇规划、乡规划和村庄规划。城市规划、镇规划分为总体规划和详细规划。详细规划分为控制性详细规划和修建性详细规划。本法所称规划区，是指城市、镇和村庄的建成区以及因城乡建设和发展需要，必须实行规划控制的区域。规划区的具体范围由有关人民政府在组织编制的城市总体规划、镇总体规划、乡规划和村庄规划中，根据城乡经济社会发展水平和统筹城乡发展的需要划定。

第十七条：城市总体规划、镇总体规划的规划期限一般为二十年。

二、不定项选择题

1. BD 【解析】第十四条：城市人民政府组织编制城市总体规划。直辖市的城市总体规划由直辖市人民政府报国务院审批。省、自治区人民政府所在地的城市以及国务院确定的城市的总体规划，由省、自治区人民政府审查同意后，报国务院审批。其他城市的总体规划，由城市人民政府报省、自治区人民政府审批。

2. ABCD 【解析】第十七条：规划区范围、规划区内建设用地规模、基础设施和公共服务设施用地、水源地和水系、基本农田和绿化用地、环境保护、自然与历史文化遗产保护以及防灾减灾等内容，应当作为城市总体规划、镇总体规划的强制性内容。

3. ABCD 【解析】第二条：本法所称规划区，是指城市、镇和村庄的建成区以及因城乡建设和发展需要，必须实行规划控制的区域。

4. ABCD 【解析】第三十五条：城乡规划确定的铁路、公路、港口、机场、道路、绿地、输配电设施及输电线路走廊、通信设施、广播电视设施、管道设施、河道、水库、水源地、自然保护区、防汛通道、消防通道、核电站、垃圾填埋场及焚烧厂、污水处理厂和公共服务设施的用地以及其他需要依法保护的用地，禁止擅自改变用途。

5. BCD 【解析】第十三条：省域城镇体系规划的内容应当包括：城镇空间布局和规模控制，重大基础设施的布局，为保护生态环境、资源等需要严格控制的区域。

6. ABD 【解析】第十八条：乡规划、村庄规划的内容应当包括：规划区范围，住宅、道路、供水、排水、供电、垃圾收集、畜禽养殖场所等农村生产、生活服务设施、公益事业等各项建设的用地布局、建设要求，以及对耕地等自然资源和历史文化遗产保护、防灾减灾等的具体安排。乡规划还应当包括本行政区域内的村庄发展布局。

7. ABD 【解析】第三十条：城市新区的开发和建设，应当合理确定建设规模和时序，充分利用现有市政基础设施和公共服务设施，严格保护自然资源和生态环境，体现地方特色。在城市总体规划、镇总体规划确定的建设用地范围以外，不得设立各类开发区和城市新区。

第三十一条：旧城区的改建，应当保护历史文化遗产和传统风貌，合理确定拆迁和建设规模，有计划地对危房集中、基础设施落后等地段进行改建。

C 选项为“旧城区改建”的有关规定，不属于城市新区开发和建设的有关规定。

（十八）《河道管理条例》

一、单项选择题

1. 依据《河道管理条例》，在河道管理范围内禁止进行的活动是（　　）。（2010 年考题）

A. 修建围堤　　B. 利用堤顶兼作公路

C. 采砂　　D. 在河道滩地修建厂房

2. 关于《河道管理条例》的适用范围，下列说法中，错误的是（　　）。（2011 年考题）

A. 该条例适用于中华人民共和国领域内的湖泊

B. 该条例适用于中华人民共和国领域内的滞洪区

C. 该条例适用于中华人民共和国领域内的人工水道

D. 该条例不适用于中华人民共和国领域内河道内的航道

3. 依据《河道管理条例》关于“修建桥梁、码头和其他设施所涉及防洪和船运”的要求，下列说法中，正确的是（　　）。（2011 年考题）

A. 桥梁的梁底应按河流多年平均水位设计

B. 桥梁的梁底应首先满足航运的要求，并留有一定的超高

C. 跨越河道的管道、线路的净空高度必须符合防洪和航运的要求

D. 修建桥梁、码头和其他设施，应满足国家规定的防洪标准所确定的河深，兼顾行洪通道

4. 根据《河道管理条例》，下列说法中，正确的是（　　）。（2012 年考题）

A. 严禁在河道滩地存放物料　　B. 河道滩地禁止开采地下资源

C. 河道滩地不得进行考古发掘　　D. 城镇建设和发展不得占用河道滩地

5. 根据《河道管理条例》，城镇建设和发展不得占用河道滩地。沿河城镇在编制和审查城镇规划时，应当事先（　　）。（2013 年考题）

A. 报航运主管机关审批

B. 报河道主管机关审批

C. 报环境保护行政主管部门审批

D. 征求河道主管机关的意见

6. 根据《河道管理条例》，下列要求中，符合建造桥梁工程要求的是（　　）。（2015 年考题）

A．不得缩窄现有河道宽度

B．应当按河流常水位所确定的河宽进行

C．应当按河流历史最高水位所确定的河宽进行

D．必须按国家规定的防洪标准所确定的河宽进行，不得缩窄行洪通道

7．根据《河道管理条例》关于修建桥梁、码头和其他设施必须按照防洪和航运标准要求进行的有关规定，下列说法中，正确的是（　　）。（2017 年考题）

A．设计洪水位由水行政主管部门根据防洪规划确定

B．跨越河道的管道、线路的净空高度必须符合防洪和航运的要求

C．桥梁和栈桥的梁底必须高于 100 年一遇的洪水位，并按照防洪和航运的要求留有一定的超高

D．修建桥梁码头和其他设施，应按照国家规定的防洪标准确定河宽，必要时可以缩窄行洪通道宽度

8．根据《河道管理条例》，下列在河道管理范围内的行为中，属于必须报经河道主管机关批准或由其会同有关部门批准的活动是（　　）。（2018 年考题）

A．弃置矿渣　　B．弃置砂石

C．弃置泥土　　D．种植树木

二、不定项选择题

1．《河道管理条例》的适用范围包括（　　）。（2010 年考题）

A．太湖　　B．京杭大运河

C．河道内的航道　　D．洪水泛滥可能淹没的地区

2．依据《河道管理条例》，不得在河道管理范围内的河道滩地（　　）。（2010 年考题）

A．改造城镇居民小区　　B．挖筑鱼塘

C．开采地下资源　　D．存放防洪物资

3．适用《河道管理条例》的范围包括（　　）。（2011 年考题）

A．洪泛区　　B．河道滩地

C．人工运河　　D．蓄滞洪区

4．根据《河道管理条例》，下列说法中，正确的是（　　）。（2012 年考题）

A．跨越河道的管道、线路的净空高度必须符合防洪的和航运的要求

B．修建桥梁必须按照百年一遇洪水标准所确定的河宽进行，不得缩窄行洪通道

C．修建码头必须按照国家规定的防洪标准所确定的河宽进行，可适当占用行洪通道

D．桥梁和栈桥的桥面必须高于设计洪水位，并按照防洪和航运要求，留有一定

的超高

5.《河道管理条例》适用于中华人民共和国领域内的（　　）。（2014 年考题）

A．湖泊　　B．人工水道

C．滞洪区　　D．洪泛区

6．根据《河道管理条例》，下列活动中，属于在河道管理范围内的堤防和护堤地禁止的有（　　）。（2018 年考题）

A．弃置矿渣　　B．考古发掘

C．修建厂房　　D．晾晒粮食

7．根据《河道管理条例》，关于河道管理的说法正确的是（　　）。（2019 年考题）

A．在河道管理范围内，禁止种植芦苇

B．禁止在河道内清洗装贮过油类的油罐

C．在河道管理范围内，禁止种植树木

D．在河道管理范围内，禁止堆放污染水体的物体

参考答案

一、单项选择题

1．A　【解析】第二十四条：在河道管理范围内，禁止修建围堤、阻水渠道、阻水道路；种植高秆农作物、芦苇、杞柳、薪柴和树木（堤防防护林除外）；设置拦河渔具；弃置矿渣、石渣、煤灰、泥土、垃圾等。

2．D　【解析】第二条：本条例适用于中华人民共和国领域内的河道（包括湖泊、人工水道、行洪区、蓄洪区、滞洪区）。河道内的航道，同时适用《航道管理条例》。

注意航道是“同时适用”。

3．C　【解析】第十二条：修建桥梁、码头和其他设施，必须按照国家规定的防洪标准所确定的河宽进行，不得缩窄行洪通道。桥梁和栈桥的梁底必须高于设计洪水位，并按照防洪和航运的要求，留有一定的超高。设计洪水位由河道主管机关根据防洪规划确定。跨越河道的管道、线路的净空高度必须符合防洪和航运的要求。

4．D　【解析】其余三个选项的行为是第二十五条必须报经河道主管机关批准的活动。

5．D　【解析】第十六条：沿河城镇在编制和审查城镇规划时，应当事先征求河道主管机关的意见。

6. D 【解析】第十二条：修建桥梁、码头和其他设施，必须按照国家规定的防洪标准所确定的河宽进行，不得缩窄行洪通道。

7. B 【解析】选项A的正确说法是：设计洪水位由河道主管机关根据防洪规划确定。选项C的正确说法是：桥梁和栈桥的梁底必须高于设计洪水位，并按照防洪和航运的要求，留有一定的超高。选项D的正确说法是：修建桥梁、码头和其他设施，必须按照国家规定的防洪标准所确定的河宽进行，不得缩窄行洪通道。

8. B 【解析】第二十五条：在河道管理范围内进行下列活动，必须报经河道主管机关批准；涉及其他部门的，由河道主管机关会同有关部门批准：（一）采砂、取土、淘金、弃置砂石或者淤泥；（二）爆破、钻探、挖筑鱼塘；（三）在河道滩地存放物料、修建厂房或者其他建筑设施；（四）在河道滩地开采地下资源及进行考古发掘。

二、不定项选择题

1. ABC 【解析】第二条：本条例适用于中华人民共和国领域内的河道（包括湖泊、人工水道、行洪区、蓄洪区、滞洪区）。河道内的航道，同时适用《中华人民共和国航道管理条例》。

注意航道是“同时适用”。据《防洪法》，“洪水泛滥可能淹没的地区”指防洪区，防洪区包括洪乏区、蓄滞洪区和防洪保护区。蓄滞洪区包括行洪区、分洪区、蓄洪区和滞洪区。防洪区概念较大，条例适用的范围所列出的（行洪区、蓄洪区、滞洪区）概念较小。

2. A 【解析】第十六条：城镇建设和发展不得占用河道滩地。

其余三个选项的行为是第二十五条必须报经河道主管机关批准的活动。

3. BC 【解析】第二条：本条例适用于中华人民共和国领域内的河道（包括湖泊、人工水道、行洪区、蓄洪区、滞洪区）。

注意蓄滞洪区包括行洪区、分洪区、蓄洪区和滞洪区。条例适用的范围：行洪区、蓄洪区、滞洪区。前者的范围大。

4. AD 【解析】第十二条：修建桥梁、码头和其他设施，必须按照国家规定的防洪标准所确定的河宽进行，不得缩窄行洪通道。桥梁和栈桥的梁底必须高于设计洪水位，并按照防洪和航运的要求，留有一定的超高。设计洪水位由河道主管机关根据防洪规划确定。跨越河道的管道、线路的净空高度必须符合防洪和航运的要求。

5. ABC 【解析】第二条：本条例适用于中华人民共和国领域内的河道（包括湖泊、人工水道、行洪区、蓄洪区、滞洪区）。

6. BCD 【解析】第二十四条：在堤防和护堤地，禁止建房、放牧、开渠、打井、挖窖、葬坟、晒粮、存放物料、开采地下资源、进行考古发掘以及开展集市贸易活动。

7. ABD 【解析】第二十四条：在河道管理范围内，禁止修建围堤、阻水渠道、阻水道路；种植高秆农作物、芦苇、杞柳、荻柴和树木（堤防防护林除外）；设置拦河渔具；弃置矿渣、石渣、煤灰、泥土、垃圾等。

第三十五条：在河道管理范围内，禁止堆放、倾倒、掩埋、排放污染水体的物体。禁止在河道内清洗装贮过油类或者有毒污染物的车辆、容器。

（十九）《自然保护区条例》

一、单项选择题

1．依据《自然保护区条例》，关于“自然保护区功能区的划分及保护”，下列说法正确的是（　　）。（2010 年、2013 年考题）

A．在自然保护区内不得建设任何生产设施

B．自然保护区可以分为核心区、缓冲区、实验区和外围保护地带

C．严禁开设与自然保护区保护方向不一致的参观、旅游项目

D．自然保护区核心区内的原有居民确有必要迁出的，由保护区管理机构予以妥善安置

2．依据《自然保护区条例》，关于自然保护区内禁止的行为，下列说法正确的是（　　）。（2010 年考题）

A．不得进入实验区从事参观考察和旅游活动

B．可不经批准进入缓冲区从事科学研究和教学实习

C．禁止进入核心区从事科学研究活动

D．在自然保护区的外围地带建设的项目，不得损害自然保护区的环境质量，已造成损害的，应当限期治理

3．依据《自然保护区条例》关于自然保护区内禁止行为的规定，下列说法错误的是（　　）。（2011 年考题）

A．自然保护区核心区内不得建设任何生产设施

B．自然保护区缓冲区内不得建设任何生产设施

C．自然保护区实验区内不得建设污染环境的生产设施

D．自然保护区外围保护地带不得建设损害其环境质量的生产设施

4．根据《自然保护区条例》，关于“自然保护区功能区划分和保护要求”，下列说法错误的是（　　）。（2012 年考题）

A．核心区禁止任何单位和个人进入

B．自然保护区的缓冲区只准进入从事科学试验活动

C．自然保护区的外围保护地带可以进行建设项目的建设

D．自然保护区的实验区可以从事参观考察、教学实习等活动

5．根据《自然保护区条例》关于自然保护区内禁止行为的规定，下列说法中，错误的是（　　）。（2012 年考题）

A．在自然保护区的核心区内不得建设任何生产设施

B．在自然保护区的外围保护地带建设的项目，不得损害自然保护区内的环境质量

C．在自然保护区实验区内已建成的设施，其污染物排放超过国家和地方标准的，应限期治理

D．在自然保护区的缓冲区内不得建设污染环境、破坏资源或景观的生产设施，建设其他项目其污染物排放不得超过国家和地方规定的标准

6．某公路工程拟通过内部未分区的自然保护区。根据《自然保护区条例》，该建设项目须（　　）。（2013 年、2014 年考题）

A．避绕该自然保护区

B．降低公路等级和通行能力

C．缩小路基宽度，禁止设置取弃土场

D．优化路由，缩短通过该保护区路线长度

7．根据《自然保护区条例》中自然保护区的功能划分及保护的要求，下列说法中，错误的是（　　）。（2014 年考题）

A．自然保护区可以分为核心区、缓冲区和实验区

B．自然保护核心区外围可以划定一定面积的缓冲区，只准进入从事科学研究观测活动

C．自然保护区缓冲区外围划为实验区，可以进入从事教学实习、参观考察等活动

D．自然保护区的外围须划定一定面积的外围保护地带，该地带的建设项目不得损害自然保护区的环境质量

8．根据《自然保护区条例》，在自然保护区的缓冲区，经自然保护区管理机构批准可以从事（　　）活动。（2014 年考题）

A．旅游　　B．参观考察　　C．生产经营　　D．标本采集

9．根据《自然保护区条例》，下列活动中，允许在自然保护区内开展的活动是（　　）。（2015 年考题）

A．旅游　　B．采药　　C．放牧　　D．捕捞

10．根据《自然保护区条例》，在自然保护区缓冲区内，只准从事的活动是（　　）。（2016 年考题）

A．旅游　　B．参观考察

C．科学研究观测　　D．驯化珍稀、濒危野生动物

11．某地拟在内部未分区的自然保护区开展生态旅游活动，根据《自然保护区条例》，下列关于开展该项活动的说法中，正确的是（　　）。（2016 年考题）

A．禁止自然保护区内开展该项旅游活动

B．该项旅游活动应与自然保护区保护方向一致

C．开展该项旅游活动，不得损害自然保护区的环境质量

D．开展专项旅游活动应向自然保护区管理机构提交申请和活动计划，并经自然保护区管理机构批准

12．根据《自然保护区条例》关于自然保护区内禁止行为的有关规定，下列说法中，错误的是（　　）。（2017 年考题）

A．在自然保护区核心区内，不得建设任何生产设施

B．在自然保护区缓冲区内建设的生产设施，其污染物排放不得超过国家和地方规定的排放标准

C．在自然保护区的实验区内已经建成的设施，其污染物排放超过国家和地方规定的排放标准的，应当限期治理

D．在自然保护区的外围保护地带建设的项目，不得损害自然保护区内的环境质量，已造成损害的，应当限期治理

13．根据《自然保护区条例》，下列活动中，属于自然保护区实验区内禁止行为的是（　　）。（2018 年考题）

A．放牧、采药　　B．开展旅游活动

C．从事科学研究活动　　D．驯化、繁殖珍稀、濒危野生动植物等活动

14．因科学研究的需要，某高校研究人员必须进入国家级自然保护区核心区从事科学研究观测活动，根据《自然保护区条例》，关于该研究人员在自然保护区内禁止行为有关要求的说法，正确的是（　　）。（2018 年考题）

A．应事先向自然保护区管理机构提交申请和活动计划，并经省、自治区、直辖市人民政府批准

B．应事先向自然保护区管理机构提交申请和活动计划，并经省、自治区、直辖市人民政府有关保护区行政主管部门批准

C．应事先向省、自治区、直辖市人民政府有关保护区行政主管部门提交申请和活动计划，并经省、自治区、直辖市人民政府批准

D．应事先向省、自治区、直辖市人民政府提交申请和活动计划，并经省、自治区、直辖市人民政府有关保护区行政主管部门批准

15．根据《自然保护区条例》，下列活动中，不属于自然保护区内禁止行为的是（　　）。（2018 年考题）

A．砍伐　　B．挖沙　　C．捕捞　　D．标本采集

16．根据《自然保护区条例》，自然保护区的内部未分区的，依照本条例有关

（　　）的规定管理。（2019 年考题）

A．核心区　　B．缓冲区

C．核心区和缓冲区　　D．核心区、缓冲区、实验区

17．根据《自然保护区条例》，关于自然保护区的功能区划分的说法错误的是（　　）。（2019 年考题）

A．自然保护区可以分为核心区、缓冲区、实验区和外围保护地带

B．自然保护区内保存完好的天然状态的生态系统以及珍稀、濒危动植物的集中分布地，应当划为核心区

C．核心区外围可以划定一定面积的缓冲区

D．缓冲区外围划为实验区

二、不定项选择题

1．某高校因科研需要，拟在一省级自然保护区缓冲区内采集标本，依据《自然保护区条例》，该高校的下列做法中，正确的是（　　）。（2010 年考题）

A．经批准后采集标本，并将标本采集成果副本提交该自然保护区管理机构

B．事先向该自然保护区管理机构提交申请和活动计划，经批准后即可进行标本采集

C．事先向该省人民政府自然保护区行政主管部门申报申请和活动计划，经批准后即可进行标本采集

D．事先向该自然保护区管理机构提交申请和活动计划，并报该省人民政府自然保护区行政主管部门批准后，即可进行标本采集

2．一公路因受地形限制等原因线位走向无法避绕某自然保护区。根据《自然保护区条例》，禁止该工程（　　）。（2013 年考题）

A．线位穿越自然保护区核心区　　B．线位穿越自然保护区缓冲区

C．线位穿越自然保护区实验区　　D．在自然保护实验区设置砂石料场

3．根据《自然保护区条例》，进入自然区缓冲区从事标本采集活动的必要前提有（　　）。（2015 年考题）

A．该活动为公益性的　　B．该活动为非破坏性的

C．该活动以教学科研为目的　　D．该活动经自然保护区管理机构批准

4．根据《自然保护区条例》，下列区域中，属于不得建设任何生产设施区域的有（　　）。（2018 年考题）

A．自然保护区的核心区　　B．自然保护区的缓冲区

C．自然保护区的实验区　　D．自然保护区的外围保护地带

5．根据《自然保护区条例》，关于缓冲区的说法正确的是（　　）。（2019

年考题）

A．缓冲区只准进入从事科学研究观测活动

B．禁止在缓冲区开展旅游和生产经营活动

C．在缓冲区内不得建设任何生产设施

D．在缓冲区内不得从事教学实习和标本采集活动

参考答案

一、单项选择题

1．C 【解析】第三十二条：在自然保护区的核心区和缓冲区内，不得建设任何生产设施。

第十八条：自然保护区可以分为核心区、缓冲区和实验区。

第二十七条：自然保护区核心区内的原有居民确有必要迁出的，由自然保护区所在地的地方人民政府予以妥善安置。

2．D 【解析】第十八条：缓冲区外围划为实验区，可以进入从事科学试验、教学实习、参观考察、旅游以及驯化、繁殖珍稀、濒危野生动植物等活动。

第二十八条：因教学科研的目的，需要进入自然保护区的缓冲区从事非破坏性的科学研究、教学实习和标本采集活动的，应当事先向自然保护区管理机构提交申请和活动计划，经自然保护区管理机构批准。

第二十七条：禁止任何人进入自然保护区的核心区。因科学研究的需要，必须进入核心区从事科学研究观测、调查活动的，应当事先向自然保护区管理机构提交申请和活动计划，并经自然保护区管理机构批准。

第三十二条：在自然保护区的外围保护地带建设的项目，不得损害自然保护区内的环境质量；已造成损害的，应当限期治理。

3．D 【解析】第三十二条：在自然保护区的核心区和缓冲区内，不得建设任何生产设施。在自然保护区的实验区内，不得建设污染环境、破坏资源或者景观的生产设施；建设其他项目，其污染物排放不得超过国家和地方规定的污染物排放标准。在自然保护区的实验区内已经建成的设施，其污染物排放超过国家和地方规定的排放标准的，应当限期治理；造成损害的，必须采取补救措施。在自然保护区的外围保护地带建设的项目，不得损害自然保护区内的环境质量；已造成损害的，应当限期治理。

4．B 【解析】缓冲区，只准进入从事科学研究观测活动。在自然保护区的外围保护地带建设的项目，不得损害自然保护区内的环境质量；已造成损害的，应当限期治理。实验区，可以进入从事科学试验、教学实习、参观考察、旅游以及驯化、

繁殖珍稀、濒危野生动植物等活动。

5. D 【解析】第三十二条：在自然保护区的核心区和缓冲区内，不得建设任何生产设施。

6. A 【解析】注意题目为未分区的自然保护区。按照第三十条：自然保护区的内部未分区的，依照本条例有关核心区和缓冲区的规定管理。

7. D 【解析】第十八条：原批准建立自然保护区的人民政府认为必要时，可以在自然保护区的外围划定一定面积的外围保护地带。

8. D 【解析】第二十八条：禁止在自然保护区的缓冲区开展旅游和生产经营活动。因教学科研的目的，需要进入自然保护区的缓冲区从事非破坏性的科学研究、教学实习和标本采集活动的，应当事先向自然保护区管理机构提交申请和活动计划，经自然保护区管理机构批准。

9. A 【解析】第二十六条：禁止在自然保护区内进行砍伐、放牧、狩猎、捕捞、采药、开垦、烧荒、开矿、采石、挖沙等活动。

10. C 【解析】第十八条：核心区外围可以划定一定面积的缓冲区，只准进入从事科学研究观测活动。

11. A 【解析】注意题目为未分区的自然保护区。按照第三十条：自然保护区的内部未分区的，依照本条例有关核心区和缓冲区的规定管理。第二十八条：禁止在自然保护区的缓冲区开展旅游和生产经营活动。

12. B 【解析】第三十二条：在自然保护区的核心区和缓冲区内，不得建设任何生产设施。在自然保护区的实验区内，不得建设污染环境、破坏资源或者景观的生产设施；建设其他项目，其污染物排放不得超过国家和地方规定的污染物排放标准。在自然保护区的实验区内已经建成的设施，其污染物排放超过国家和地方规定的排放标准的，应当限期治理；造成损害的，必须采取补救措施。在自然保护区的外围保护地带建设的项目，不得损害自然保护区内的环境质量；已造成损害的，应当限期治理。

13. A 【解析】第十八条：缓冲区外围划为实验区，可以进入从事科学试验、教学实习、参观考察、旅游以及驯化、繁殖珍稀、濒危野生动植物等活动。

第二十六条：禁止在自然保护区内进行砍伐、放牧、狩猎、捕捞、采药、开垦、烧荒、开矿、采石、挖沙等活动；但是，法律、行政法规另有规定的除外。

14. B 【解析】第二十七条：禁止任何人进入自然保护区的核心区。因科学研究的需要，必须进入核心区从事科学研究观测、调查活动的，应当事先向自然保护区管理机构提交申请和活动计划，并经自然保护区管理机构批准；其中，进入国家级自然保护区核心区的，应当经省、自治区、直辖市人民政府有关自然保护区行政主管部门批准。

15. D【详解】第二十六条：禁止在自然保护区内进行砍伐、放牧、狩猎、捕捞、采药、开垦、烧荒、开矿、采石、挖沙等活动；但是，法律、行政法规另有规定的除外。

16. C 【解析】第三十条：自然保护区的内部未分区的，依照本条例有关核心区和缓冲区的规定管理。

17. A 【解析】第十八条：自然保护区可以分为核心区、缓冲区和实验区。自然保护区内保存完好的天然状态的生态系统以及珍稀、濒危动植物的集中分布地，应当划为核心区，禁止任何单位和个人进入；除依照本条例第二十七条的规定经批准外，也不允许进入从事科学研究活动。核心区外围可以划定一定面积的缓冲区，只准进入从事科学研究观测活动。缓冲区外围划为实验区，可以进入从事科学试验、教学实习、参观考察、旅游以及驯化、繁殖珍稀、濒危野生动植物等活动。原批准建立自然保护区的人民政府认为必要时，可以在自然保护区的外围划定一定面积的外围保护地带。

二、不定项选择题

1. AB 【解析】第二十八条：因教学科研的目的，需要进入自然保护区的缓冲区从事非破坏性的科学研究、教学实习和标本采集活动的，应当事先向自然保护区管理机构提交申请和活动计划，经自然保护区管理机构批准。从事前款活动的单位和个人，应当将其活动成果的副本提交自然保护区管理机构。

2. ABD 【解析】第三十二条：在自然保护区的核心区和缓冲区内，不得建设任何生产设施。在自然保护区的实验区内，不得建设污染环境、破坏资源或者景观的生产设施；建设其他项目，其污染物排放不得超过国家和地方规定的污染物排放标准。

3. BCD 【解析】第二十八条：禁止在自然保护区的缓冲区开展旅游和生产经营活动。因教学科研的目的，需要进入自然保护区的缓冲区从事非破坏性的科学研究、教学实习和标本采集活动的，应当事先向自然保护区管理机构提交申请和活动计划，经自然保护区管理机构批准。

4. AB 【解析】第三十二条：在自然保护区的核心区和缓冲区内，不得建设任何生产设施。

5. ABC 【解析】第十八条：核心区外围可以划定一定面积的缓冲区，只准进入从事科学研究观测活动。

第二十八条：禁止在自然保护区的缓冲区开展旅游和生产经营活动。因教学科研的目的，需要进入自然保护区的缓冲区从事非破坏性的科学研究、教学实习和标本采集活动的，应当事先向自然保护区管理机构提交申请和活动计划，经自然保护区管理机构批准。

第三十二条：在自然保护区的核心区和缓冲区内，不得建设任何生产设施。

（二十）《风景名胜区条例》

一、单项选择题

1．依据《风景名胜区条例》，经风景名胜区管理机构审核，依照有关法律、法规的规定报有关主管部门批准，可以在风景名胜区内进行的活动是（　　）。（2010年、2011年考题）

A．开荒　　B．开山、采石

C．修建储存腐蚀性物品的设施　　D．改变水资源、水环境自然状态

2．依据《风景名胜区条例》，关于“风景名胜区的保护”，下列说法中，错误的是（　　）。（2010年考题）

A．风景名胜区内的景观和自然环境，应当根据可持续发展的原则，严格保护，不得破坏或者随意改变

B．风景名胜区管理机构应当建立健全风景名胜资源保护的各项制度

C．风景名胜区所在地县级以上人民政府应当对风景名胜区的重要景观进行调查、鉴定，并制订相应的保护措施

D．国家建立风景名胜区管理信息系统，对风景名胜区规划的实施和资源保护情况进行动态监测

3．根据《风景名胜条例》，下列关于风景名胜区内进行建设活动的说法中，不属于该条例要求的是（　　）。（2015年考题）

A．建设、施工单位应当保护好地形地貌

B．建设、施工单位应当制定绿色施工方案

C．建设、施工单位应当制定污染防治方案

D．建设、施工单位应当制定水土保持方案

4．根据《风景名胜区条例》，风景名胜区内禁止的活动是（　　）。（2016年考题）

A．开山、采石、采矿　　B．举办大型游乐活动

C．设置、张贴商业广告　　D．改变水资源、水环境的自然状态

5．下列关于风景名胜区保护的说法，符合《风景名胜区条例》规定的是（　　）。（2019年考题）

A．禁止在风景名胜区内的核心景区内建设宾馆、招待所、培训中心、疗养院

B．在风景名胜区内修建缆车、索道的选址方案应当报国务院建设主管部门核准

C. 风景名胜区内的建设项目应当符合当地旅游发展规划，并与景观相协调，不得破坏景观、污染环境、妨碍游览

D. 风景名胜区内的景观和自然环境，应当根据可持续发展的原则，严格保护，不得破坏或者随意改变

二、不定项选择题

1. 根据《风景名胜区条例》，下列说法正确的有（ ）。（2016 年考题）

A. 在风景名胜区内，禁止修建储存爆炸性、易燃性、放射性、毒害性、腐蚀性物品的设施

B. 风景名胜区内的景观和自然环境，应当根据可持续发展的原则，严格保护，不得破坏或者随意改变

C. 在风景名胜区内，禁止建设宾馆、招待所、培训中心、疗养院以及与风景名胜资源保护无关的其他建筑物

D. 风景名胜区内的建设项目应当符合风景名胜区规划，并与景观相协调，不得破坏景观、污染环境、妨碍游览

2. 根据《风景名胜区条例》，在风景名胜区内进行（ ）活动，应当经风景名胜区管理机构审核后，依照有关法律、法规的规定报有关主管部门批准。（2019 年考题）

A. 开山、采石、开矿

B. 举办大型游乐活动

C. 设置、张贴商业广告

D. 改变水资源、水环境自然状态的活动

参考答案

一、单项选择题

1. D 【解析】第二十六条：在风景名胜区内禁止进行下列活动：（一）开山、采石、开矿、开荒、修坟立碑等破坏景观、植被和地形地貌的活动；（二）修建储存爆炸性、易燃性、放射性、毒害性、腐蚀性物品的设施；（三）在景物或者设施上刻划、涂污；（四）乱扔垃圾。

其余三个选项都是禁止行为。

2. C 【解析】选项 C 的正确说法是第二十五条：风景名胜区管理机构应当对风景名胜区的重要景观进行调查、鉴定，并制定相应的保护措施。

3．B 【解析】第三十条：在风景名胜区内进行建设活动的，建设单位、施工单位应当制定污染防治和水土保持方案，并采取有效措施，保护好周围景物、水体、林草植被、野生动物资源和地形地貌。

4．A 【解析】第二十六条：在风景名胜区内禁止进行下列活动：（一）开山、采石、开矿、开荒、修坟立碑等破坏景观、植被和地形地貌的活动；（二）修建储存爆炸性、易燃性、放射性、毒害性、腐蚀性物品的设施；（三）在景物或者设施上刻划、涂污；（四）乱扔垃圾。

5．D 【解析】第二十七条：禁止违反风景名胜区规划，在风景名胜区内设立各类开发区和在核心景区内建设宾馆、招待所、培训中心、疗养院以及与风景名胜资源保护无关的其他建筑物；已经建设的，应当按照风景名胜区规划，逐步迁出。

第二十八条：在国家级风景名胜区内修建缆车、索道等重大建设工程，项目的选址方案应当报省、自治区人民政府建设主管部门和直辖市人民政府风景名胜区主管部门核准。

第三十条：风景名胜区内的建设项目应当符合风景名胜区规划，并与景观相协调，不得破坏景观、污染环境、妨碍游览。

二、不定项选择题

1．ABD 【解析】C 的正确说法是第二十七条。

2．BCD 【解析】第二十九条：在风景名胜区内进行下列活动，应当经风景名胜区管理机构审核后，依照有关法律、法规的规定报有关主管部门批准：（一）设置、张贴商业广告；（二）举办大型游乐等活动；（三）改变水资源、水环境自然状态的活动；（四）其他影响生态和景观的活动。

A 是第二十六条在风景名胜区内禁止进行的活动。

（二十一）《基本农田保护条例》

一、单项选择题

1．国家某重点原油输送项目涉及基本农田转用为建设用地。依据《基本农田保护条例》，（　　）有权批准该项目占用基本农田。（2010 年考题）

A．国务院　　B．省级人民政府

C．设区的市级人民政府　　D．国务院土地行政主管部门

2．依据《基本农田保护条例》，关于基本农田的保护，下列说法中，正确的是（　　）。（2010 年考题）

A．禁止任何单位和个人闲置、荒芜基本农田

B．国家军事设施选址无法避开基本农田，需要占用基本农田的，必须经省级人民政府批准，报国务院备案

C．占用基本农田的单位应当按照当地土地管理部门的要求，将所占用基本农田耕作层的土地用于新开垦耕地的土壤改良

D．经国务院批准占用基本农田的，当地人民政府应当按照国务院的批准文件修改土地利用总体规划，并补充划入数量相当的基本农田

3．根据《基本农田保护条例》，关于与建设项目有关的基本农田保护措施，下列说法中，错误的是（　　）。（2012 年考题）

A．基本农田保护区经依法划定后，任何单位和个人不得改变或者占用

B．国家重点建设项目确实需要占用基本农田、涉及征用土地的，必须经国务院批准

C．国家重点建设项目确实需要占用基本农田，涉及农用地转用的，必须经当地省级人民政府批准

D．占用基本农田的单位没有条件开垦或开垦的耕地不符合要求的，应按规定缴纳耕地开垦费，专款用于开垦新的耕地

4．根据《基本农田保护条例》，关于与建设项目有关的基本农田保护措施的说法，错误的是（　　）。（2018 年考题）

A．禁止任何单位或个人在基本农田内堆放固体废弃物

B．承包经营基本农田的单位或者个人连续两年弃耕抛荒的，原发包单位应当终止承包合同

C．经国务院批准占用基本农田的，当地人民政府应当按照国务院的批准文件修改

土地利用总体规划，并补充划入数量和质量相当的基本农田

D. 占用基本农田的单位应当按照县级以上地方人民政府的要求，将所占用基本农田耕作层的土壤用于新开垦耕地、劣质地或者其他耕地的土壤改良

5. 根据《基本农田保护条例》，基本农田是（ ）。（2019 年考题）

A. 按照一定时期人口和社会经济发展对农产品的需求，依据农业发展规划确定的不得占用的耕地

B. 按照一定时期人口和社会经济发展对农产品的需求，依据土地利用总体规划确定的不得占用的耕地

C. 按照一定时期人口和社会经济发展对农产品的需求，依照国家主体功能区划确定的不得占用的耕地

D. 按照一定时期人口和社会经济发展对农产品的需求，依据国民经济和社会发展确定的不得占用的耕地

二、不定项选择题

1. 依据《基本农田保护条例》，在基本农田保护区内禁止的活动有（ ）。（2010 年考题）

A. 挖砂　　B. 农业教学

C. 修建房屋　　D. 取土制砖

2. 根据《基本农田保护条例》，禁止任何单位和个人（ ）。（2012 年考题）

A. 堆放固体废弃物

B. 闲置、荒芜基本农田

C. 占用基本农田发展林果业和挖塘养鱼

D. 在基本农田保护区挖砂、采石、采矿

参考答案

一、单项选择题

1. A 【解析】第十五条：国家能源、交通、水利、军事设施等重点建设项目选址确实无法避开基本农田保护区，需要占用基本农田，涉及农用地转用或者征收土地的，必须经国务院批准。

2. A 【解析】选项 B 的正确说法是："国家军事设施选址无法避开基本农田，需要占用基本农田的，必须经国务院批准"；选项 C 的正确说法是："占用基本农

田的单位应当按照县级以上地方人民政府的要求，将所占用基本农田耕作层的土地用于新开垦耕地的土壤改良”；选项D的正确说法是：“经国务院批准占用基本农田的，当地人民政府应当按照国务院的批准文件修改土地利用总体规划，并补充划入数量和质量相当的基本农田”。

3．C 【解析】第十五条：基本农田保护区经依法划定后，任何单位和个人不得改变或者占用。国家能源、交通、水利、军事设施等重点建设项目选址确实无法避开基本农田保护区，需要占用基本农田，涉及农用地转用或者征收土地的，必须经国务院批准。

4．A 【解析】第十七条：禁止任何单位和个人在基本农田保护区内建窑、建房、建坟、挖砂、采石、采矿、取土、堆放固体废弃物或者进行其他破坏基本农田的活动。（注意是在“基本农田保护区内”）

第十八条：承包经营基本农田的单位或者个人连续两年弃耕抛荒的，原发包单位应当终止承包合同，收回发包的基本农田。

第十六条：经国务院批准占用基本农田的，当地人民政府应当按照国务院的批准文件修改土地利用总体规划，并补充划入数量和质量相当的基本农田。占用基本农田的单位应当按照县级以上地方人民政府的要求，将所占用基本农田耕作层的土壤用于新开垦耕地、劣质地或者其他耕地的土壤改良。

5．B 【解析】第二条：本条例所称基本农田，是指按照一定时期人口和社会经济发展对农产品的需求，依据土地利用总体规划确定的不得占用的耕地。

二、不定项选择题

1．ACD 【解析】第十七条：禁止任何单位和个人在基本农田保护区内建窑、建房、建坟、挖砂、采石、采矿、取土、堆放固体废弃物或者进行其他破坏基本农田的活动。

2．BCD 【解析】第十七条：禁止任何单位和个人在基本农田保护区内建窑、建房、建坟、挖砂、采石、采矿、取土、堆放固体废弃物或者进行其他破坏基本农田的活动。禁止任何单位和个人占用基本农田发展林果业和挖塘养鱼。

第十八条：禁止任何单位和个人闲置、荒芜基本农田。

（二十二）《土地复垦条例》

一、单项选择题

1. 根据《土地复垦条例》，关于生产建设活动损毁土地复垦的原则，下列说法中，错误的是（　　）。（2012 年考题）

A. 历史遗留损毁土地由县级以上人民政府负责组织复垦

B. 自然灾害损毁的土地由县级以上人民政府负责组织复垦

C. 生产建设活动损毁的土地应由土地复垦义务人负责复垦

D. 生产建设活动损毁的土地应由县级以上人民政府国土资源主管部门负责复垦

2. 根据《土地复垦条例》，由土地复垦义务人负责复垦的损毁土地不包括（　　）。（2014 年考题）

A. 挖沙取土损毁的土地

B. 洪涝灾害损毁的土地

C. 堆放采矿废石压占的土地

D. 核电设施建设临时占用损毁的土地

3. 一水库未按防洪标准建设，洪水时溃坝，造成土地损毁。根据《土地复垦条例》，损毁土地应由（　　）负责组织复垦。（2015 年考题）

A. 水库施工单位　　B. 水库建设单位

C. 水库设计单位　　D. 当地县级以上人民政府

4. 某矿开采造成了地表塌陷，矿方拟采用含有重金属污染物的尾矿渣对塌陷土地进行复垦。根据《土地复垦条例》，下列关于该复垦方案的说法中，正确的是（　　）。（2015 年考题）

A. 该方案违反《土地复垦条例》的有关规定，方案不可行

B. 在复垦土地不用于种植食用农作物的前提下，方案可行

C. 在原方案的基础上采用剥离的表土进行覆盖后，方案可行

D. 在耕作层土壤质量达到土壤环境质量标准的前提下，方案可行

5. 根据《土地复垦条例》生产建设活动损毁土地复垦的原则，下列说法中，错误的是（　　）。（2016 年考题）

A. 复垦的土地应当优先用于农业

B. 土地复垦应当坚持科学规划、因地制宜、综合治理、经济可行、合理利用的原则

C. 由于历史原因无法确定土地复垦义务人的生产建设活动损毁的土地，由当地人民政府负责组织复垦

D. 生产建设活动损毁的土地复垦，应按照“谁损毁、谁复垦”的原则，由生产建设单位或者个人负责复垦

6. 根据《土地复垦条例》土地复垦义务人应当保护土壤质量与生态环境、避免污染土壤和地下水的有关规定，下列说法中，正确的是（　　）。（2019 年考题）

A. 县级以上人民政府应当建立土地复垦质量控制制度

B. 重金属污染物或者其他有毒有害物质达到国家有关标准的，可以用作土地复垦回填或者充填材料

C. 受重金属污染物或者其他有毒有害物质污染的土地复垦后，达不到国家或地方有关标准的，不得用于种植食用农作物

D. 土地复垦义务人应当首先对拟损毁的耕地、林地、牧草地进行表土剥离，剥离的表土用于被损毁土地的复垦

7. 根据《土地复垦条例》，下列说法中，错误的是（　　）。（2019 年考题）

A. 生产建设活动损毁的土地，按照“谁损毁，谁复垦”的原则，由生产建设单位负责复垦

B. 生产建设活动损毁的土地，按照“谁损毁，谁复垦”的原则，由土地复垦义务人负责复垦

C. 历史遗留损毁土地，由县级以上人民政府负责组织复垦

D. 自然灾害损毁的土地，由县级以上人民政府负责组织复垦

二、不定项选择题

1. 根据《土地复垦条例》，（　　）由土地复垦义务人负责复垦。（2012 年考题）

A. 地下采矿等造成地质塌陷的土地

B. 露天烧制砖瓦挖掘地表所损毁的土地

C. 堆放采矿剥离物、废石、矿渣等固体废弃物压占的土地

D. 能源、交通、水利设施建设活动临时占用所损毁的土地

2. 根据《土地复垦条例》，土地复垦义务人应当（　　）。（2012 年考题）

A. 建立土地复垦质量控制制度

B. 遵守土地复垦标准和环境保护标准

C. 建立土地复垦效果验收、跟踪评价制度

D. 保护土壤质量和生态环境，避免污染土壤和地下水

3. 根据《土地复垦条例》，土地复垦义务人应当首先对拟损毁的（　　）进行

表土剥离，剥离的表土用于被损毁土地的复垦。（2012年考题）

A．耕地　　B．林地

C．牧草地　　D．农田水利用地

4．根据《土地复垦条例》，下列损毁土地中，应当由县级以上人民政府负责组织复垦的是（　）。（2013年考题）

A．历史遗留损毁土地　　B．自然灾害损毁的土地

C．露天采矿生产中所损毁的土地　　D．公路建设临时占用所损毁的土地

5．根据《土地复垦条例》，受重金属污染物或者其他有毒有害物质污染的土地复垦后，达不到国家有关标准的，不得用于种植（　）。（2014年考题）

A．粮食　　B．棉花

C．蔬菜　　D．花卉

6．根据《土地复垦条例》，下列关于土地复垦的说法中，正确的有（　）。（2015年考题）

A．复垦的土地应当优先用于农业

B．历史遗留损毁的土地，由县级以上人民政府组织复垦

C．自然灾害损毁的土地不属于《土地复垦条例》规定的复垦范围

D．受重金属污染的土地复垦后，达不到国家有关标准的，不得用于种植食用农作物

7．根据《土地复垦条例》，下列损毁土地中，属于由土地复垦义务人负责复垦的有（　）。（2018年考题）

A. 历史遗留损毁土地　　B. 地下采矿造成地表塌陷的土地

C. 露天采矿地表挖掘所损毁的土地　　D. 道路施工临时占用所损毁的土地

参考答案

一、单项选择题

1．D　【解析】第三条：生产建设活动损毁的土地，按照“谁损毁，谁复垦”的原则，由生产建设单位或者个人（以下称土地复垦义务人）负责复垦。但是，由于历史原因无法确定土地复垦义务人的生产建设活动损毁的土地（以下称历史遗留损毁土地），由县级以上人民政府负责组织复垦。自然灾害损毁的土地，由县级以上人民政府负责组织复垦。

2．B　【解析】第三条：自然灾害损毁的土地，由县级以上人民政府负责组织复垦。

3．B 【解析】第三条：生产建设活动损毁的土地，按照“谁损毁，谁复垦”的原则，由生产建设单位或者个人（土地复垦义务人）负责复垦。

4．A 【解析】第十六条：禁止将重金属污染物或者其他有毒有害物质用作回填或者充填材料。

5．C 【解析】第三条：由于历史原因无法确定土地复垦义务人的生产建设活动损毁的土地（以下称历史遗留损毁土地），由县级以上人民政府负责组织复垦。

6．D 【解析】第十六条：土地复垦义务人应当建立土地复垦质量控制制度，遵守土地复垦标准和环境保护标准，保护土壤质量与生态环境，避免污染土壤和地下水。土地复垦义务人应当首先对拟损毁的耕地、林地、牧草地进行表土剥离，剥离的表土用于被损毁土地的复垦。禁止将重金属污染物或者其他有毒有害物质用作回填或者充填材料。受重金属污染物或者其他有毒有害物质污染的土地复垦后，达不到国家有关标准的，不得用于种植食用农作物。

7．A 【解析】第三条：生产建设活动损毁的土地，按照“谁损毁，谁复垦”的原则，由生产建设单位或者个人（以下称土地复垦义务人）负责复垦。但是，由于历史原因无法确定土地复垦义务人的生产建设活动损毁的土地（以下称历史遗留损毁土地），由县级以上人民政府负责组织复垦。自然灾害损毁的土地，由县级以上人民政府负责组织复垦。

二、不定项选择题

1．ABCD 【解析】第三条：生产建设活动损毁的土地，按照“谁损毁，谁复垦”的原则，由生产建设单位或者个人（以下称土地复垦义务人）负责复垦。

2．ABD 【解析】选项 C 属监管的内容。第十六条：土地复垦义务人应当建立土地复垦质量控制制度，遵守土地复垦标准和环境保护标准，保护土壤质量与生态环境，避免污染土壤和地下水。

3．ABC 【解析】第十六条：土地复垦义务人应当首先对拟损毁的耕地、林地、牧草地进行表土剥离，剥离的表土用于被损毁土地的复垦。

4．AB 【解析】第三条：由于历史原因无法确定土地复垦义务人的生产建设活动损毁的土地（以下称历史遗留损毁土地），由县级以上人民政府负责组织复垦。自然灾害损毁的土地，由县级以上人民政府负责组织复垦。

5．AC 【解析】第十六条：受重金属污染物或者其他有毒有害物质污染的土地复垦后，达不到国家有关标准的，不得用于种植食用农作物。

6．ABD 【解析】第三条：由于历史原因无法确定土地复垦义务人的生产建设活动损毁的土地（以下称历史遗留损毁土地），由县级以上人民政府负责组织复垦。自然灾害损毁的土地，由县级以上人民政府负责组织复垦。

第四条：复垦的土地应当优先用于农业。

第十六条：受重金属污染物或者其他有毒有害物质污染的土地复垦后，达不到国家有关标准的，不得用于种植食用农作物。

7. BCD 【解析】第三条：生产建设活动损毁的土地，按照“谁损毁，谁复垦”的原则，由生产建设单位或者个人（以下称土地复垦义务人）负责复垦。但是，由于历史原因无法确定土地复垦义务人的生产建设活动损毁的土地（以下称历史遗留损毁土地），由县级以上人民政府负责组织复垦。自然灾害损毁的土地，由县级以上人民政府负责组织复垦。

（二十三）《医疗废物管理条例》

一、单项选择题

1. 依据《医疗废物管理条例》，不符合医疗废物集中贮存、处置设施选址规定的是（　　）。（2011 年考题）

A. 选址远离居民居住区　　B. 选址远离水源保护区

C. 选址位于交通干道附近　　D. 选址与工厂有适当的安全防护距离

2. 根据《医疗废物管理条例》关于医疗废物集中贮存、处置设施选址的规定，下列说法中，错误的是（　　）。（2012 年考题）

A. 应当远离水源保护区

B. 应当远离居（村）民居住区

C. 与交通干道有适当的安全防护距离

D. 与工厂、企业有适当的安全防护距离，并符合国务院环境保护行政主管部门的规定

3. 根据《医疗废物管理条例》，医疗废物集中处置单位的贮存、处置设施，应当远离（　　），并符合国务院环境保护行政主管部门的规定。（2013 年考题）

A. 公路　　B. 一般河流

C. 工厂、企业　　D. 居（村）民居住区

4. 根据《医疗废物管理条例》，关于医疗废物集中贮存、处置设施选址的说法，错误的是（　　）。（2018 年考题）

A. 医疗废物集中处置单位的贮存、处置设施，应当远离交通干道

B. 医疗废物集中处置单位的贮存、处置设施，应当远离大中型河流

C. 医疗废物集中处置单位的贮存、处置设施，应当远离居（村）民居住区

D. 医疗废物集中处置单位的贮存、处置设施，应当与工厂、企业等工作场所有适当的安全防护距离

5. 根据《医疗废物管理条例》，医疗废物集中处置单位的贮存、处置设施的选址应当远离（　　），并符合国务院环境保护行政主管部门的规定。（2019 年考题）

A. 交通干道　　B. 封闭式湖泊　　C. 水厂　　D. 中小学校

二、不定项选择题

1. 依据《医疗废物管理条例》，医疗废物集中处置单位的贮存、处置设施，应

当远离（　　）。（2006 年、2014 年考题）

A．医院　　　　　　　　B．交通干道

C．水源保护区　　　　　D．工厂、企业

E．居（村）居民住区

2．依据《医疗废物管理条例》，医疗废物集中处置单位的贮存、处置设施应当（　　），并符合国务院环保行政主管部门的规定。（2010 年考题）

A．远离交通干道

B．远离居住区

C．与工厂有适当的安全防护距离

D．与水源保护区有适当的卫生防护距离

3．根据《医疗废物管理条例》，医疗废物集中处置单位的贮存、处置设施的选址应当远离（　　）。（2016 年考题）

A．交通干道　　　　　　B．水源保护区

C．居（村）民居住区　　D．城市生活垃圾焚烧厂

参考答案

一、单项选择题

1．C　【解析】第二十四条：医疗废物集中处置单位的贮存、处置设施，应当远离居（村）民居住区、水源保护区和交通干道，与工厂、企业等工作场所有适当的安全防护距离，并符合国务院环境保护行政主管部门的规定。

2．C　【解析】第二十四条。

3．D　【解析】第二十四条。

4．B　【解析】第二十四条。

5．A　【解析】第二十四条。

二、不定项选择题

1．BCE　【解析】第二十四条。

2．ABC　【解析】第二十四条。

3．ABC　【解析】第二十四条。

（二十四）《危险化学品安全管理条例》

一、单项选择题

1．依据《危险化学品安全管理条例》，下列场所、区域中，与危险化学品生产装置之间的距离不受相关规定限制的是（　　）。（2010 年、2011 年考题）

A．渔业水域　　B．运输工具加油站

C．基本农田保护区　　D．种子、种畜、水产苗种生产基地

2．《危险化学品安全管理条例》所称“危险化学品”，是指（　　）。（2014 年考题）

A．储存数量等于或超过临界量的剧毒化学品和其他化学品

B．等同于废气、废水、固体废物等污染物质，并能造成环境污染的剧毒化学品和其他化学品

C．因管理不善或使用不当而进入环境，并对人体和环境造成严重持久性危害的剧毒化学品和其他化学品

D．具有毒害、腐蚀、爆炸、燃烧、自燃等性质，对人体、设施、环境具有危害的剧毒化学品和其他化学品

3．某单位拟建储量为 1 000 t 的甲醇储罐（甲醇贮存设施构成重大危险源的临界量为 500 t）一座。根据《危险化学品安全管理条例》，该储罐与（　　）的距离应当符合国家有关规定。（2016 年考题）

A．城市通道　　B．基本草原

C．城市规划区　　D．危险废物处置中心

4．根据《危险化学品安全管理条例》，（　　）与饮用水水源、水厂及水源保护区的距离应当符合国家有关规定。（2017 年考题）

A．运输工具加油站　　B．运输工具加气站

C．危险化学品储存设施　　D．危险化学品生产装置

5．根据《危险化学品安全管理条例》，关于国家对危险化学品的生产、储存实行统筹规划，合理布局的说法，错误的是（　　）。（2018 年考题）

A．危险化学品目录可根据化学品危险特性的分类标准适时调整

B．城乡规划中应规划适当区域专门用于危险化学品的生产、储存

C．危险化学品生产、储存的行业布局由国务院环境保护主管部门负责

D．危险化学品生产、储存的行业规划由国务院工业和信息化主管部门以及国

务院其他有关部依据各自职责负责

二、不定项选择题

1. 根据《危险化学品安全管理条例》，下列说法正确的是（　　）。（2012 年考题）

A. 国家对危险化学品生产、储存实行统筹规划、合理布局

B. 设区的市级人民政府应规划适当区域专门用于危险化学品的生产、储存

C. 储存数量构成重大危险源的危险化学品储存设施的选址，应当避开地震活动断层

D. 重大危险源，是指生产、储存、使用或搬运危险化学品，且危险化学品的数量等于或者超过临界量的单元（包括场所和设施）

2. 根据《危险化学品安全管理条例》，危险化学品生产装置与（　　）的距离应符合国家有关规定。（2014 年考题）

A. 河流、湖泊　　B. 基本农田保护区

C. 城市污水处理厂、垃圾填埋场　　D. 饮用水源、水厂以及水源保护区

3. 根据《危险化学品安全管理条例》，储存数量构成重大危险源的危险化学品储存设施的选址，应当避开（　　）。（2016 年考题）

A. 地震活动断层　　B. 容易产生滑坡的区域

C. 容易发生洪灾的区域　　D. 容易产生水土流失的区域

4. 《危险化学品安全管理条例》所称危险化学品，是指具有（　　）等性质，对人体、设施、环境具有危害的剧毒化学品和其他化学品。（2017 年考题）

A. 毒害　　B. 腐蚀　　C. 爆炸　　D. 燃烧、助燃

5. 根据《危险化学品安全管理条例》，国家对危险化学品的（　　）实行统筹规划、合理布局。（2017 年考题）

A. 生产　　B. 储存　　C. 销售　　D. 使用

6. 根据《危险化学品安全管理条例》，储存数量构成重大危险源的危险化学品储存设施与（　　）的距离应当符合国家有关规定。（2018 年考题）

A. 影剧院　　B. 商业中心

C. 铁路线路　　D. 水产苗种生产基地

7. 根据《危险化学品安全管理条例》，危险化学品生产装置或者储存数量构成重大危险源的危险化学品储存设施（运输工具加油站、加气站除外），与（　　）的距离应当符合国家有关规定。（2019 年考题）

A. 科研中心　　B. 畜禽规模化养殖场

C. 电视塔　　D. 地铁风亭

参考答案

一、单项选择题

1. B 【解析】第十九条：危险化学品生产装置或者储存数量构成重大危险源的危险化学品储存设施（运输工具加油站、加气站除外），与下列场所、设施、区域的距离应当符合国家有关规定：（一）居住区以及商业中心、公园等人员密集场所；（二）学校、医院、影剧院、体育场（馆）等公共设施；（三）饮用水源、水厂以及水源保护区；（四）车站、码头（依法经许可从事危险化学品装卸作业的除外）、机场以及通信干线、通信枢纽、铁路线路、道路交通干线、水路交通干线、地铁风亭以及地铁站出入口；（五）基本农田保护区、基本草原、畜禽遗传资源保护区、畜禽规模化养殖场（养殖小区）、渔业水域以及种子、种畜禽、水产苗种生产基地；（六）河流、湖泊、风景名胜区、自然保护区；（七）军事禁区、军事管理区；（八）法律、行政法规规定的其他场所、设施、区域。

2. D 【解析】第三条：本条例所称危险化学品，是指具有毒害、腐蚀、爆炸、燃烧、助燃等性质，对人体、设施、环境具有危害的剧毒化学品和其他化学品。

3. B 【解析】从题干可知，甲醇储罐构成重大危险源。第十九条：危险化学品生产装置或者储存数量构成重大危险源的危险化学品储存设施（运输工具加油站、加气站除外），与下列场所、设施、区域的距离应当符合国家有关规定：（一）居住区以及商业中心、公园等人员密集场所；（二）学校、医院、影剧院、体育场（馆）等公共设施；（三）饮用水源、水厂以及水源保护区；（四）车站、码头（依法经许可从事危险化学品装卸作业的除外）、机场以及通信干线、通信枢纽、铁路线路、道路交通干线、水路交通干线、地铁风亭以及地铁站出入口；（五）基本农田保护区、基本草原、畜禽遗传资源保护区、畜禽规模化养殖场（养殖小区）、渔业水域以及种子、种畜禽、水产苗种生产基地；（六）河流、湖泊、风景名胜区、自然保护区；（七）军事禁区、军事管理区；（八）法律、行政法规规定的其他场所、设施、区域。

4. C 【解析】第十九条：危险化学品生产装置或者储存数量构成重大危险源的危险化学品储存设施（运输工具加油站、加气站除外），与下列场所、设施、区域的距离应当符合国家有关规定：（三）饮用水源、水厂以及水源保护区。

5. C 【解析】第三条：危险化学品目录，由国务院安全生产监督管理部门会同国务院工业和信息化、公安、环境保护、卫生、质量监督检验检疫、交通运输、铁路、民用航空、农业主管部门，根据化学品危险特性的鉴别和分类标准确定、公布，并适时调整。

第十一条：国家对危险化学品的生产、储存实行统筹规划、合理布局。国务院工业和信息化主管部门以及国务院其他有关部门依据各自职责，负责危险化学品生产、储存的行业规划和布局。地方人民政府组织编制城乡规划，应当根据本地区的实际情况，按照确保安全的原则，规划适当区域专门用于危险化学品的生产、储存。

二、不定项选择题

1．ACD 【解析】第十一条：国家对危险化学品的生产、储存实行统筹规划、合理布局。地方人民政府组织编制城乡规划，应当根据本地区的实际情况，按照确保安全的原则，规划适当区域专门用于危险化学品的生产、储存。

第十九条：储存数量构成重大危险源的危险化学品储存设施的选址，应当避开地震活动断层和容易发生洪灾、地质灾害的区域。本条例所称重大危险源，是指生产、储存、使用或者搬运危险化学品，且危险化学品的数量等于或者超过临界量的单元（包括场所和设施）。

2．ABD 【解析】第十九条：危险化学品生产装置或者储存数量构成重大危险源的危险化学品储存设施（运输工具加油站、加气站除外），与下列场所、设施、区域的距离应当符合国家有关规定：（一）居住区以及商业中心、公园等人员密集场所；（二）学校、医院、影剧院、体育场（馆）等公共设施；（三）饮用水源、水厂以及水源保护区；（四）车站、码头（依法经许可从事危险化学品装卸作业的除外）、机场以及通信干线、通信枢纽、铁路线路、道路交通干线、水路交通干线、地铁风亭以及地铁站出入口；（五）基本农田保护区、基本草原、畜禽遗传资源保护区、畜禽规模化养殖场（养殖小区）、渔业水域以及种子、种畜禽、水产苗种生产基地；（六）河流、湖泊、风景名胜区、自然保护区；（七）军事禁区、军事管理区；（八）法律、行政法规规定的其他场所、设施、区域。

3．ABC 【解析】第十九条：储存数量构成重大危险源的危险化学品储存设施的选址，应当避开地震活动断层和容易发生洪灾、地质灾害的区域。据《地质灾害防治条例》，地质灾害，包括自然因素或者人为活动引发的危害人民生命和财产安全的山体崩塌、滑坡、泥石流、地面塌陷、地裂缝、地面沉降等与地质作用有关的灾害。容易产生水土流失的区域不属于地质灾害的区域。

4．ABCD 【解析】第三条：本条例所称危险化学品，是指具有毒害、腐蚀、爆炸、燃烧、助燃等性质，对人体、设施、环境具有危害的剧毒化学品和其他化学品。

5．AB 【解析】第十一条：国家对危险化学品的生产、储存实行统筹规划、合理布局。

6．ABCD 【解析】第十九条。

7．BD 【解析】第十九条。

（二十五）《防治海岸工程建设项目污染损害海洋环境管理条例》

一、单项选择题

1. 根据《防治海岸工程建设项目污染损害海洋环境管理条例》关于禁止兴建的海岸工程建设项目的规定，下列说法正确的是（　　）。（2012 年考题）

A. 不得在入海河口处兴建水利设施

B. 禁止建设滨海核电站和其他核设施

C. 禁止建设滨海垃圾场或者工业废渣填埋场

D. 不得兴建可能导致重点保护的野生动植物生存环境污染和破坏的海岸工程建设项目

2. 根据《防治海岸工程建设项目污染损害海洋环境管理条例》，下列说法错误的是（　　）。（2013 年考题）

A. 建设岸边油库，应设置含油废水接受处理设施

B. 建设岸边造船厂、修船厂，应设置工业废水接受处理设施

C. 输油管线和储油设施应当符合国家关于防渗漏、防腐蚀的规定

D. 采用管道方式向海域排放废水的，出水管口位置应设在低潮线以上

3. 根据《防治海岸工程建设项目污染损害海洋环境管理条例》，建设岸边油库项目应采取的环境保护措施不包括（　　）。（2014 年考题）

A. 设置含油废水处理系统

B. 库场地面冲刷废水的收集、处理设施和事故应急设施

C. 设置与其性质规模相适应的残油废油接收处理设施

D. 符合国家关于防渗漏、防腐蚀规定的输油管线和储油设施

4. 根据《防治海岸工程建设项目污染损害海洋管理条例》下列工程建设项目中，不属于海岸工程建设项目的有（　　）。（2016 年考题）

A. 海上堤坝工程

B. 滨海物资存储设施工程项目

C. 滨海火电站、核电站、风电站

D. 海岸防护工程，砂石场和入海河口处的水利设施

5. 根据《防治海岸工程建设项目污染损害海洋环境管理条例》，关于禁止兴建的海岸工程建设项目的有关规定，下列说法错误的是（　　）。（2017 年考题）

A. 严格限制兴建向中华人民共和国海域及海岸转嫁污染的中外合资经营企业

B．海岸工程建设项目引进技术和设备，应当有相应的防治污染措施，防止转嫁污染

C．在需要特殊保护的区域外建设海岸工程建设项目的，不得损害特殊保护区域的环境质量

D．禁止在红树林和珊瑚礁生长的地区，建设毁坏红树林和珊瑚礁生态系统的海岸工程建设项目

6．根据《防治海岸工程建设项目污染损害海洋环境管理条例》，下列建设项目中，不属于海岸工程建设项目的是（　　）。（2018 年考题）

A．滨海火电站　　B．人工鱼礁工程

C．滨海大型养殖场　　D．污水处理处置排海工程项目

7．根据《防治海岸工程建设项目污染损害海洋管理条例》海岸工程建设项目的法律定义及范围，下列工程建设项目中，属于海岸工程建设项目的有（　　）。（2019 年考题）

A．航道工程　　B．人工岛礁工程　　C．温差电站　　D．海上堤坝

二、不定项选择题

1．依据《防治海岸工程建设项目污染损害海洋环境管理条例》，以下各类海岸工程项目应采取的环保措施中符合规定的有（　　）。（2007 年、2010 年考题）

A．岸边油库，设置含油废水接收处理设施

B．滨海垃圾场，建造防护堤坝和场底封闭层

C．化学危险品码头，配备海上重大污染损害事故应急设备和器材

D．岸边修船厂，设置与其性质规模相适应的残油、废油接收处理设施

2．依据《防治海岸工程建设项目污染损害海洋环境管理条例》关于禁止兴建海岸工程建设项目的有关规定，下列说法正确的是（　　）。（2011 年考题）

A．严格限制兴建向我国海岸转嫁污染的外资企业

B．海水浴场区域内不得建设污染环境的海岸上程建设项目

C．兴建海岸工程建设项目，应当防止导致海岸非正常侵蚀

D．在海洋特别保护区不得建设污染环境、破坏景观的海岸工程建设项目

3．根据《防治海岸工程建设项目污染损害海洋环境管理条例》，在（　　）不得建设污染环境、破坏景观的海岸工程建设项目。（2012 年考题）

A．海水浴场　　B．盐场保护区

C．海上自然保护区　　D．海滨风景游览区

4．根据《防治海岸工程建设项目污染损害海洋环境管理条例》，属于海岸工程的建设项目有（　　）。（2013 年考题）

A．码头工程　　B．滨海大型养殖场

C．大型海水养殖场　　D．海上娱乐及运动、景观开发工程

5．《防治海岸工程建设项目污染损害海洋环境管理条例》所指的海岸工程建设项目包括（　　）。（2015 年考题）

A．造船厂　　B．围填海工程

C．航道工程项目　　D．固体废弃物处理处置排海工程项目

6．根据《防治海岸工程建设项目污染损害海洋环境管理条例》，下列环境保护措施中，属于岸边油库应当采取的有（　　）。（2018 年考题）

A. 事故应急设施

B. 含油废水接收处理设施

C. 库场地面冲刷废水的集接、处理设施

D. 输油管线和储油设施采取防渗漏、防腐蚀措施

7．根据《防治防治海岸工程建设项目污染损害海洋环境管理条例》，建设滨海垃圾场，应当（　　）。（2019 年考题）

A．建造防护堤坝

B．设置渗液收集、导出、处理系统

C．设置可燃性气体防爆装置

D．建造场底封闭层

参考答案

一、单项选择题

1．D　【解析】第二十条：修筑海岸防护工程，在入海河口处兴建水利设施、航道或者综合整治工程，应当采取措施，不得损害生态环境及水产资源。

第十六条：建设滨海核电站和其他核设施，应当严格遵守国家有关核环境保护和放射防护的规定及标准。

第十九条：建设滨海垃圾场或者工业废渣填埋场，应当建造防护堤坝和场底封闭层，设置渗液收集、导出、处理系统和可燃性气体防爆装置。

2．D　【解析】第十三条：设置向海域排放废水设施的，应当合理利用海水自净能力，选择好排污口的位置。采用暗沟或者管道方式排放的，出水管口位置应当在低潮线以下。

3．C　【解析】第十七条：建设岸边油库，应当设置含油废水接收处理设施，库场地面冲刷废水的集接、处理设施和事故应急设施；输油管线和储油设施应当符

合国家关于防渗漏、防腐蚀的规定。

4．A 【解析】第二条：本条例所称海岸工程建设项目，是指位于海岸或者与海岸连接，工程主体位于海岸线向陆一侧，对海洋环境产生影响的新建、改建、扩建工程项目。具体包括：（一）港口、码头、航道、滨海机场工程项目；（二）造船厂、修船厂；（三）滨海火电站、核电站、风电站；（四）滨海物资存储设施工程项目；（五）滨海矿山、化工、轻工、冶金等工业工程项目；（六）固体废弃物、污水等污染物处理处置排海工程项目；（七）滨海大型养殖场；（八）海岸防护工程、砂石场和入海河口处的水利设施；（九）滨海石油勘探开发工程项目；（十）国务院环境保护主管部门会同国家海洋主管部门规定的其他海岸工程项目。

5．A 【解析】第九条：禁止兴建向中华人民共和国海域及海岸转嫁污染的中外合资经营企业、中外合作经营企业和外资企业；海岸工程建设项目引进技术和设备，应当有相应的防治污染措施，防止转嫁污染。

6．B 【解析】第二条。

7．A 【解析】第二条。

二、不定项选择题

1．ABCD 【解析】第十七条：建设岸边油库，应当设置含油废水接收处理设施，库场地面冲刷废水的集接、处理设施和事故应急设施；输油管线和储油设施应当符合国家关于防渗漏、防腐蚀的规定。

第十九条：建设滨海垃圾场或者工业废渣填埋场，应当建造防护堤坝和场底封闭层，设置渗液收集、导出、处理系统和可燃性气体防爆装置。

第十四条：港口、油码头、化学危险品码头，应当配备海上重大污染损害事故应急设备和器材。

第十五条：建设岸边造船厂、修船厂，应当设置与其性质、规模相适应的残油、废油接收处理设施，含油废水接收处理设施，拦油、收油、消油设施，工业废水接收处理设施，工业和船舶垃圾接收处理设施等。

2．BCD 【解析】第九条：禁止兴建向中华人民共和国海域及海岸转嫁污染的中外合资经营企业、中外合作经营企业和外资企业；海岸工程建设项目引进技术和设备，必须有相应的防治污染措施，防止转嫁污染。

第十条：在海洋特别保护区、海上自然保护区、海滨风景游览区、盐场保护区、海水浴场、重要渔业水域和其他需要特殊保护的区域内不得建设污染环境、破坏景观的海岸工程建设项目；在其界区外建设海岸工程建设项目，不得损害上述区域环境质量。法律法规另有规定的除外。

第二十四条：兴建海岸工程建设项目，应当防止导致海岸非正常侵蚀。

3. ABCD 【解析】第十条：在海洋特别保护区、海上自然保护区、海滨风景游览区、盐场保护区、海水浴场、重要渔业水域和其他需要特殊保护的区域内不得建设污染环境、破坏景观的海岸工程建设项目；在其界区外建设海岸工程建设项目，不得损害上述区域环境质量。法律法规另有规定的除外。

4. AB 【解析】第二条：本条例所称海岸工程建设项目，是指位于海岸或者与海岸连接，工程主体位于海岸线向陆一侧，对海洋环境产生影响的新建、改建、扩建工程项目。具体包括：（一）港口、码头、航道、滨海机场工程项目；（二）造船厂、修船厂；（三）滨海火电站、核电站、风电站；（四）滨海物资存储设施工程项目；（五）滨海矿山、化工、轻工、冶金等工业工程项目；（六）固体废弃物、污水等污染物处理处置排海工程项目；（七）滨海大型养殖场；（八）海岸防护工程、砂石场和入海河口处的水利设施；（九）滨海石油勘探开发工程项目；（十）国务院环境保护主管部门会同国家海洋主管部门规定的其他海岸工程项目。

5. ACD 【解析】第二条。

6. ABCD 【解析】第十七条：建设岸边油库，应当设置含油废水接收处理设施，库场地面冲刷废水的集接、处理设施和事故应急设施；输油管线和储油设施应当符合国家关于防渗漏、防腐蚀的规定。

7. ABCD 【解析】第十九条：建设滨海垃圾场或者工业废渣填埋场，应当建造防护堤坝和场底封闭层，设置渗液收集、导出、处理系统和可燃性气体防爆装置。

（二十六）《防治海洋工程建设项目污染损害海洋环境管理条例》

一、单项选择题

1．依据《防治海洋工程建设项目污染损害海洋环境管理条例》，禁止进行围填海活动的场所和区域是（　）。（2010 年考题）

A．盐场保护区　　B．鸟类栖息地

C．经济生物养殖场　　D．经济生物人工产卵场

2．依据《防治海洋工程建设项目污染损害海洋环境管理条例》，属于海洋工程建设项目的是（　）。（2011 年考题）

A．盐田　B．滨海核电站　C．滨海风电站　D．滨海火电站

3．依据《防治海洋工程建设项目污染损害海洋环境管理条例》，海洋工程拆除（　）。（2011 年考题）

A．必须进行环境影响评价　　B．应当报海洋主管部门备案

C．应当编制拆除的环境保护方案　　D．必须报环境保护行政主管部门批准

4．根据《防治海洋工程建设项目污染损害海洋环境管理条例》关于海洋工程污染物排放管理的规定，下列说法中，正确的是（　）。（2013 年考题）

A．油基泥浆可排放入海

B．塑料制品可弃置入海

C．含油污水经稀释后达标后，可排放入海

D．含油垃圾应集中储存在专门容器中，运回陆地处理

5．根据《防治海洋工程建设项目污染损害海洋环境管理条例》，下列废水、废液中，禁止向海域排放的是（　）。（2015 年考题）

A．酸液、碱液　　B．放射性废水

C．含重金属的废水　　D．含不易降解的有机物的废水

6．根据《防治海洋工程建设项目污染损害海洋环境管理条例》，下列工程建设项目中不属于海洋工程的是（　）。（2017 年考题）

A．人工岛　　B．海底管道

C．滨海大型养殖场　　D．盐田、海水淡化等海水综合利用工程

7．根据《防治海洋工程建设项目污染损害海洋环境管理条例》，下列说法中，错误的是（　）。（2017 年考题）

A．禁止海洋工程在海上弃置

B．海上娱乐及运动、景观开发工程属于海洋工程

C．围填海工程使用的填充材料应当符合有关环境保护标准

D．海洋工程拆除时，施工单位应当编制拆除的环境保护方案，采取必要措施防止对海洋环境造成污染和损害

8．根据《防治海洋工程建设项目污染损害海洋环境管理条例》，下列建设项目中，不属于海洋工程建设项目的是（　　）。（2018年考题）

A．围填海工程　　B．大型海水养殖场

C．海底物资储藏设施　　D．固体废弃物处理处置排海工程项目

9．根据《防治海洋工程建设项目污染损害海洋环境管理条例》，开海洋工程拆除、弃置或者改作他用的环境保护有关规定，下列说法正确的是（　　）。（2019年考题）

A．海洋工程拆除或者改变用途后可能产生较大或重大环境影响的，应当进行环境影响评价

B．海洋工程需要改作他用的，应当在作业前报原核准该工程环境影响报告书的海洋主管部门批准

C．海洋工程需要在海上弃置的，应当拆除可能造成海洋环境污染损害的部分

D．海洋工程拆除时，建设单位应当编制拆除的环境保护方案并采取必要的污染防治措施

二、不定项选择题

1．依据《防治海洋工程建设项目污染损害海洋环境管理条例》，关于围填海工程，下列说法中，正确的是（　　）。（2010年考题）

A．禁止在滨海风景区附近进行围填海工程

B．禁止在大型养殖场进行围填海工程

C．围填海工程使用的填充材料应当符合环保标准

D．采取相应的防护措施后，可在经济生物的自然繁殖场进行围填海工程

2．根据《防治海洋工程建设项目污染损害海洋环境管理条例》，所称海洋工程是指以（　　）海洋资源为目的，并且工程主体位于海岸线向海一侧的新建、改建、扩建工程。（2017年考题）

A．开发　　B．利用　　C．保护　　D．防止破坏

3．根据《防治海洋工程建设项目污染损害海洋环境管理条例》关于海洋工程污染物管理的规定，（　　）和其他有毒有害残液残渣，不得直接排放，或者弃置入海，应当集中储存在专门的容器中，运回陆地处理。（2017年考题）

A．油基泥浆　　B．塑料制品　　C．含油垃圾　　D．残油、废油

4．根据《防治海洋工程建设项目污染损害海洋环境管理条例》，下列区域中属

于禁止进行围填海活动的有（　　）。（2018 年考题）

A. 鸟类栖息地

B. 大型海水养殖场

C. 海洋矿产资源勘探开发区

D. 经济生物的自然产卵场、繁殖场、索饵场

5. 根据《防治海洋工程建设项目污染损害海洋环境管理条例》，海洋工程环境影响报告书应当包括的内容有（　　）。（2019 年考题）

A．工程所在海域环境现状和相邻海域开发利用情况

B．工程对海洋环境可能造成影响的分析、预测和评估

C．工程对相邻海域功能影响的分析及预测

D．工程环境风险分析

参考答案

一、单项选择题

1. B　【解析】第二十条：严格控制围填海工程。禁止在经济生物的自然产卵场、繁殖场、索饵场和鸟类栖息地进行围填海活动。

2. A　【解析】第三条：本条例所称海洋工程，是指以开发、利用、保护、恢复海洋资源为目的，并且工程主体位于海岸线向海一侧的新建、改建、扩建工程。具体包括：（一）围填海、海上堤坝工程；（二）人工岛、海上和海底物资储藏设施、跨海桥梁、海底隧道工程；（三）海底管道、海底电（光）缆工程；（四）海洋矿产资源勘探开发及其附属工程；（五）海上潮汐电站、波浪电站、温差电站等海洋能源开发利用工程；（六）大型海水养殖场、人工鱼礁工程；（七）盐田、海水淡化等海水综合利用工程；（八）海上娱乐及运动、景观开发工程；（九）国家海洋主管部门会同国务院环境保护主管部门规定的其他海洋工程。

3. C　【解析】第二十八条：海洋工程需要拆除或者改作他用的，应当在作业前报原核准该工程环境影响报告书的海洋主管部门备案。拆除或者改变用途后可能产生重大环境影响的，应当进行环境影响评价。海洋工程拆除时，施工单位应当编制拆除的环境保护方案，采取必要的措施，防止对海洋环境造成污染和损害。

4. D　【解析】第二十九条：（一）含油污水不得直接或者经稀释排放入海，应当经处理符合国家有关排放标准后再排放；（二）塑料制品、残油、废油、油基泥浆、含油垃圾和其他有毒有害残液残渣，不得直接排放或者弃置入海，应当集中储存在专门容器中，运回陆地处理。

5. A 【解析】第三十四条：禁止向海域排放油类、酸液、碱液、剧毒废液和高、中水平放射性废水；严格限制向海域排放低水平放射性废水，确需排放的，应当符合国家放射性污染防治标准。严格控制向海域排放含有不易降解的有机物和重金属的废水。

6. C 【解析】第三条。滨海大型养殖场属海岸工程。

7. A 【解析】第二十八条：海洋工程需要在海上弃置的，应当拆除可能造成海洋环境污染损害或者影响海洋资源开发利用的部分，并按照有关海洋倾倒废弃物管理的规定进行。

8. D 【解析】第三条。

9. C 【解析】第二十八条：海洋工程需要拆除或者改作他用的，应当在作业前报原核准该工程环境影响报告书的海洋主管部门备案。拆除或者改变用途后可能产生重大环境影响的，应当进行环境影响评价。海洋工程需要在海上弃置的，应当拆除可能造成海洋环境污染损害或者影响海洋资源开发利用的部分，并按照有关海洋倾倒废弃物管理的规定进行。海洋工程拆除时，施工单位应当编制拆除的环境保护方案，采取必要的措施，防止对海洋环境造成污染和损害。

二、不定项选择题

1. C 【解析】第二十条：严格控制围填海工程。禁止在经济生物的自然产卵场、繁殖场、索饵场和鸟类栖息地进行围填海活动。围填海工程使用的填充材料应当符合有关环境保护标准。

2. ABC 【解析】第三条：本条例所称海洋工程，是指以开发、利用、保护、恢复海洋资源为目的，并且工程主体位于海岸线向海一侧的新建、改建、扩建工程。

3. ABCD 【解析】第二十九条：塑料制品、残油、废油、油基泥浆、含油垃圾和其他有毒有害残液残渣，不得直接排放或者弃置入海，应当集中储存在专门容器中，运回陆地处理。

4. AD 【解析】第二十条：严格控制围填海工程。禁止在经济生物的自然产卵场、繁殖场、索饵场和鸟类栖息地进行围填海活动。

5. ABCD 【解析】第九条：海洋工程环境影响报告书应当包括下列内容：（一）工程概况；（二）工程所在海域环境现状和相邻海域开发利用情况；（三）工程对海洋环境和海洋资源可能造成影响的分析、预测和评估；（四）工程对相邻海域功能和其他开发利用活动影响的分析及预测；（五）工程对海洋环境影响的经济损益分析和环境风险分析；（六）拟采取的环境保护措施及其经济、技术论证；（七）公众参与情况；（八）环境影响评价结论。海洋工程可能对海岸生态环境产生破坏的，其环境影响报告书中应当增加工程对近岸自然保护区等陆地生态系统影响的分析和评价。

（二十七）《土壤污染防治法》

一、单项选择题

1. 根据《土壤污染防治法》，下列关于土壤污染责任人的说法，错误的是（　　）。（2019年考题）

A. 土壤污染责任人无法认定的，土地所有权人和使用权人应当共同承担土壤污染风险管控和修复义务

B. 土壤污染责任人不明确或者存在争议的，农用地由地方人民政府农业农村、林业草原主管部门会同生态环境、自然资源主管部门认定

C. 土壤污染责任人变更的，由变更后承继其债权、债务的单位或者个人履行相关土壤污染风险管控和修复义务并承担相关费用

D. 土壤污染责任人不明确或者存在争议的，建设用地由地方人民政府生态环境主管部门会同自然资源主管部门认定

2. 根据《土壤污染防治法》，下列说法，正确的是（　　）。（2019年考题）

A. 列入建设用地土壤污染风险管控和修复名录的地块，严格控制作为住宅、公共管理与公共服务用地

B. 省级人民政府生态环境主管部门应当会同自然资源等主管部门按照国务院生态环境主管部门的规定，对土壤污染风险评估报告组织评审

C. 用途变更为住宅、公共管理与公共服务用地的，变更前或变更后应当按照规定进行土壤污染状况调查

D. 对土壤污染状况调查报告评审表明污染物含量超过土壤污染风险管控标准的建设用地地块，土地所有权人应当按照国务院生态环境主管部门的规定进行土壤污染风险评估

3. 根据《土壤污染防治法》关于实施风险管控、修复活动和修复施工单位管理的有关规定，下列说法错误的是（　　）。（2019年考题）

A. 实施风险管控、修复活动中产生的固体废物以及拆除的设施、设备或者建筑物、构筑物属于危险废物的，应当依照法律法规和相关标准的要求进行处置

B. 修复施工期间，应当设立公告牌，公开相关情况和环境保护措施

C. 修复施工单位转运污染土壤的，应当制定转运计划，将运输时间、方式、线路和污染土壤数量、去向、最终处置措施等，提前报所在地和接收地生态环境主管部门

D．转运的污染土壤属于危险废物的，建设单位应当依照法律法规和相关标准的要求进行处置

4．根据《土壤污染防治法》关于土壤污染的含义的说法，正确的是（　　）。（2019 年考题）

A．土壤污染是指因人为因素导致某种物质进入陆地表层土壤，引起土壤化学、物理、生物等方面特性的改变，影响土壤功能和有效利用，危害公众健康或者破坏生态环境的现象

B．土壤污染是指因自然因素导致某种物质进入陆地表层土壤，引起土壤化学、物理、生物等方面特性的改变，影响土壤功能和有效利用，危害公众健康或者破坏生态环境的现象

C．土壤污染是指因自然及人为因素导致某种物质进入陆地表层土壤，引起土壤化学、物理、生物等方面特性的改变，影响土壤功能和有效利用，危害公众健康或者破坏生态环境的现象

D．土壤污染是指因人为因素导致某种物质进入陆地表层土壤，引起土壤化学、物理、生物等方面特性的改变，影响土壤功能和有效利用，危害公众健康的现象

5．根据《土壤污染防治法》，对安全利用类农用地地块，地方人民政府农业农村、林业草原主管部门，应当结合主要作物品种和种植习惯等情况，制定并实施安全利用方案。下列不属于安全利用方案应当包括内容的是（　　）。（2019 年考题）

A．农艺调控、替代种植

B．定期开展土壤和农产品协同监测与评价

C．土壤安全利用评估

D．其他风险管控措施

6．根据《土壤污染防治法》对严格管控类农用地地块，不属于地方人民政府农业农村、林业草原主管部门应当采取的风险管控措施的是（　　）。（2019 年考题）

A．提出划定特定农产品禁止生产区域的建议，报本级人民政府批准后实施

B．按照规定开展土壤和农产品协同监测与评价

C．对农民、农民专业合作社及其他农业生产经营主体进行技术指导和培训

D．农艺调控、替代种植

7．根据《土壤污染防治法》，为保护农用地土壤环境，不属于国家鼓励和支持农业生产者采取的措施的是（　　）。（2019 年考题）

A．使用生物可降解农用薄膜

B．采用测土配方施肥技术、生物防治等病虫害绿色防控技术

C．使用符合标准的有机肥、高效肥

D．按照规定对碱性土壤等进行改良

二、不定项选择题

1．根据《土壤污染防治法》，县级以上地方人民政府及其有关部门应当按照土地利用总体规划和城乡规划，严格执行相关行业企业布局选址要求，禁止在（　）等单位周边新建、改建、扩建可能造成土壤污染的建设项目。（2019 年考题）

A．居民区　B．学校　C．医院、疗养院、养老院　D．大型商业区

2．根据《土壤污染防治法》，土壤污染风险管控和修复，包括（　）等活动。（2019 年考题）

A．土壤污染状况调查　B．土壤污染风险评估

C．风险管控效果评估　D．后期管理

3．根据《土壤污染防治法》，关于农用地土壤环境保护的有关规定，下列说法正确的有（　）。（2019 年考题）

A．禁止向农用地排放可能造成土壤污染的清淤底泥、尾矿、矿渣

B．禁止将重金属或者其他有毒有害物质含量超标的污染土壤用于土地复垦

C．禁止生产、销售、使用国家明令禁止的农业投入品

D．禁止向农用地排放重金属或者其他有毒有害物质含量超标的污水、污泥

4．根据《土壤污染防治法》，地方人民政府生态环境主管部门应当会同自然资源主管部门对下列（　）建设用地地块进行重点监测。（2019 年考题）

A．曾用于回收、处置有毒有害物质的

B．曾用于固体废物堆放的

C．曾发生过重大污染事故的

D．曾用于食品加工企业厂房用地的

5．根据《土壤污染防治法》尾矿库运营、管理单位应当按照规定，加强尾矿库的安全管理，采取措施防止土壤污染。（　）以及其他需要重点监管的尾矿库的运营、管理单位应当按照规定，进行土壤污染状况监测和定期评估。（2019 年考题）

A．危库　B．险库　C．病库　D．废库

参考答案

一、单项选择题

1．A 【解析】第四十五条：土壤污染责任人负有实施土壤污染风险管控和修复的义务。土壤污染责任人无法认定的，土地使用权人应当实施土壤污染风险管控和修复。

2．B 【解析】第六十一条：省级人民政府生态环境主管部门应当会同自然资源等主管部门按照国务院生态环境主管部门的规定，对土壤污染风险评估报告组织评审，及时将需要实施风险管控、修复的地块纳入建设用地土壤污染风险管控和修复名录，并定期向国务院生态环境主管部门报告。列入建设用地土壤污染风险管控和修复名录的地块，不得作为住宅、公共管理与公共服务用地。

第五十九条：用途变更为住宅、公共管理与公共服务用地的，变更前应当按照规定进行土壤污染状况调查。

第六十条：对土壤污染状况调查报告评审表明污染物含量超过土壤污染风险管控标准的建设用地地块，土壤污染责任人、土地使用权人应当按照国务院生态环境主管部门的规定进行土壤污染风险评估，并将土壤污染风险评估报告报省级人民政府生态环境主管部门。

3．D 【解析】第四十一条：转运的污染土壤属于危险废物的，修复施工单位应当依照法律法规和相关标准的要求进行处置。

4．A 【解析】第二条：本法所称土壤污染，是指因人为因素导致某种物质进入陆地表层土壤，引起土壤化学、物理、生物等方面特性的改变，影响土壤功能和有效利用，危害公众健康或者破坏生态环境的现象。

5．C 【解析】第五十三条：对安全利用类农用地地块，地方人民政府农业农村、林业草原主管部门，应当结合主要作物品种和种植习惯等情况，制定并实施安全利用方案。安全利用方案应当包括下列内容：（一）农艺调控、替代种植；（二）定期开展土壤和农产品协同监测与评价；（三）对农民、农民专业合作社及其他农业生产经营主体进行技术指导和培训；（四）其他风险管控措施。

6．D 【解析】第五十四条：对严格管控类农用地地块，地方人民政府农业农村、林业草原主管部门应当采取下列风险管控措施：（一）提出划定特定农产品禁止生产区域的建议，报本级人民政府批准后实施；（二）按照规定开展土壤和农产品协同监测与评价；（三）对农民、农民专业合作社及其他农业生产经营主体进行技术指导和培训；（四）其他风险管控措施。

7．D 【解析】第二十九条：国家鼓励和支持农业生产者采取下列措施：（一）使用低毒、低残留农药以及先进喷施技术；（二）使用符合标准的有机肥、高效肥；（三）采用测土配方施肥技术、生物防治等病虫害绿色防控技术；（四）使用生物可降解农用薄膜；（五）综合利用秸秆、移出高富集污染物秸秆；（六）按照规定对酸性土壤等进行改良。

二、不定项选择题

1．ABC 【解析】第三十二条：县级以上地方人民政府及其有关部门应当按照土地利用总体规划和城乡规划，严格执行相关行业企业布局选址要求，禁止在居民区和学校、医院、疗养院、养老院等单位周边新建、改建、扩建可能造成土壤污染的建设项目。

2．ABCD 【解析】第三十五条：土壤污染风险管控和修复，包括土壤污染状况调查和土壤污染风险评估、风险管控、修复、风险管控效果评估、修复效果评估、后期管理等活动。

3．ABCD 【解析】第二十八条：禁止向农用地排放重金属或者其他有毒有害物质含量超标的污水、污泥，以及可能造成土壤污染的清淤底泥、尾矿、矿渣等。

第三十条：禁止生产、销售、使用国家明令禁止的农业投入品。

第三十三条：禁止将重金属或者其他有毒有害物质含量超标的工业固体废物、生活垃圾或者污染土壤用于土地复垦。

4．ABC 【解析】第十七条：地方人民政府生态环境主管部门应当会同自然资源主管部门对下列建设用地地块进行重点监测：（一）曾用于生产、使用、贮存、回收、处置有毒有害物质的；（二）曾用于固体废物堆放、填埋的；（三）曾发生过重大、特大污染事故的；（四）国务院生态环境、自然资源主管部门规定的其他情形。

5．ABC 【解析】第二十三条：尾矿库运营、管理单位应当按照规定，加强尾矿库的安全管理，采取措施防止土壤污染。危库、险库、病库以及其他需要重点监管的尾矿库的运营、管理单位应当按照规定，进行土壤污染状况监测和定期评估。

（二十八）《消耗臭氧层物质管理条例》

单项选择题

1．根据《消耗臭氧层物质管理条例》，下列说法正确的是（　　）。（2019年考题）

A．本条例所称使用，是指利用消耗臭氧层物质进行的生产经营等活动，包括使用含消耗臭氧层物质的产品的活动

B．从事消耗臭氧层物质回收、再生利用、销毁等经营活动的单位，对消耗臭氧层物质进行无害化处置后，剩余的无法处置的消耗臭氧层物质，可以直接排放

C．从事含消耗臭氧层物质的制冷设备维修单位，应当按规定将消耗臭氧层物质交由从事消耗臭氧层物质回收、再生利用、销毁等经营活动的单位进行无害化处置

D．消耗臭氧层物质的生产、使用单位，应当按规定采取必要的措施，防止或者减少消耗臭氧层物质的泄漏和排放

参考答案

单项选择题

1．D　【解析】第三条：在中华人民共和国境内从事消耗臭氧层物质的生产、销售、使用和进出口等活动，适用本条例。前款所称生产，是指制造消耗臭氧层物质的活动。前款所称使用，是指利用消耗臭氧层物质进行的生产经营等活动，不包括使用含消耗臭氧层物质的产品的活动。

第二十条：消耗臭氧层物质的生产、使用单位，应当按照国务院环境保护主管部门的规定采取必要的措施，防止或者减少消耗臭氧层物质的泄漏和排放。从事含消耗臭氧层物质的制冷设备、制冷系统或者灭火系统的维修、报废处理等经营活动的单位，应当按照国务院环境保护主管部门的规定对消耗臭氧层物质进行回收、循环利用或者交由从事消耗臭氧层物质回收、再生利用、销毁等经营活动的单位进行无害化处置。从事消耗臭氧层物质回收、再生利用、销毁等经营活动的单位，应当按照国务院环境保护主管部门的规定对消耗臭氧层物质进行无害化处置，不得直接排放。

六、环境政策

（一）《生态文明体制改革总体方案》

一、单项选择题

1. 根据《生态文明体制改革总体方案》，以下有关生态环境损害赔偿制度的有关规定的说法，错误的是（　　）。（2016 年考题）

A. 对违反环境保护法律法规的，依法追究刑事责任

B. 强化生产者环境保护法律责任，大幅度提高违法成本

C. 健全环境损害赔偿方面的法律制度、评估方法和实施机制

D. 对造成生态环境损害的，以损害程度等因素依法确定赔偿额度

2. 根据《生态文明体制改革总体方案》，关于环境信息公开制度有关规定的说法，错误的是（　　）。（2018 年考题）

A. 健全环境新闻发言人制度

B. 建立环境保护网络举报平台和举报制度，健全举报、听证、舆论监督等制度

C. 引导人民群众树立环保意识，完善公众参与制度，保障人民群众依法有序行使环境监督权

D. 全面推进大气、水和土壤等环境信息公开、排污单位环境信息公开、监管部门环境信息公开，健全建设项目环境影响评价信息公开机制

二、不定项选择题

1. 根据《生态文明体制改革总体方案》，建立污染防治区域联动机制的规定包括（　　）。（2017 年考题）

A. 建立陆海统筹的污染防治机制和重点海域污染物排海总量控制制度

B. 在部分地区开展环境保护管理体制创新试点，统一规划、统一标准、统一环评、统一监测、统一执法

C. 完善突发环境事件应急机制，提高与环境风险程度、污染物种类等相匹配的突发环境事件应急处置能力

D. 开展按流域设置环境监管和行政执法机构试点，构建各流域内相关省级涉

水部门参加，多形式的流域水环境保护协作机制和风险预警防控体系

2. 根据《生态文明体制改革总体方案》关于生态环境损害赔偿制度的有关规定，说法正确的是（　　）。（2017年考题）

A. 建立独立公正的生态环境损害评估制度

B. 强化生产者环境保护法律责任，大幅度提高违法成本

C. 健全环境损害赔偿方面的法律制度、评估方法和实施机制，对违反环保法律法规的，依法严惩重罚

D. 对造成生态环境损害的，以损害程度等因素依法确定赔偿额度，造成严重后果的，依法追究刑事责任

3. 根据《生态文明体制改革总体方案》推行排污权交易制度的有关规定，下列说法中，正确的有（　　）。（2017年考题）

A. 加强排污权交易平台建设

B. 制定排污权核定、使用费收取使用和交易价格等规定

C. 在重点流域和大气污染重点区域，合理推进跨行业排污权交易

D. 在企业排污总量控制制度基础上，尽快完善初始排污权核定，扩大涵盖的污染物覆盖面

4. 根据《生态文明体制改革总体方案》，关于生态环境损害赔偿制度有关规定的说法，正确的有（　　）。（2018年考题）

A. 强化生产者环境保护法律责任，大幅度提高违法成本

B. 健全环境损害赔偿方面的法律制度、评估方法和实施机制，对违反环保法律法规的，依法严惩重罚

C. 健全环境损害赔偿方面的法律制度、评估方法和实施机制，对造成生态环境损害的，追究刑事责任

D. 健全环境损害赔偿方面的法律制度、评估方法和实施机制，对造成严重后果的，以损害程度等因素依法确定赔偿额度

5. 根据《生态文明体制改革总体方案》，建立污染防治区域联动机制的规定包括（　　）。（2019年考题）

A. 完善突发环境事件应急机制

B. 建立陆海统筹的污染防治机制和重点海域污染物排海总量控制制度

C. 构建各流域内相关省级涉水部门参加、多形式的流域水环境保护协作机制

D. 完善京津冀、长三角、珠三角等重点区域大气污染防治联防联控协作机制

参考答案

一、单项选择题

1．A 【解析】（三十九）严格实行生态环境损害赔偿制度。强化生产者环境保护法律责任，大幅度提高违法成本。健全环境损害赔偿方面的法律制度、评估方法和实施机制，对违反环保法律法规的，依法严惩重罚；对造成生态环境损害的，以损害程度等因素依法确定赔偿额度；对造成严重后果的，依法追究刑事责任。

2．D 【解析】（三十八）健全环境信息公开制度。全面推进大气和水等环境信息公开、排污单位环境信息公开、监管部门环境信息公开，健全建设项目环境影响评价信息公开机制。健全环境新闻发言人制度。引导人民群众树立环保意识，完善公众参与制度，保障人民群众依法有序行使环境监督权。建立环境保护网络举报平台和举报制度，健全举报、听证、舆论监督等制度。

二、不定项选择题

1．ABCD 【解析】（三十六）建立污染防治区域联动机制。完善京津冀、长三角、珠三角等重点区域大气污染防治联防联控协作机制，其他地方要结合地理特征、污染程度、城市空间分布以及污染物输送规律，建立区域协作机制。在部分地区开展环境保护管理体制创新试点，统一规划、统一标准、统一环评、统一监测、统一执法。开展按流域设置环境监管和行政执法机构试点，构建各流域内相关省级涉水部门参加、多形式的流域水环境保护协作机制和风险预警防控体系。建立陆海统筹的污染防治机制和重点海域污染物排海总量控制制度。完善突发环境事件应急机制，提高与环境风险程度、污染物种类等相匹配的突发环境事件应急处置能力。

2．BCD 【解析】（三十九）严格实行生态环境损害赔偿制度。强化生产者环境保护法律责任，大幅度提高违法成本。健全环境损害赔偿方面的法律制度、评估方法和实施机制，对违反环保法律法规的，依法严惩重罚；对造成生态环境损害的，以损害程度等因素依法确定赔偿额度；对造成严重后果的，依法追究刑事责任。

3．ABD 【解析】（四十三）推行排污权交易制度。在企业排污总量控制制度基础上，尽快完善初始排污权核定，扩大涵盖的污染物覆盖面。在现行以行政区为单元层层分解机制基础上，根据行业先进排污水平，逐步强化以企业为单元进行总量控制、通过排污权交易获得减排收益的机制。在重点流域和大气污染重点区域，合理推进跨行政区排污权交易。扩大排污权有偿使用和交易试点，将更多条件成熟地区纳入试点。加强排污权交易平台建设。制定排污权核定、使用费收取使用和交易价格等规定。

4. AB 【解析】（三十九）严格实行生态环境损害赔偿制度。强化生产者环境保护法律责任，大幅度提高违法成本。健全环境损害赔偿方面的法律制度、评估方法和实施机制，对违反环保法律法规的，依法严惩重罚；对造成生态环境损害的，以损害程度等因素依法确定赔偿额度；对造成严重后果的，依法追究刑事责任。

5. ABCD 【解析】（三十六）建立污染防治区域联动机制。完善京津冀、长三角、珠三角等重点区域大气污染防治联防联控协作机制，其他地方要结合地理特征、污染程度、城市空间分布以及污染物输送规律，建立区域协作机制。在部分地区开展环境保护管理体制创新试点，统一规划、统一标准、统一环评、统一监测、统一执法。开展按流域设置环境监管和行政执法机构试点，构建各流域内相关省级涉水部门参加、多形式的流域水环境保护协作机制和风险预警防控体系。建立陆海统筹的污染防治机制和重点海域污染物排海总量控制制度。完善突发环境事件应急机制，提高与环境风险程度、污染物种类等相匹配的突发环境事件应急处置能力。

（二）国务院《关于加快推进生态文明建设的意见》

一、单项选择题

1．根据《关于加快推进生态文明建设的意见》，不属于加大自然生态系统和环境保护力度，切实改善生态环境质量有关要求的是（　　）。（2016 年考题）

A．积极应对气候变化

B．全面推进污染防治

C．保护和修复自然生态系统

D．基本确立生态文明重大制度

2．根据《关于加快推进生态文明建设的意见》，健全生态文明制度体系的有关要求不包括（　　）。（2017 年考题）

A．完善标准体系　　B．推行市场化机制

C．完善责任追究制度　　D．严格实行生态环境损害赔偿制度

3．根据《关于加快推进生态文明建设的意见》中关于“严守资源环境生态红线”的说法，正确的是（　　）。（2018 年考题）

A．树立底线思维，设定并严守能源消耗上限、环境质量底线、生态保护红线，将各类开发活动限制在资源环境承载能力之内

B．树立底线思维，设定并严守资源消耗上限、环境质量底线、生态保护红线，将各类开发活动限制在资源环境承载能力之内

C．树立底线思维，设定并严守能源消耗上限、环境质量底线、生态保护红线、环境准入负面清单，将各类开发活动限制在资源环境承载能力之内

D．树立底线思维，设定并严守资源消耗上限、环境质量底线、生态保护红线、环境准入负面清单，将各类开发活动限制在资源环境承载能力之内

4．根据《关于加快推进生态文明建设的意见》的总体要求，不属于生态文明建设基本原则的是（　　）。（2019 年考题）

A．坚持把重点突破和整体推进作为工作方式

B．坚持把深化改革和创新驱动作为基本动力

C．坚持把绿色发展、循环发展、低碳发展作为基本途径

D．坚持把科技优先、治理优先、培育生态文化作为基本方针

二、不定项选择题

1．根据《关于加快推进生态文明建设的意见》，属于健全生态文明制度体系要求的有（　　）。（2016 年考题）

A．健全生态保护补偿机制

B．严守资源环境生态红线

C．国土空间开发格局进一步优化

D．健全自然资源资产产权制度和用途管制制度

2．根据《关于加快推进生态文明建设的意见》的总体要求，到 2020 年的主要目标有（　　）。（2017 年考题）

A．资源利用更加高效　　B．生态环境质量总体改善

C．生态文明重大制度基本确立　　D．国土空间开发格局进一步优化

3．根据《关于加快推进生态文明建设的意见》，加大自然生态系统和环境保护力度，切实改善生态环境质量的具体要求包括（　　）。（2017 年考题）

A．完善生态环境监管制度

B．继续落实大气污染防治行动计划，逐渐消除重污染天气，切实改善大气环境质量

C．建立国家公园体制，实行分级，统一管理，保护自然生态和自然文化遗产原真性、完整性

D．制定实施土壤污染防治行动计划，优先保护耕地土壤环境，强化工业污染场地治理，开展土壤污染治理与修复试点

4．根据《关于加快推进生态文明建设的意见》中关于严守资源环境生态红线的说法，正确的有（　　）。（2018 年考题）

A．继续实施水资源开发利用控制、用水效率控制、水功能区限制纳污三条红线管理

B．合理设定资源消耗“天花板”，加强能源、水、土地等战略性资源管控，强化能源消耗强度控制，做好能源消费总量管理

C．探索建立资源环境承载能力监测预警机制，对资源消耗和环境容量接近或超过承载能力的地区，及时采取区域限批等限制性措施

D．严守环境质量底线，将大气、水、土壤等环境质量维持现状作为地方各级政府环保责任红线，相应确定污染物排放总量限值和环境风险防控措施

参考答案

一、单项选择题

1．D 【解析】D是主要目标。

2．D 【解析】D选项应为“健全生态保护补偿机制”。

3．B 【解析】（二十一）严守资源环境生态红线。树立底线思维，设定并严守资源消耗上限、环境质量底线、生态保护红线，将各类开发活动限制在资源环境承载能力之内。

4．D 【解析】（二）基本原则：（1）坚持把节约优先、保护优先、自然恢复为主作为基本方针。（2）坚持把绿色发展、循环发展、低碳发展作为基本途径。（3）坚持把深化改革和创新驱动作为基本动力。（4）坚持把培育生态文化作为重要支撑。（5）坚持把重点突破和整体推进作为工作方式。

二、不定项选择题

1．ABD 【解析】C是主要目标。

2．ABCD 【解析】这道题考查了的主要目标的四个大标题。

3．BCD 【解析】A选项属于“六、健全生态文明制度体系”的内容。

4．ABC 【解析】D的正确说法是：严守环境质量底线，将大气、水、土壤等环境质量“只能更好、不能变坏”作为地方各级政府环保责任红线，相应确定污染物排放总量限值和环境风险防控措施。

（三）《全国生态环境保护纲要》

一、单项选择题

1. 依据《全国生态环境保护纲要》，在重点资源开发的生态环境保护的要求中，未列为禁止行为的是（　　）。（2010 年、2011 年考题）

A. 在沿海地区采矿　　B. 在森林公园内采矿

C. 在泥石流易发区采石　　D. 向水体倾倒建筑废料

2. 依据《全国生态环境保护纲要》，对生态功能保护区应采取的保护措施是（　　）。（2011 年考题）

A. 限制一切导致生态功能继续退化的开发活动

B. 停止一切产生严重环境污染的工程项目建设

C. 控制人口增长，区内人口已超出承载能力的应全部采取移民措施

D. 禁止粗放生产经营方式，走生态经济型发展道路，尽快遏制生态环境恶化趋势

3. 根据《全国生态环境保护纲要》，关于各类资源开发利用的生态环境保护要求，下列说法中，错误的是（　　）。（2012 年考题）

A. 合理控制地下水开采，做到采补平衡

B. 加强对耕地的管理，确实需要复耕的，应严格依法报批

C. 实施天然林保护工程，最大限度地保护和发挥好森林的生态效益

D. 生物物种资源的开发应在保护物种多样性和确保生物安全的前提下进行

4. 根据《全国生态环境保护纲要》，关于生态功能保护区保护措施，下列说法中，错误的是（　　）。（2013 年考题）

A. 应严格控制生态功能保护区内人口增长

B. 不得新建与生态功能保护无关的建设项目

C. 必须停止一切导致生态功能继续退化的开发活动和其他人为破坏活动

D. 对已经破坏的重要生态系统要结合生态环境建设措施，认真组织重建与恢复，尽快遏制生态环境恶化趋势

5. 根据《全国生态环境保护纲要》，下列关于生态功能保护区的类型和级别的说法中，错误的是（　　）。（2015 年考题）

A. 生态功能保护区分为两级，分别为国家级、省级和地（市）级

B. 生态功能保护区分为三级，分别为国家级、省级和地（市）级、县级

C．跨省域和重点流域、重点区域的重要生态功能区，建立国家级生态功能保护区

D．江河洪水调蓄区的现有植被和自然生态系统应严加保护，通过建立生态功能保护区，实施保护措施，防止生态环境的破坏和生态功能的退化

6．根据《全国生态环境保护纲要》，下列关于矿产资源开发利用的说法中，错误的是（　　）。（2015 年考题）

A．严禁在泥石流易发区采石、采矿、取土

B．矿产资源开发必须防止次生地质灾害的发生

C．经批准，可在生态功能保护区、自然保护区、森林公园内采矿

D．在沿江、沿河、沿湖、沿库、沿海地区开采矿产资源，必须落实生态环境保护措施

7．根据《全国生态环境保护纲要》，需要建立生态功能保护区的重要生态功能区不包括（　　）。（2017 年考题）

A．江河源头区　　B．重要渔业水域

C．重要水源涵养区　　D．国家重点风景名胜区

8．根据《全国生态环境保护纲要》，不需要建立国家级生态功能保护区的是（　　）。（2017 年考题）

A．跨省域的重要生态功能区　　B．跨地（市）的重要生态功能区

C．跨重点区域的重要生态功能区　　D．跨重点流域的重要生态功能区

9．根据《全国生态环境保护纲要》生态功能保护区保护措施的有关规定，下列说法中，错误的是（　　）。（2017 年考题）

A．停止一切产生严重环境污染的工程项目建设

B．改变粗放生产经营方式，走生态经济型发展道路

C．严格控制导致生态功能继续退化的开发活动和其他人为破坏活动

D．对已经破坏的重要生态系统，要结合生态环境建设措施，认真组织重建与恢复，尽快遏制生态环境恶化趋势

10．根据《全国生态环境保护纲要》，各类资源开发利用的生态环境保护要求不包括（　　）。（2017 年考题）

A．矿产资源开发利用的生态环境保护

B．旅游资源开发利用的生态环境保护

C．海洋和渔业资源开发利用的生态环境保护

D．遏制生态环境破坏、减轻自然灾害的危害

11．根据《全国生态环境保护纲要》中关于各类资源开发利用生态保护要求的说法，错误的是（　　）。（2018 年考题）

A. 对具有重要生态功能的林区、草原，应划为禁垦区、禁伐区或禁牧区，严格管护

B. 大力发展风能、太阳能、生物质能等可再生能源技术，减少樵采对林草植被的破坏

C. 要切实保护好各类水源涵养林、水土保护林、防风固沙林、特种用途林等生态公益林

D. 对毁林、毁草开垦的耕地和造成的废弃地，要按照“谁批准谁恢复，谁破坏谁负责”的原则，限期退耕还林还草

12. 根据《全国生态环境保护纲要》，下列关于水资源开发利用的生态环境保护的说法中，错误的是（　　）。（2019 年考题）

A. 建立缺水地区高耗水项目管制制度，逐步调整用水紧缺地区的高耗水产业，停止新上高耗水项目

B. 在发生江河断流、湖泊萎缩、地下水超采的流域和地区，应停上新的加重水平衡失调的蓄水、引水和灌溉工程

C. 在地下水严重超采地区，划定地下水限采区，抓紧清理不合理的抽水设施，防止出现大面积的地下漏斗和地表塌陷

D. 加大农业面源污染控制力度，严格控制氮、磷严重超标地区的氮肥、磷肥施用量

二、不定项选择题

1. 依据《全国生态环境保护纲要》，下列区域中不属于重要生态功能区的有（　　）。（2010 年考题）

A. 防风固沙区　　B. 资源型缺水地区

C. 江河洪水调蓄区　　D. 水土保持重点监督区

2. 依据《全国生态环境保护纲要》，下列关于“重点资源开发的生态环境保护”说法中，正确的是（　　）。（2011 年考题）

A. 严禁在生态功能保护区、自然保护区、风景名胜区内采矿

B. 海洋和渔业资源开发利用必须按功能区划进行，做到统一规划，合理开发利用

C. 建立缺水地区高耗水项目管制制度，限制新上高耗水项目，确保流域生态用水

D. 对具有重要生态功能的林区、草原，应划为禁垦区、禁伐区或禁牧区，严格管护

3. 根据《全国生态环境保护纲要》，应建立生态功能保护区的区域有（　　）。

（2013 年考题）

A. 防风固沙区　　B. 自然保护区

C. 重要水源涵养区　　D. 国家风景名胜区

4. 根据《全国生态环境保护纲要》，建立国家级生态功能保护区的有（　　）。（2016 年考题）

A. 跨省域的重要生态功能保护区

B. 跨地市的生态功能保护区

C. 跨重点区域的重要生态功能保护区

D. 跨重点流域的重要生态功能保护区

5. 根据《全国生态环境保护纲要》中关于生态功能保护区保护措施的说法，正确的有（　　）。（2018 年考题）

A. 停止一切产生严重环境污染的工程项目建设

B. 改变粗放生产经营方式，走生态经济型发展道路

C. 严格控制导致生态功能继续退化的开发活动和其他人为破坏活动

D. 严格控制人口增长，区内人口已超出承载能力的应采取必要的移民措施

参考答案

一、单项选择题

1. A 【解析】严禁在生态功能保护区、自然保护区、风景名胜区、森林公园内采矿。严禁在崩塌滑坡危险区、泥石流易发区和易导致自然景观破坏的区域采石、采砂、取土。严禁向水体倾倒垃圾和建筑、工业废料。

2. B 【解析】对生态功能保护区采取以下保护措施：停止一切导致生态功能继续退化的开发活动和其他人为破坏活动；停止一切产生严重环境污染的工程项目建设；严格控制人口增长，区内人口已超出承载能力的应采取必要的移民措施；改变粗放生产经营方式，走生态经济型发展道路，对已经破坏的重要生态系统，要结合生态环境建设措施，认真组织重建与恢复，尽快遏制生态环境恶化趋势。

3. B 【解析】大江大河上中游陡坡耕地要按照有关规划，有计划、分步骤地实行退耕还林还草，并加强对退耕地的管理，防止复耕。

4. B 【解析】B 的正确说法是：停止一切产生严重环境污染的工程项目建设。

5. B 【解析】跨省域和重点流域、重点区域的重要生态功能区，建立国家级生态功能保护区；跨地（市）和县（市）的重要生态功能区，建立省级和地（市）级生态功能保护区。

6．C 【解析】C 的正确说法是：严禁在生态功能保护区、自然保护区、风景名胜区、森林公园内采矿。

7．D 【解析】江河源头区、重要水源涵养区、水土保持的重点预防保护区和重点监督区、江河洪水调蓄区、防风固沙区和重要渔业水域等重要生态功能区，在保持流域、区域生态平衡，减轻自然灾害，确保国家和地区生态环境安全方面具有重要作用。对这些区域的现有植被和自然生态系统应严加保护，通过建立生态功能保护区，实施保护措施，防止生态环境的破坏和生态功能的退化。

8．B 【解析】跨省域和重点流域、重点区域的重要生态功能区，建立国家级生态功能保护区；跨地（市）和县（市）的重要生态功能区，建立省级和地（市）级生态功能保护区。

9．C 【解析】选项 C 的正确说法是：停止一切导致生态功能继续退化的开发活动和其他人为破坏活动。

10．D 【解析】D 是全国生态环境保护的目标。

11．D 【解析】D 的正确说法是：对毁林、毁草开垦的耕地和造成的废弃地，要按照“谁批准谁负责，谁破坏谁恢复”的原则，限期退耕还林还草。

12．C 【解析】C 的正确说法是：在地下水严重超采地区，划定地下水禁采区，抓紧清理不合理的抽水设施，防止出现大面积的地下漏斗和地表塌陷。

二、不定项选择题

1．B 【解析】注意：此题问的是“不属于”。重要生态功能区包括：江河源头区、重要水源涵养区、水土保持的重点预防保护区和重点监督区、江河洪水调蓄区、防风固沙区和重要渔业水域等。

2．ABD 【解析】C 的正确说法是：建立缺水地区高耗水项目管制制度，逐步调整用水量紧缺地区的高耗水产业，停止新上高耗水项目，确保流域生态用水。

3．AC 【解析】江河源头区、重要水源涵养区、水土保持的重点预防保护区和重点监督区、江河洪水调蓄区、防风固沙区和重要渔业水域等重要生态功能区，在保持流域、区域生态平衡，减轻自然灾害，确保国家和地区生态环境安全方面具有重要作用。对这些区域的现有植被和自然生态系统应严加保护，通过建立生态功能保护区，实施保护措施，防止生态环境的破坏和生态功能的退化。

4．ACD 【解析】跨省域和重点流域、重点区域的重要生态功能区，建立国家级生态功能保护区；跨地（市）和县（市）的重要生态功能区，建立省级和地（市）级生态功能保护区。

5．ABD 【解析】C 的正确说法是：停止一切导致生态功能继续退化的开发活动和其他人为破坏活动。

（四）《国家重点生态功能保护区规划纲要》

一、单项选择题

1．依据《国家重点生态功能保护区规划纲要》，“合理引导产业发展”的主要任务不包括（　　）。（2011 年考题）

A．推广清洁能源

B．发展资源环境可承载的特色产业

C．限制损害区域生态功能的产业扩张

D．禁止在重要防风固沙区发展沙产业

2．根据《国家重点生态功能保护区规划纲要》，强化生态环境监管的主要任务不包括（　　）。（2012 年考题）

A．强化监督管理能力　　B．提高监测预警能力

C．增强宣传教育能力　　D．增强生物多样性维护能力

3．根据《国家重点生态功能保护区规划纲要》，重点生态功能保护区规划的基本原则不包括（　　）。（2014 年考题）

A．统筹规划、分步实施　　B．高度重视、精心组织

C．强化监管，适度开发　　D．避免重复、互为补充

4．根据《国家重点生态功能保护区规划纲要》，合理引导产业发展的主要任务不包括（　　）。（2014 年考题）

A．推广清洁能源

B．发展资源环境可承载的特色产业

C．限制损害区域生态功能的产业扩张

D．停止一切导致生态功能继续退化的开发活动

5．根据《国家重点生态功能保护区规划纲要》，下列任务中，不属于重点生态环境保护区规划的主要任务的是（　　）。（2015 年考题）

A．合理引导产业发展　　B．强化生态环境监管

C．保护和恢复生态功能　　D．完善生态功能保护区建设体系

6．根据《国家重点生态功能保护区规划纲要》中关于重点生态功能保护区规划基本原则的说法，错误的是（　　）。（2018 年考题）

A．“统筹规划、分步实施”是重点生态功能保护区建设的基本原则之一

B．重点生态功能保护区建设，应坚持保护优先、限制开发、点状发展的原则

C. 各级环保部门应通过与相关部门的协调与衔接，力争将重点生态功能保护区的建设纳入当地经济社会发展规划

D. 在空间范围上，重点生态功能保护区包含自然保护区、世界文化自然遗产、风景名胜区、森林公园等特别保护区域

二、不定项选择题

1. 《国家重点生态功能保护区规划纲要》要求建设一批（　　）生态功能保护区，形成较完善的生态功能保护区建设体系。（2012 年考题）

A. 水源涵养　　B. 重要渔业水域

C. 生物多样性维护　　D. 水土保持、防风固沙

2. 根据《国家重点生态功能保护区规划纲要》，该规划纲要提出的主要任务包括（　　）。（2016 年考题）

A. 限制不符合主导生态功能保护需要的产业发展，鼓励使用清洁能源

B. 在海洋生态功能保护区，发展海洋生态养殖，生态旅游等海洋生态产业

C. 严肃查处毁林、毁草、破坏湿地等行为，合理开发水电，提高区域水源涵养生态功能

D. 积极推广沼气、风能、小水电、太阳能、地热能及其他清洁能源，解决农村能源需求，减少对自然生态系统的破坏

3. 《国家重点生态功能保护区规划纲要》中保护和恢复生态功能的主要任务包括（　　）。（2019 年考题）

A. 提高水源涵养能力　　B. 增强防风固沙能力

C. 提高调洪蓄洪能力　　D. 增强生物多样性维护能力

参考答案

一、单项选择题

1. D　**【解析】**合理引导产业发展的主要任务：（1）限制损害区域生态功能的产业扩张；（2）发展资源环境可承载的特色产业；（3）推广清洁能源。

2. D　**【解析】**（1）强化监督管理能力；（2）提高监测预警能力；（3）增强宣传教育能力；（4）加强科研支撑能力。

3. C　**【解析】**应为“保护优先，限制开发”。

4. D　**【解析】**D 是《全国生态环境保护纲要》中的要求。

5. D　**【解析】**D 是主要目标。

6．D 【解析】D的正确说法是：生态功能保护区属于限制开发区，自然保护区、世界文化自然遗产、风景名胜区、森林公园等各类特别保护区域属于禁止开发区，生态功能保护区建设要考虑两者之间的协调与补充。在空间范围上，生态功能保护区不包含自然保护区、世界文化自然遗产、风景名胜区、森林公园、地质公园等特别保护区域；在建设内容上，避免重复，互相补充；在管理机制上，各类特别保护区域的隶属关系和管理方式不变。

二、不定项选择题

1．ACD 【解析】合理布局国家重点生态功能保护区，建设一批水源涵养、水土保持、防风固沙、洪水调蓄、生物多样性维护生态功能保护区。

2．ABCD

3．ABCD 【解析】（二）保护和恢复生态功能：①提高水源涵养能力；②恢复水土保持功能；③增强防风固沙功能；④提高调洪蓄洪能力；⑤增强生物多样性维护能力；⑥保护重要海洋生态功能。

（五）《全国生态脆弱区保护规划纲要》

一、单项选择题

1．根据《全国生态脆弱区保护规划纲要》，下列任务中，不属于该规划的具体任务的是（　　）。（2015 年考题）

A．加强生态保育，促进生态脆弱区修复进程

B．优化产业布局，促进脆弱区生态与经济的协调发展

C．强化资源开发监管执法力度，防止无序开发和过度开发

D．加强生态监测与评估能力建设，构建脆弱区生态安全预警体系

2．根据《全国生态脆弱区保护规划纲要》的总体任务，下列说法中，错误的是（　　）。（2017 年考题）

A．建立健全脆弱区生态环境监测、评估及预警体系

B．加强生态保育，增强脆弱区生态系统的抗干扰能力

C．强化资源开发监管和执法力度，促进脆弱区资源环境协调发展

D．优化产业布局，调整产业结构，全面禁止有损于脆弱区生态环境的产业扩张

3．根据《全国生态脆弱区保护规划纲要》，不属于生态脆弱区保护规划基本原则的是（　　）。（2019 年考题）

A．预防为主，保护优先　　B．分区推进，分类指导

C．强化监管，适度开发　　D．保护优先，限制开发

二、不定项选择题

1．《全国生态脆弱区保护规划纲要》的总体任务包括（　　）。（2010 年考题）

A．合理引导产业发展

B．强化生态环境监管

C．保护和恢复生态功能

D．全面限制有损脆弱区生态环境的产业扩张

2．依据《全国生态脆弱区保护规划纲要》关于生态脆弱区保护规划的基本原则和主要任务，下列说法正确的是（　　）。（2011 年考题）

A．强化“环境准入”，科学指导生态保育与产业发展活动，促进生态恢复

B．发展与当地资源环境承载力相适应的特色产业和环境友好产业，从源头控制生态退化

C．全面开展生态环境监察工作，严格禁止超采、过牧、乱垦、滥挖等资源破坏行为的发生

D．高度重视环境极度脆弱、生态退化严重、具有重要保护价值地区的生态应急工程建设与技术创新

3．根据《全国生态脆弱区保护规划纲要》，规划的基本原则包括（　）。（2013 年考题）

A．预防为主，保护优先　　B．分区推进，分类指导

C．强化监管，适度开发　　D．统筹规划，分步实施

4．根据《全国生态脆弱区保护规划纲要》，属于规划的主要任务有（　）。（2013 年考题）

A．建立健全脆弱区生态环境监测、评估及预警体系

B．加强生态保育，增强脆弱区生态系统的抗干扰能力

C．强化资源开发监管和执法力度，促进脆弱区资源环境协调发展

D．在保护优先的前提下，合理选择发展方向，发展特色优势产业，加强生态环境的保护与修复，加大生态环境监管力度，保护和恢复区域生态功能

参考答案

一、单项选择题

1．B　【解析】（二）具体任务：1．调整产业结构，促进脆弱区生态与经济的协调发展；2．加强生态保育，促进生态脆弱区修复进程；3．加强生态监测与评估能力建设，构建脆弱区生态安全预警体系；4．强化资源开发监管执法力度，防止无序开发和过度开发。

2．D　【解析】D 的正确说法是：优化产业布局，调整产业结构，全面限制有损于脆弱区生态环境的产业扩张。

3．D　【解析】基本原则：① 预防为主，保护优先；② 分区推进，分类指导；③ 强化监管，适度开发；④ 统筹规划，分步实施。

二、不定项选择题

1．D　【解析】（一）总体任务：以维护区域生态系统完整性、保证生态过程连续性和改善生态系统服务功能为中心，优化产业布局，调整产业结构，全面限制有损于脆弱区生态环境的产业扩张，发展与当地资源环境承载力相适应的特色产业和环境友好产业，从源头控制生态退化；加强生态保育，增强脆弱区生态系统的抗

干扰能力；建立健全脆弱区生态环境监测、评估及预警体系；强化资源开发监管和执法力度，促进脆弱区资源环境协调发展。

2．ABCD

3．ABCD 【解析】基本原则：①预防为主，保护优先；②分区推进，分类指导；③强化监管，适度开发；④统筹规划，分步实施。

4．ABC 【解析】（一）总体任务：以维护区域生态系统完整性、保证生态过程连续性和改善生态系统服务功能为中心，优化产业布局，调整产业结构，全面限制有损于脆弱区生态环境的产业扩张，发展与当地资源环境承载力相适应的特色产业和环境友好产业，从源头控制生态退化；加强生态保育，增强脆弱区生态系统的抗干扰能力；建立健全脆弱区生态环境监测、评估及预警体系；强化资源开发监管和执法力度，促进脆弱区资源环境协调发展。

（六）《全国主体功能区规划》《全国海洋主体功能区规划》

一、单项选择题

1．根据《全国主体功能区规划》，关于主体功能区划分的规定，下列说法中，错误的是（　　）。（2012 年考题）

A．世界文化自然遗产属于禁止开发的区域

B．限制开发区分为农产品主产区和重点生态功能区两类

C．城市化地区、农产品主产区和重点生态功能区，是以提供主体产品的类型为基准划分的

D．优化开发区域是有一定经济基础、资源承载能力较强、发展潜力较大、集聚人口和经济条件较好的城市化地区

2．根据《全国主体功能区规划》，重点开发区域的功能定位和发展方向不包括（　　）。（2012 年考题）

A．优化基础设施布局　　B．统筹规划国土空间

C．健全城市规模结构　　D．形成现代产业体系

3．根据《全国主体功能区规划》，下列说法中，正确的是（　　）。（2014 年考题）

A．重点开发区域是应该重点进行工业化城镇化开发的城市化地区

B．优化开发区域分为两类：一类是农产品主产区，一类是重点生态功能区

C．限制开发区域是经济比较发达、人口比较密集、开发强度较高、资源环境问题更加突出的区域

D．省级层面禁止开发区域，包括省级各级各类自然文化资源保护区域、重要水源地以及其他省级人民政府根据需要确定的禁止开发区域

4．根据《全国主体功能规划》，到 2020 年，下列目标中，不属于推进全国主体功能区主要目标的是（　　）。（2015 年考题）

A．空间开发格局清晰　　B．空间利用效率提高

C．可持续发展能力提升　　D．区域发展格局得到优化

5．根据《全国主体功能规划》，下列内容中，不属于国家层面主体功能区中重点开发区域功能定位的是（　　）。（2015 年考题）

A．全国重要的创新区域

B．全国重要的人口和经济密集区

C．支撑全国经济增长的重要增长极

D．落实区域发展总体战略、促进区域协调发展的重要支撑点

6．根据《全国主体功能区规划》，不属于国家层面禁止开发区域的是（　　）。（2016 年考题）

A．世界文化自然遗产

B．国家级生态功能保护区

C．国家森林公园和国家地质公园

D．国家级自然保护区和国家级风景名胜区

7. 根据《全国主体功能区规划》，不属于按开发内容划分的主体功能区是（　　）。（2017 年考题）

A．城市化地区

B．农产品主产区

C．重点生态功能区

D．自然文化资源保护区

8．根据《全国主体功能区规划》，不属于禁止开发区域的是（　　）。（2017 年）

A．农产品主产区

B．世界文化自然遗产

C．依法设立的各级各类自然文化资源保护区域

D．禁止进行工业化城镇化开发、需要特殊保护的重点生态功能区

9．根据《全国主体功能区规划》，开发原则中关于保护自然的有关要求，下列说法中错误的是（　　）。（2017 年考题）

A．严格控制各类破坏生态环境的开发活动

B．在农业用水严重超出区域水资源承载能力的地区实行退耕还水

C．在确保省域内耕地和基本农田面积不减少的前提下，继续在适宜的地区退耕还林、退牧还草、退田还湖

D．交通、输电等基础设施建设要尽量避免对重要自然景观和生态系统的破坏，从严控制穿越禁止开发区域

10．根据《全国主体功能区规划》，国家层面限制开发区域，重点生态功能区的类型不包括（　　）。（2017 年考题）

A．水源涵养型

B．防风固沙型

C．洪水调蓄型

D．生物多样性维护型

11．根据《全国主体功能区规划》，不属于国家层面禁止开发区域功能定位的是（　　）。（2017 年考题）

A．珍稀动物物种分布区

B．保护文化资源的重要区域

C．保护自然资源的重要区域

D．珍稀动植物基因资源保护地

12．根据《全国主体功能区规划》，下列关于国家层面禁止开发区域管制原则的说法中，错误的是（　　）。（2017 年考题）

A．实现污染物“零排放”，提高环境质量

B．严格控制不符合主体功能定位的各类开发活动

C．依据法律法规规定和相关规划实施强制性保护

D．严格管制人为因素对自然生态和文化自然遗产原真性、完整性的干扰

13．根据《全国主体功能区规划》，关于国家层面禁止开发区域管制原则的说法，错误的是（　　）。（2018 年考题）

A．严格控制国家级风景名胜区内人工景观建设

B．新建公路、铁路和其他基础设施不得穿越自然保护区的核心区

C．严格控制在风景名胜区从事与风景名胜资源无关的生产建设活动

D．加强对世界文化自然遗产完整性的保护，保持遗产未被人为扰动过的原始状态

14．根据《全国主体功能区规划》，关于国家层面限制开发的农产品主产区发展方向与开发原则的说法，错误的是（　　）。（2018 年考题）

A．鼓励和支持农民开展小型农田水利设施建设、小流域综合治理

B．控制农产品主产区开发强度，优化开发方式，发展循环农业，促进农业资源的永续利用

C．国家支持农产品主产区加强农产品加工、流通、储运设施建设，引导农产品加工、流通、储运企业向主产区聚集

D．农产品主产区应严禁不符合主体功能区定位的各类开发活动，引导人口逐步有序转移，实现污染物“零排放”，提高环境质量

15．根据《全国主体功能区规划》，今后新设立的（　　），自动进入国家禁止开发区域名录。（2019 年考题）

A．省级自然保护　　　　B．国家级文化自然遗产

C．省级风景名胜区　　　　D．国家地质公园

16．根据《全国主体功能区规划》，关于排污许可证发放的说法正确的是（　　）。（2019 年考题）

A．优化开发区域要从严控制排污许可证发放

B．重点开发区域要合理控制排污许可证的增发

C．限制开发区域要严格限制排污许可证的增发

D．禁止开发区域除重大基础设施外不发放排污许可证

17．根据《全国海洋主体功能区规划》，关于全国海洋主体功能区功能分区的说法正确的是（　　）。（2019 年考题）

A．优化开发区域，是指在沿海经济社会发展中具有重要地位，发展潜力较大，资

源环境承载能力较强，可以进行高强度集中开发的海域

B．重点开发区域，是指现有开发利用强度较高，资源环境约束较强，产业结构亟须调整和优化的海域

C．限制开发区域，是指以提供海洋水产品为主要功能的海域，仅包括用于保护海洋渔业资源

D．禁止开发区域，是指对维护海洋生物多样性，保护典型海洋生态系统具有重要作用的海域，包括海洋自然保护区、领海基点所在岛屿等

二、不定项选择题

1．《全国主体功能区规划》按开发方式将我国国土空间分为（　　）等主体功能区。（2012 年考题）

A．优化开发区域　　B．重点开发区域

C．限制开发区域　　D．禁止开发区域

2．根据《全国主体功能区规划》，关于国家禁止开发区域的功能定位，今后我国新设立的保护自然文化资源的重要区域和珍稀动植物基因资源保护地中自动进入国家禁止开发区域的有（　　）。（2012 年考题）

A．国家地质公园　　B．国家森林公园

C．世界文化自然遗产　　D．重点生物多样性维护区

3．根据《全国主体功能区规划》，（　　）属于主体功能区中的限制开发区。（2013 年考题）

A．农产品主产区　　B．国家级森林公园

C．重点生态功能区　　D．世界自然文化遗产

4．根据《全国主体功能区规划》，属于开发原则中保护自然有关规定的有（　　）。（2013 年考题）

A．把保护水面、湿地、林地和草地放到与保护耕地同等重要位置

B．在农业用水严重超出区域水资源承载能力的地区实行退耕还水

C．各类开发活动要充分利用现有空间，尽可能利用闲置地、空闲地和废弃地

D．工业化城镇化开发必须建立在对所在区域资源环境承载能力综合评价的基础上，严格控制在水资源承载能力和环境容量允许的范围内

5．根据《全国主体功能区规划》，优化开发区域的发展方向和开发原则包括（　　）。（2013 年考题）

A．扩大空间结构　　B．优化城镇布局

C．控制人口分布　　D．优化产业结构

6．根据《全国主体功能区规划》，国家重点开发区域的发展方向和开发原则包

括（　　）。（2013 年考题）

A. 统筹规划国土空间　　B. 健全城市规模结构

C. 促进人口加快集聚　　D. 形成现代产业体系

7. 根据《全国主体功能区规划》关于禁止开发区域的管制原则，下列说法中，正确的是（　　）。（2013 年考题）

A. 国家级自然保护区按核心区、缓冲区和实验区分类管理

B. 国家地质公园除必要的保护设施和附属设施外，禁止其他生产建设活动

C. 国家森林公园除必要的保护设施和附属设施外，禁止其他生产建设活动

D. 世界文化自然遗产，要加强对遗产原真性的保护，保护遗产在艺术、历史、社会和科学方面的特殊价值

8. 根据《全国主体功能区规划》开发原则中关于保护自然的有关要求，下列说法中，正确的是（　　）。（2014 年考题）

A. 严禁地下水超采，加强对超采的治理和对地下水源的涵养与保护

B. 严格限制有损自然生态系统的开荒以及侵占水面、湿地、林地、草地等农业开发活动

C. 在农业用水严重超出区域水资源承载能力的地区实行退耕还林、退牧还草、退草还湖

D. 编制区域规划等应事先进行资源环境承载能力综合评价，并把保持一定比例的绿色生态空间作为规划的主要内容

9. 根据《全国主体功能区规划》，关于国家层面限制开发的重点生态功能区功能定位和发展方向，错误的有（　　）。（2018 年考题）

A. 国家重点生态功能区要以保护和修复生态环境、提供生态产品为首要任务

B. 国家重点生态功能区分为水源涵养型、水土保持型和防风固沙型三种类型

C. 国家重点生态功能区是保障国家生态安全的重要区域，人与自然和谐相处的示范区

D. 国家重点生态功能区应积极推进农业的规模化、产业化，发展农产品深加工，拓展农村就业和增收空间

10. 根据《海洋主体功能区规划》，海洋主体功能区按开发内容可分为（　　）三种功能。（2019 年考题）

A. 产业与城镇建设　　B. 农渔业生产

C. 生态环境服务　　D. 油气资源开发

11. 根据《全国海洋主体功能区规划》，关于海洋自然保护区管理要求的说法正确的有（　　）。（2019 年考题）

A. 海洋基础设施建设不得穿越海洋自然保护区

B．在海洋自然保护区核心区和缓冲区内不得开展任何与保护无关的工程建设活动

C．在海洋自然保护区内开展科学研究，要合理选择考察线路

D．对具有特殊保护价值的海岛、海域等，要依法设立海洋自然保护区

参考答案

一、单项选择题

1．D 【解析】优化开发区域是经济比较发达、人口比较密集、开发强度较高、资源环境问题更加突出，从而应该优化进行工业化城镇化开发的城市化地区。

2．A 【解析】A 选项是国家优化开发区域的发展方向和开发原则。

3．A 【解析】B 选项的分类是限制开发区域的分类。B 选项的定义是优化开发区域。C 是优化开发区域的定义。D 选项的正确说法是：省级层面的禁止开发区域，包括省级及以下各级各类自然文化资源保护区域、重要水源地一级其他省级人民政府根据需要确定的禁止开发区域。

4．D 【解析】选项 D 的正解说法是：空间结构得到优化。

5．A 【解析】国家重点开发区域的功能定位是：支撑全国经济增长的重要增长极，落实区域发展总体战略、促进区域协调发展的重要支撑点，全国重要的人口和经济密集区。

6．B 【解析】禁止开发区域是指依法设立的各级各类自然文化资源保护区域，以及其他禁止进行工业化城镇化开发、需要特殊保护的重点生态功能区。国家层面禁止开发区域，包括国家级自然保护区、世界文化自然遗产、国家级风景名胜区、国家森林公园和国家地质公园。

7．D 【解析】按开发内容，分为城市化地区、农产品主产区和重点生态功能区。

8．A 【解析】禁止开发区域是依法设立的各级各类自然文化资源保护区域，以及其他禁止进行工业化城镇化开发、需要特殊保护的重点生态功能区。国家层面禁止开发区域，包括国家级自然保护区、世界文化自然遗产、国家级风景名胜区、国家森林公园和国家地质公园。省级层面的禁止开发区域，包括省级及以下各级各类自然文化资源保护区域、重要水源地以及其他省级人民政府根据需要确定的禁止开发区域。

9．A 【解析】选项 A 应为“严禁”。

10．C 【解析】国家重点生态功能区分为水源涵养型、水土保持型、防风固沙型和生物多样性维护型四种类型。

11．A 【解析】国家禁止开发区域的功能定位是：我国保护自然文化资源的重要区域，珍稀动植物基因资源保护地。

12．B 【解析】国家禁止开发区域要依据法律法规规定和相关规划实施强制性保护，严格控制人为因素对自然生态和文化自然遗产原真性、完整性的干扰，严禁不符合主体功能定位的各类开发活动，引导人口逐步有序转移，实现污染物“零排放”，提高环境质量。

13．C 【解析】要依据《风景名胜区条例》及本规划确定的原则和风景名胜区规划进行管理：严格控制人工景观建设；禁止在风景名胜区从事与风景名胜资源无关的生产建设活动。新建公路、铁路和其他基础设施不得穿越自然保护区核心区，尽量避免穿越缓冲区。世界文化自然遗产：加强对遗产完整性的保护，保持遗产未被人为扰动过的原始状态。

14．D 【解析】D 是禁止开发区的要求。国家禁止开发区域要依据法律法规规定和相关规划实施强制性保护，严格控制人为因素对自然生态和文化自然遗产原真性、完整性的干扰，严禁不符合主体功能定位的各类开发活动，引导人口逐步有序转移，实现污染物“零排放”，提高环境质量。。

15．D 【解析】今后新设立的国家级自然保护区、世界文化自然遗产、国家级风景名胜区、国家森林公园、国家地质公园，自动进入国家禁止开发区域名录。

16．B 【解析】优化开发区域要严格限制排污许可证的增发，完善排污权交易制度，制定较高的排污权有偿取得价格。重点开发区域要合理控制排污许可证的增发，积极推进排污权制度改革，制定合理的排污权有偿取得价格，鼓励新建项目通过排污权交易获得排污权。限制开发区域要从严控制排污许可证发放。禁止开发区域不发放排污许可证。

17．D 【解析】优化开发区域，是指现有开发利用强度较高，资源环境约束较强，产业结构亟需调整和优化的海域。重点开发区域，是指在沿海经济社会发展中具有重要地位，发展潜力较大，资源环境承载能力较强，可以进行高强度集中开发的海域。限制开发区域，是指以提供海洋水产品为主要功能的海域，包括用于保护海洋渔业资源和海洋生态功能的海域。禁止开发区域，是指对维护海洋生物多样性，保护典型海洋生态系统具有重要作用的海域，包括海洋自然保护区、领海基点所在岛屿等。

二、不定项选择题

1．ABCD 【解析】按开发方式，分为优化开发区域、重点开发区域、限制开发区域和禁止开发区域。

2．ABC 【解析】今后新设立的国家级自然保护区、世界文化自然遗产、国家级风景名胜区、国家森林公园、国家地质公园，自动进入国家禁止开发区域名录。

3．AC 【解析】限制开发区域分为两类：一类是农产品主产区，一类是重点生态功能区。其他 2 个选项属禁止开发区。

4．ABD 【解析】C 是集约开发的有关规定。

5．BD 【解析】A 应为“优化空间结构”，C 应为“优化人口分布”。

6．ABCD

7．ABD 【解析】选项 C 的正确说法是：除必要的保护设施和附属设施外，禁止从事与资源保护无关的任何生产建设活动。

8．D 【解析】规划中的原文如下：严格控制地下水超采，加强对超采的治理和对地下水源的涵养与保护，加强水土流失综合治理及预防监督。农业开发要充分考虑对自然生态系统的影响，积极发挥农业的生态、景观和间隔功能，严禁有损自然生态系统的开荒以及侵占水面、湿地、林地、草原等农业开发活动。在确保省域的耕地和基本农田面积不减少的前提下，继续在适宜的地区实行退耕还林、退牧还草、退田还湖。在农业用水严重超出区域水资源承载能力的地区实行退耕还水。

9．BD 【解析】《全国主体功能区规划》规定，国家重点生态功能区要以保护和修复生态环境、提供生态产品为首要任务；国家重点生态功能区分为水源涵养型、水土保持型、防风固沙型和生物多样性维护型四种类型；重点生态功能区功能定位：保障国家生态安全的重要区域，人与自然和谐相处的示范区。积极推进农业的规模化、产业化，发展农产品深加工，拓展农村就业和增收空间，是国家层面限制开发的农产品主产区的发展方向之一。

10．ABC 【解析】海洋主体功能区按开发内容可分为产业与城镇建设、农渔业生产、生态环境服务三种功能。

11．BC 【解析】在保护区核心区和缓冲区内不得开展任何与保护无关的工程建设活动，海洋基础设施建设原则上不得穿越保护区，涉及保护区的航道、管线和桥梁等基础设施经严格论证并批准后方可实施。在保护区内开展科学研究，要合理选择考察线路。对具有特殊保护价值的海岛、海域等，要依法设立海洋自然保护区或扩大现有保护区面积。

（七）《水污染防治行动计划》

一、单项选择题

1. 根据《水污染防治行动计划》，不属于全面控制污染物排放要求的是（　　）。（2016 年考题）

A. 2016 年年底前按照水污染防治法律法规要求，全部取缔不符合国家产业政策的小型氮肥生产项目

B. 港口、码头，装卸站的经营人应制定防治船舶及其有关活动污染水环境的应急计划

C. 敏感区域（重点湖泊、重点水库、近岸海域汇水区域）城镇污水处理设施应于 2017 年年底前全面达到一级 A 排放标准

D. 敏感区域和大中型灌区，要利用现有沟、塘、窑等，配置水生植物群落、格栅和透水坝，建设生态沟渠、污水净化塘、地表径流集蓄池等设施，净化农田排水和地表径流

2. 根据《水污染防治行动计划》，不属于调整产业结构的有关要求的是（　　）。（2016 年考题）

A. 到 2020 年，组织完成市、县域水资源、水环境承载能力现状评价

B. 依法淘汰落后产能，未完成淘汰任务的地区，禁止审批和核准其相关行业新建项目

C. 根据流域水质目标和主体功能区规划要求明确区域环境准入条件，细化功能分区，实施差别化环境准入政策

D. 建立水资源、水环境承载能力监测评价体系，实施承载能力监测预警。已超过承载能力的地区要实施水污染物削减方案，加快调整发展规划和产业结构

3. 根据《水污染防治行动计划》，下列内容中，不属于 2020 年工作目标的是（　　）。（2018 年考题）

A. 近岸海域环境质量稳中趋好

B. 全国污染严重水体较大幅度减少

C. 力争全国水环境质量总体改善，水生态系统功能初步恢复

D. 地下水超采得到严格控制，地下水污染加剧趋势得到初步遏制

4. 根据《水污染防治行动计划》，关于工业集聚区水污染集中治理要求的说法，错误的是（　　）。（2018 年考题）

A．新建、升级工业集聚区应同步规划、建设垃圾集中处理设施

B．新建、升级工业集聚区应同步规划、建设污水集中处理设施

C．工业集聚区内工业废水必须经预处理达到集中处理要求，方可进入集中处理设施

D．2020 年前，工业集聚区应按规定建成污水集中处理设施，并安装自动在线监控装置

5．根据《水污染防治行动计划》，下列说法不符合“防治地下水污染，保障饮用水水源安全”相关规定的是（　　）。（2019 年考题）

A．石化生产存贮销售企业应进行必要的防渗处理

B．加油站地下油罐应全部更新为双层罐并完成防渗池设置

C．报废矿井、钻井、取水井应实施封井回填

D．定期调查评估集中式地下水型饮用水水源补给区等区域环境状况

二、不定项选择题

1．根据《水污染防治行动计划》，全力保障水生态环境安全的有关要求包括（　　）。（2016 年考题）

A．严格控制环境激素类化学品污染

B．研究建立重点海域排污总量控制制度

C．环境容量较小、生态环境脆弱、环境风险高的地区，应执行水污染物特别排放限值

D．公布京津冀等区域内环境风险大、严重影响公众健康的地下水污染场地清单，开展修复试点

2．根据《关于落实〈水污染防治行动计划〉实施区域差别化环境准入的指导意见》，关于不同区域差别化环境准入指导意见的说法，正确的有（　　）。（2018 年考题）

A．限制开发的重点生态功能区内新建工业和矿产开发项目不予环境准入

B．重点开发区内对城市存在黑臭水体的区域，应制定更为严格的减量置换措施

C．限制开发的农产品主产区以保护和恢复地力为主要目标，加强水和土壤污染的统筹防控

D．禁止开发区以生态功能的恢复和保护为主要目标，在环境准入中坚持预防为主、保护优先

3．根据《水污染防治行动计划》属于强化城镇生活污染治理要求的是（　　）。（2019 年考题）

A．敏感区域城镇污水处理设施应于 2017 年底前全面达到一级 A 排放标准

B．建成区水体水质达不到地表水Ⅳ类标准的城市，新建城镇污水处理设施要执行

一级 A 排放标准

C. 到 2020 年，全国所有县城和重点镇具备污水收集处理能力，县城、城市污水处理率分别达到 85%、95%左右

D. 现有城镇污水处理设施，要因地制宜进行改造，2020 年底前达到相应排放标准或再生利用要求

4. 根据《关于落实<水污染防治行动计划>实施区域差别化环境准入的指导意见》（环环评〔2016〕190 号），下列关于禁止开发区环境准入的说法正确的有（　　）。（2019 年考题）

A. 对禁止开发区严格管理，依据相关法律法规和政策规划实施强制性严格保护

B. 禁止开发区内严禁不符合主体功能定位和主导生态功能的各类开发活动

C. 禁止开发区区域内新建工业和矿产开发项目不予环境准入

D. 禁止开发区内重大线性基础设施项目应优先采取避让措施

参考答案

一、单项选择题

1. A 【解析】根据《水污染防治行动计划》（一）狠抓工业污染防治。取缔“十小”企业。全面排查装备水平低、环保设施差的小型工业企业。2016 年年底前，按照水污染防治法律法规要求，全部取缔不符合国家产业政策的小型造纸、制革、印染、染料、炼焦、炼硫、炼砷、炼油、电镀、农药等严重污染水环境的生产项目。

2. B 【解析】根据《水污染防治行动计划》关于调整产业结构的说法：依法淘汰落后产能。未完成淘汰任务的地区，暂停审批和核准其相关行业新建项目。

3. C 【解析】《水污染防治行动计划》规定，到 2020 年，全国水环境质量得到阶段性改善，污染严重水体较大幅度减少，饮用水安全保障水平持续提升，地下水超采得到严格控制，地下水污染加剧趋势得到初步遏制，近岸海域环境质量稳中趋好，京津冀、长三角、珠三角等区域水生态环境状况有所好转。到 2030 年，力争全国水环境质量总体改善，水生态系统功能初步恢复。到本世纪中叶，生态环境质量全面改善，生态系统实现良性循环。

4. D 【解析】集聚区内工业废水必须经预处理达到集中处理要求，方可进入污水集中处理设施。新建、升级工业集聚区应同步规划、建设污水、垃圾集中处理等污染治理设施。2017 年年底前，工业集聚区应按规定建成污水集中处理设施，并安装自动在线监控装置，京津冀、长三角、珠三角等区域提前一年完成；逾期未完成的，一律暂停审批和核准其增加水污染物排放的建设项目，并依照有关规定撤销

其园区资格。

5．B 【解析】防治地下水污染。定期调查评估集中式地下水型饮用水水源补给区等区域环境状况。石化生产存贮销售企业和工业园区、矿山开采区、垃圾填埋场等区域应进行必要的防渗处理。加油站地下油罐应于2017年底前全部更新为双层罐或完成防渗池设置。报废矿井、钻井、取水井应实施封井回填。公布京津冀等区域内环境风险大、严重影响公众健康的地下水污染场地清单，开展修复试点。

二、不定项选择题

1．ABCD

2．BC 【解析】《关于落实〈水污染防治行动计划〉实施区域差别化环境准入的指导意见》规定，禁止开发区严禁不符合主体功能定位和主导生态功能的各类开发活动，区域内新建工业和矿产开发项目不予环境准入。重点开发区内对城市存在黑臭水体的区域，应制定更为严格的减量置换措施。限制开发的农产品主产区以保护和恢复地力为主要目标，加强水和土壤污染的统筹防控。限制开发的重点生态功能区以主导生态功能的恢复和保育为主要目标，在环境准入中坚持预防为主、保护优先。

3．ABCD 【解析】（二）强化城镇生活污染治理。加快城镇污水处理设施建设与改造。现有城镇污水处理设施，要因地制宜进行改造，2020年底前达到相应排放标准或再生利用要求。敏感区域（重点湖泊、重点水库、近岸海域汇水区域）城镇污水处理设施应于2017年底前全面达到一级A排放标准。建成区水体水质达不到地表水Ⅳ类标准的城市，新建城镇污水处理设施要执行一级A排放标准。按照国家新型城镇化规划要求，到2020年，全国所有县城和重点镇具备污水收集处理能力，县城、城市污水处理率分别达到85%、95%左右。京津冀、长三角、珠三角等区域提前一年完成。

4．ABCD 【解析】对国家和地方划定的禁止开发区、生态保护红线等进行严格管理，依据相关法律法规和政策规划实施强制性严格保护。严禁不符合主体功能定位和主导生态功能的各类开发活动，区域内新建工业和矿产开发项目不予环境准入，重大线性基础设施项目应优先采取避让措施，强化生态修复和补偿。

（八）《土壤污染防治行动计划》

一、单项选择题

1．根据《土壤污染防治行动计划》防范建设用地新增污染的有关要求，下列说法中，错误的是（　　）。（2017年考题）

A．需要建设的土壤污染防治设施，要与主体工程同时设计、同时施工、同时投产使用

B．有关环境保护部门要做好环境影响评价提出的防范土壤污染具体措施落实情况的监督管理工作

C．排放污染物的建设项目，在开展环境影响评价时，要增加对土壤环境影响的评价内容，并提出防范土壤污染的具体措施。

D．自2017年起，有关地方人民政府要与重点行业企业签订土壤污染防治责任书，明确相关措施和责任，责任书向社会公开

2．根据《土壤污染防治行动计划》开展污染治理与修复，改善区域土壤环境质量的要求，下列说法中，错误的是（　　）。（2017年考题）

A．实行土壤污染治理与修复终身责任制，2017年年底前出台有关责任追究办法

B．土壤污染修复的主体灭失或责任主体不明确的，由所在地县级政府依法承担相关责任。

C．各省（区、市）要以影响农产品质量和人居环境安全的突出土壤污染问题为重点，制定土壤污染治理与修复规划

D．各地要结合土地利用规划，以拟开发建设居住、商业、学校、医疗和养老机构等项目的污染地块为重点，开展治理与修复

3．根据《土壤污染防治行动计划》，关于农用地分类管理要求的说法，正确的是（　　）。（2018年考题）

A．轻度和中度污染的农用地划为优先保护类

B．各地应将符合条件的安全利用类用地划为永久基本农田

C．永久基本农田应实行严格保护，任何建设项目不得占用

D．严格控制在优化保护类耕地集中区域新建有色金属冶炼、石油加工、化工、焦化、电镀、制革等行业企业

4．根据《土壤污染防治行动计划》，关于严格管控类耕地管理要求的说法，错

误的是（ ）。（2018 年考题）

A．实行耕地轮作休耕制度试点

B．依法划定特定农产品禁止生产区域，严禁种植农产品

C．研究将严格管控类耕地纳入国家新一轮退耕还林还草实施范围

D．对威胁地下水、饮用水水源安全的严格管控类耕地，有关县（市、区）应制定环境风险管控方案

5．根据《土壤污染防治行动计划》，按污染程度将农用地划为三个类别，下列划分错误的是（ ）。（2019 年考题）

A．未污染的划为优先保护类　　B．轻度污染的划为优先保护类

C．中度污染的划为安全利用类　　D．重度污染的划为严格管控类

6．根据《土壤污染防治行动计划》，关于实施“农用地分类管理，保障农业生产环境安全”中农用地土壤环境质量类别切实加大保护力度的有关要求，下列说法错误的是（ ）。（2019 年考题）

A．除法律规定的重点建设项目选址确实无法避让外，其他任何建设不得占用基本农田

B．推行秸秆还田、增施有机肥、少耕免耕、粮豆轮作、农膜减量与回收利用等措施

C．高标准农田建设项目向优先保护类耕地集中的地区倾斜

D．禁止在优先保护类耕地集中区域新建有色金属冶炼、石油加工、化工、焦化、电镀、制革等行业企业

二、不定项选择题

1．根据《土壤污染防治行动计划》关于强化空间布局管控的要求，下列说法中，正确的有（ ）。（2017 年考题）

A．鼓励工业企业集聚发展、提高土地节约集约利用水平，减少土壤污染

B．加强规划区划和建设项目布局论证，根据土壤等环境承载能力，合理确定功能定位、空间布局

C．结合推进新型城镇化、产业结构调整和化解过剩产能等，有序搬迁或依法关闭对土壤造成严重污染的现有企业

D．严格执行相关行业企业布局选址要求，禁止在居民区、学校、医疗和养老院等周边新建有色金属冶炼、焦化等行业企业

2．根据《土壤污染防治行动计划》《污染地块土壤环境管理办法（试行）》，关于污染地块土壤环境风险管控的说法，正确的有（ ）。（2018 年考题）

A．对暂不开发利用的污染地块，无须实施风险管控

B. 对拟开发利用为居住用地的污染地块，实施以防治污染扩散为目的的风险管控

C. 风险管控方案应当包括管控区域、目标、主要措施、环境监测计划以及应急措施等内容

D. 污染地块土地使用权人应当根据风险评估结果，并结合污染地块相关开发利用计划，有针对性地实施风险管控

参考答案

一、单项选择题

1. C 【解析】选项C的正确说法是：排放重点污染物的建设项目，在开展环境影响评价时，要增加对土壤环境影响的评价内容。

2. D 【解析】选项D的正确说法是：各地要结合城市环境质量提升和发展布局调整，以拟开发建设居住、商业、学校、医疗和养老机构等项目的污染地块为重点，开展治理与修复。

3. D 【解析】《土壤污染防治行动计划》规定，按污染程度将农用地划为三个类别，未污染和轻微污染的划为优先保护类，轻度和中度污染的划为安全利用类，重度污染的划为严格管控类，以耕地为重点，分别采取相应管理措施，保障农产品质量安全。各地要将符合条件的优先保护类耕地划为永久基本农田，实行严格保护，确保其面积不减少、土壤环境质量不下降，除法律规定的重点建设项目选址确实无法避让外，其他任何建设不得占用。严格控制在优先保护类耕地集中区域新建有色金属冶炼、石油加工、化工、焦化、电镀、制革等行业企业，现有相关行业企业要采用新技术、新工艺，加快提标升级改造步伐。

4. B 【解析】B的正确说法是：依法划定特定农产品禁止生产区域，严禁种植食用农产品。

5. B 【解析】按污染程度将农用地划为三个类别，未污染和轻微污染的划为优先保护类，轻度和中度污染的划为安全利用类，重度污染的划为严格管控类，以耕地为重点，分别采取相应管理措施，保障农产品质量安全。

6. D 【解析】D的正确说法是：严格控制在优先保护类耕地集中区域新建有色金属冶炼、石油加工、化工、焦化、电镀、制革等行业企业，现有相关行业企业要采用新技术、新工艺，加快提标升级改造步伐。

二、不定项选择题

1. ABCD 【解析】这种考题要死记不太可能，只能在复习时宏观上有一个大

概的了解，选项看不出明显错误，就要选。该计划中的“强化空间布局管控”内容：加强规划区划和建设项目布局论证，根据土壤等环境承载能力，合理确定区域功能定位、空间布局。鼓励工业企业集聚发展，提高土地节约集约利用水平，减少土壤污染。严格执行相关行业企业布局选址要求，禁止在居民区、学校、医疗和养老机构等周边新建有色金属冶炼、焦化等行业企业；结合推进新型城镇化、产业结构调整和化解过剩产能等，有序搬迁或依法关闭对土壤造成严重污染的现有企业。结合区域功能定位和土壤污染防治需要，科学布局生活垃圾处理、危险废物处置、废旧资源再生利用等设施和场所，合理确定畜禽养殖布局和规模。

2．CD 【解析】《污染地块土壤环境管理办法（试行）》规定，对暂不开发利用的污染地块，实施以防止污染扩散为目的的风险管控；对拟开发利用为居住用地和商业、学校、医疗、养老机构等公共设施用地的污染地块，实施以安全利用为目的的风险管控；风险管控方案应当包括管控区域、目标、主要措施、环境监测计划以及应急措施等内容；污染地块土地使用权人应当根据风险评估结果，并结合污染地块相关开发利用计划，有针对性地实施风险管控。

（九）《涉及自然保护区开发建设活动监督管理的规定》

单项选择题

1．根据《涉及自然保护区开发建设活动监督管理的规定》，下列说法中，不符合加强对涉及自然保护区建设项目监督管理规定的是（　　）。（2016 年考题）

A．地方各有关部门依据各自职责，切实加强涉及自然保护区建设项目的准入审查

B．保护区管理机构要对项目建设进行全过程跟踪，全面开展环境监测，发现问题应当及时处理和报告

C．确因重大基础设施建设和自然条件等因素限制无法避让自然保护区的，要严格执行环境影响评价制度

D．对经批准同意在自然保护区内开展的建设项目，要加强对项目施工期和运营期的监督管理，确保各项生态保护措施落实到位

2．根据《关于进一步加强涉及自然保护区开发建设活动监督管理的规定》，下列说法中，错误的是（　　）。（2017 年考题）

A．建设项目选址（线）应尽可能避让自然保护区

B．地方各有关部门依据各自职责，切实加强涉及自然保护区建设项目的准入审查

C．对经批准同意在自然保护区内开展的建设项目，要加强对项目施工期和运行期的监督管理，确保各项生态保护措施落实到位

D．建设项目选址（线），确因重大基础设施建设和自然条件等因素限制，无法避让而涉及自然保护区的，建设前须征得省级以上自然保护区主管部门同意，并接受监督

3．根据《关于进一步加强涉及自然保护区开发建设活动监督管理的规定》，下列说法中，错误的是（　　）。（2017 年考题）

A．严禁在自然保护区内开展不符合功能定位的开发建设活动

B．禁止在自然保护区核心区开展任何开发建设活动，建设任何生产经营设施

C．在自然保护区的实验区内限制建设污染环境，破坏自然资源或自然景观的生产设施

D．对于自然保护区实验区内未批先建、批建不符的项目，要责令停止建设或使用，并恢复原状

4．根据《关于进一步加强涉及自然保护区开发建设活动监督管理的通知》，关于涉及自然保护区建设项目监督管理的说法，错误的是（　　）。（2018 年考题）

A．涉及自然保护区建设项目的准入审查由环境保护主管部门负责

B．禁止在自然保护区内进行开矿、开垦、挖沙、采石等法律明令禁止的活动

C．禁止社会资本进入自然保护区探矿，保护区内探明的矿产只能作为国家战略储备源

D．地方各有关部门要认真执行《国家级自然保护区调整管理规定》，从严控制自然保护区调整

参考答案

单项选择题

1．B　【解析】根据《涉及自然保护区开发建设活动监督管理的规定》，保护区管理机构要对项目建设进行全过程跟踪，开展生态监测，发现问题应当及时处理和报告。

2．D　【解析】D 的正确说法是：建设项目选址（线）应尽可能避让自然保护区，确因重大基础设施建设和自然条件等因素限制无法避让的，要严格执行环境影响评价等制度，涉及国家级自然保护区的，建设前须征得省级以上自然保护区主管部门同意，并接受监督。

3．C　【解析】C 的正确说法是：在实验区不得建设污染环境、破坏自然资源或自然景观的生产设施。

4．A　【解析】A 的正确说法是：地方各有关部门依据各自职责，切实加强涉及自然保护区建设项目的准入审查。

（十）《产业结构调整指导目录》

单项选择题

1.《产业结构调整目录（2011 年本）》（修正）的分类目录中不列入（　　）。（2017 年考题）

A．鼓励类　　B．允许类

C．限制类　　D．淘汰类

2．根据《产业结构调整指导目录（2011 年本）》（修正），关于产业结构调整指导目录分类的说法，错误的是（　　）。（2018 年考题）

A．对于属于限制类的建设项目，禁止投资

B．不属于鼓励类、限制类和淘汰类，且符合国家有关法律法规和政策规定的为允许类

C．淘汰类主要是不符合有关法律法规规定，严重浪费资源、污染环境、不具备安全生产条件、需要淘汰的落后工艺技术、装备及产品

D．鼓励类主要是对经济社会发展有重要促进作用，有利于节约资源、保护环境、产业结构优化升级，需要采取政策措施予以鼓励和支持的关键技术、装备及产品

参考答案

单项选择题

1．B

2．A 【解析】《产业结构调整指导目录（2011 年本）》规定，对属于限制类的新建项目，禁止投资。对淘汰类项目，禁止投资。不属于鼓励类、限制类和淘汰类，且符合国家有关法律、法规和政策规定的，为允许类。鼓励类主要是对经济社会发展有重要促进作用，有利于节约资源、保护环境、产业结构优化升级，需要采取政策措施予以鼓励和支持的关键技术、装备及产品。给予各项优惠。淘汰类主要是不符合有关法律法规规定，严重浪费资源、污染环境、不具备安全生产条件，需要淘汰的落后工艺技术、装备及产品。

（十一）《国家危险废物名录》

一、单项选择题

1．未被列入《国家危险废物名录》的废物有（　　）。（2010 年考题）

A．电站锅炉粉煤灰　　B．生活垃圾焚烧飞灰

C．废矿物油　　D．医疗废物

2．根据《国家危险废物名录》（2016 版），（　　）不列入该名录。（2017 年考题）

A．具有腐蚀性的固体废物　　B．具有反应性的液态废物

C．具有感染性的固体废物　　D．列入《危险化学品名录》的化学品

3．根据《国家危险废物名录》（2016 版），下列说法中，错误的是（　　）。（2017 年考题）

A．经鉴别具有危险特性的固体废物，属于危险废物

B．经鉴别不具有危险特性的液态废物，不属于危险废物

C．对不明确是否具有危险特性的固体废物，按危险废物进行管理

D．对不明确是否具有危险特性的液态废物，应当按照国家的危险废物鉴别标准和鉴别方法予以认定

4．根据《国家危险废物名录》（2016 版），关于列入名录危险废物范围原则规定的说法，错误的是（　　）。（2018 年考题）

A．列入《危险化学品目录》的化学品废弃后属于危险废物

B．具有腐蚀性、反应性危险特征的固体废物属于危险废物

C．危险废物与其他固体废物的混合物，需要按照危险废物进行管理

D．医疗废物属于危险废物，医疗废物分类按照《医疗废物分类名录》执行

二、不定项选择题

1．根据《国家危险废物名录》，下列不属于危险废物的是（　　）。（2016 年考题）

A．反应性的固体　　B．易燃性的液体

C．放射性的固体　　D．腐蚀性的液体

2．根据《国家危险废物名录》（2016 年版），关于危险废物类别和鉴别认定的说法，错误的有（　　）。（2018 年考题）

A．对不明确是否具有危险特性的固体废物，可通过全组分分析予以认定

B. 经鉴别具有危险特性的，属于危险废物，应当根据其主要有害成分进行归类管理

C. 不明确是否具有危险特性的固体废物，经鉴别不具有危险特性的，不属于危险废物

D. 不排除具有危险特性，可能对环境或者人体健康造成有害影响的，需按照危险废物进行管理

3. 下列废物中，一定属于危险废物的是（　　）。（2019 年考题）

A. 具有可燃性、不稳定性的固体废物

B. 不排除具有危险特性，可能对环境或者人体健康造成有害影响，需要按照危险废物进行管理的

C. 医疗废物

D. 列入《危险化学品目录》的化学品废弃后

参考答案

一、单项选择题

1. A 【解析】粉煤灰属于一般工业固废。

2. D 【解析】第二条：具有下列情形之一的固体废物（包括液态废物），列入本名录：（一）具有腐蚀性、毒性、易燃性、反应性或者感染性等一种或者几种危险特性的；（二）不排除具有危险特性，可能对环境或者人体健康造成有害影响，需要按照危险废物进行管理的。

第四条：列入《危险化学品目录》的化学品废弃后属于危险废物。

3. C 【解析】第八条：对不明确是否具有危险特性的固体废物，应当按照国家规定的危险废物鉴别标准和鉴别方法予以认定。

4. C 【解析】C 的正确说法是第六条：危险废物与其他固体废物的混合物，以及危险废物处理后的废物的属性判定，按照国家规定的危险废物鉴别标准执行。

二、不定项选择题

1. C 【解析】第二条：具有下列情形之一的固体废物（包括液态废物），列入本名录：（一）具有腐蚀性、毒性、易燃性、反应性或者感染性等一种或者几种危险特性的。

2. AB 【解析】第八条：对不明确是否具有危险特性的固体废物，应当按照国家规定的危险废物鉴别标准和鉴别方法予以认定。经鉴别具有危险特性的，属于

危险废物，应当根据其主要有害成分和危险特性确定所属废物类别，并按代码“900-000-××”（××为危险废物类别代码）进行归类管理。经鉴别不具有危险特性的，不属于危险废物。

第二条：具有下列情形之一的固体废物（包括液态废物），列入本名录：（一）具有腐蚀性、毒性、易燃性、反应性或者感染性等一种或者几种危险特性的；（二）不排除具有危险特性，可能对环境或者人体健康造成有害影响，需要按照危险废物进行管理的。

3．BCD 【解析】第二条：具有下列情形之一的固体废物（包括液态废物），列入本名录：（一）具有腐蚀性、毒性、易燃性、反应性或者感染性等一种或者几种危险特性的；（二）不排除具有危险特性，可能对环境或者人体健康造成有害影响，需要按照危险废物进行管理的。

第三条：医疗废物属于危险废物。医疗废物分类按照《医疗废物分类目录》执行。

第四条：列入《危险化学品目录》的化学品废弃后属于危险废物。

（十二）《关于推进城镇人口密集区危险化学品生产企业搬迁改造的指导意见》

一、单项选择题

1. 根据《关于推进城镇人口密集区危险化学品生产企业搬迁改造的指导意见》，关于城镇人口密集区危险化学品生产企业强化搬迁改造环保管理的有关规定，说法错误的是（　　）。（2018 年考题）

A. 搬迁改造项目要依法开展环境影响评价

B. 要加强腾退土地污染风险管控和治理修复，确保腾退土地符合规划用地土壤环境质量标准

C. 对正在实施搬迁改造的企业加大监督检查力度，确保企业搬迁改造期间不出现安全和环保问题

D. 地方各级人民政府要加强项目审批、选址、安全、环保等管理措施，严禁搬迁改造企业在原址新建、改建、扩建危险化学品项目

二、不定项选择题

1. 根据《关于推进城镇人口密集区危险化学品生产企业搬迁改造的指导意见》（国办发〔2017〕77 号），下列关于城镇人口密集区危险化学品生产企业强化搬迁改造环保管理的有关说法，正确的是（　　）。（2019 年考题）

A. 严禁搬迁改造企业在原址新建、扩建危险化学品项目

B. 搬迁改造企业拆除危险化学品防污染设施，要事先制定废弃危险化学品、残留污染物清理和安全处置方案

C. 要加强腾退土地污染风险管控和治理修复，确保腾退土地符合规划用地土壤环境质量标准

D. 严格执行建设项目安全设施和污染防治设施“三同时”（同时设计、同时施工、同时投入生产和使用）制度

参考答案

一、单项选择题

1．D 【解析】D的正确说法是：地方各级人民政府要加强项目审批、选址、安全、环保等管理措施，严禁搬迁改造企业在原址新建、扩建危险化学品项目。

二、不定项选择题

1．ABCD 【解析】（七）强化搬迁改造安全环保管理。地方各级人民政府要加强项目审批、选址、安全、环保等管理措施，严禁搬迁改造企业在原址新建、扩建危险化学品项目。要督促企业依法开展搬迁改造项目安全和环境影响评价，严格执行建设项目安全设施和污染防治设施“三同时”（同时设计、同时施工、同时投入生产和使用）制度，及时组织项目竣工验收，确保项目建成投产后满足安全和环保要求。依法依规及时向就地改造、异地迁建后的企业核发安全生产许可证和排污许可证。对正在实施搬迁改造的企业加大监督检查力度，确保企业搬迁改造期间不出现安全和环保问题。搬迁改造企业拆除危险化学品生产装置、构筑物和防污染设施，要事先制定废弃危险化学品、残留污染物清理和安全处置方案，采取切实有效措施，防范拆除活动造成人员伤亡和环境污染；要加强剧毒化学品、易制爆化学品安全管理，严防丢失被盗。要加强腾退土地污染风险管控和治理修复，确保腾退土地符合规划用地土壤环境质量标准。

（十三）《关于做好生物多样性保护优先区域有关工作的通知》

单项选择题

1．根据《关于做好生物多样性保护优先区域有关工作的通知》，关于加强生物多样性保护优先区域监管要求的说法，错误的是（　　）。（2018 年考题）

A．城镇绿化中应优先选用本地物种资源

B．城镇开发建设活动不得破坏古树名木

C．应优化城镇开发建设活动的规模、结构和布局

D．禁止高耗能、高排放行业发展，新引入的行业、企业不得对优先区域生物多样性造成影响

参考答案

单项选择题

1．D　【解析】《关于做好生物多样性保护优先区域有关工作的通知》规定，优先区域内要优化城镇开发建设活动的规模、结构和布局，严格控制高耗能、高排放行业发展，新引入的行业、企业不得对优先区域生物多样性造成影响。城镇开发建设活动要避免占用重要物种原生境，不得破坏古树名木，保护城市生物多样性。城镇绿化应优先选用本地物种资源，科学规范外来物种引进，防止外来物种入侵。

（十四）《“十三五”挥发性有机物污染防治工作方案》

一、单项选择题

1．根据《“十三五”挥发性有机物污染防治工作方案》，关于挥发性有机物污染防治重点地区内新建炼化项目要求的说法，错误的是（　　）。（2018 年考题）

A．要严格限制此类高挥发性有机物排放建设项目

B．必须实行区域内挥发性有机物排放等量削减替代

C．应从源头加强控制，加强废气收集，安装高效治理设施

D．未纳入《石化产业规划布局方案》的新建炼化项目一律不得建设

2．根据《“十三五”挥发性有机物污染防治工作方案》关于严格建设项目环境准入的有关任务要求的规定，下列说法错误的是（　　）。（2019 年考题）

A．新建涉 VOCs 排放的工业企业要入园区

B．未纳入《石化产业规划布局方案》的新建石化项目一律不得建设

C．新、改、扩建涉 VOCs 排放项目，应使用低（无）VOCs 含量的原辅材料

D．实行区域内 VOCs 排放等量或倍量削减替代，并将替代方案落实到企业排污许可证中

3．根据《“十三五”挥发性有机物污染防治工作方案》，关于全面实施石化行业达标排放的规定，下列说法错误的是（　　）。（2019 年考题）

A．全面开展泄漏检测与修复（LDAR）

B．严格控制储存、装卸损失，优先采用安装顶空联通置换油气回收装置的固定顶罐

C．有机液体装卸必须采取全密闭底部装载、顶部浸没式装载等方式

D．高挥发性有机液体装卸过程采取高效油气回收措施，使用具有油气回收接口的车船

二、不定项选择题

1．根据《“十三五”挥发性有机物污染防治工作方案》，下列行业中，属于应全面实施或逐步推广泄漏检测与修复（LDAR）工作的有（　　）。（2018 年考题）

A. 汽车制造行业　　B. 制药、农药行业

C. 现代煤化工行业　　D. 木质家具制造行业

2．根据《“十三五”挥发性有机物污染防治工作方案》关于加快推进化工行业 VOCs 综合治理的规定，下列说法正确的是（　　）。（2019 年考题）

A．农药行业要加快替代轻芳烃等溶剂和水相法合成、生物酶法拆分等技术

B．制药行业鼓励使用低反应活性的溶剂，加快生物酶合成法等技术开发推广

C．橡胶制品行业推广使用石蜡油等全面替代普通芳烃油助剂，推广采用常压连续脱硫工艺

D．制药、农药、炼焦、涂料、油墨、胶粘剂、染料等行业全面实施 LDAR（泄漏检测与修复）

3．根据《“十三五”挥发性有机物污染防治工作方案》关于工业行业 VOCs 综合治理的规定，下列说法正确的有（　　）。（2019 年考题）

A．钢制集装箱在整箱打砂、箱内涂装、箱外涂装、底架涂装和木地板涂装等工序全面使用水性涂料

B．汽车制造配套使用“三涂一烘”“两涂一烘”或免中涂等紧凑型涂装工艺

C．木质家具制造行业全面使用水性胶粘剂

D．钢结构制造行业推广高压无气喷涂、空气辅助无气喷涂等涂装技术，禁止空气喷涂使用

参考答案

一、单项选择题

1．B　【解析】B 的正确说法是：严格涉 VOCs 建设项目环境影响评价，实行区域内 VOCs 排放等量或倍量削减替代，并将替代方案落实到企业排污许可证中，纳入环境执法管理。

2．B　【解析】B 的正确说法是：未纳入《石化产业规划布局方案》的新建炼化项目一律不得建设。

3．B　【解析】B 的正确说法是：严格控制储存、装卸损失，优先采用压力罐、低温罐、高效密封的浮顶罐，采用固定顶罐的应安装顶空联通置换油气回收装置。

二、不定项选择题

1．BC　【解析】《“十三五”挥发性有机物污染防治工作方案》规定，现代煤化工行业全面实施 LDAR（泄漏检测与修复），制药、农药、炼焦、涂料、油墨、胶粘剂、染料等行业逐步推广 LDAR（泄漏检测与修复）工作。

2．ABC　【解析】D 的正确说法是：现代煤化工行业全面实施 LDAR，制药、农药、炼焦、涂料、油墨、胶粘剂、染料等行业逐步推广 LDAR 工作。

3．ABC　【解析】D 的正确说法是：钢结构制造行业。大力推广高压无气喷涂、空气辅助无气喷涂、热喷涂等涂装技术，限制空气喷涂使用。

（十五）《关于划定并严守生态保护红线的若干意见》

不定项选择题

1．根据《关于划定并严守生态保护红线的若干意见》，关于严守生态保护红线有关要求的说法，正确的有（　　）。（2018 年考题）

A．生态保护红线空间管控要符合相关规划要求

B．生态保护红线原则上按禁止开发区域的要求进行管理

C．实施生态保护红线保护与修复，作为山水林田湖生态保护和修复工程的重要内容

D．分区分类开展受损生态系统修复，采取人工修复为主、自然恢复为辅的措施改善和提升生态功能

2．根据《关于划定并严守生态保护红线的若干意见》关于生态保护红线含义的说法正确的有（　　）。（2019 年考题）

A．生态保护红线是指在生态空间范围内具有特殊重要生态功能、必须强制性严格保护的区域

B．生态保护红线是保障和维护国家生态安全的底线和生命线

C．生态保护红线通常包括具有重要水源涵养、生物多样性维护、水土保持、防风固沙、海岸生态稳定等功能的生态功能重要区域

D．生态保护红线包括水土流失、土地沙化、石漠化、盐渍化等生态环境敏感脆弱区域

参考答案

1．BC　【解析】《关于划定并严守生态保护红线的若干意见》：生态保护红线划定后，相关规划要符合生态保护红线空间管控要求，不符合的要及时进行调整。生态保护红线原则上按禁止开发区域的要求进行管理。实施生态保护红线保护与修复，作为山水林田湖生态保护和修复工程的重要内容。分区分类开展受损生态系统修复，采取以封禁为主的自然恢复措施，辅以人工修复，改善和提升生态功能。

2．ABCD　【解析】生态保护红线是指在生态空间范围内具有特殊重要生态功能、必须强制性严格保护的区域，是保障和维护国家生态安全的底线和生命线，通常包括具有重要水源涵养、生物多样性维护、水土保持、防风固沙、海岸生态稳定等功能的生态功能重要区域，以及水土流失、土地沙化、石漠化、盐渍化等生态环境敏感脆弱区域。

（十六）《关于做好畜禽规模养殖项目环境影响评价管理工作的通知》

单项选择题

1．根据《关于做好畜禽规模养殖项目环境影响评价管理工作的通知》（环办环评〔2018〕31 号），下列关于畜禽规模养殖项目环境影响评价的有关要求的说法错误的有（ ）。（2019 年考题）

A．鼓励采取干清粪方式，禁止采取水泡粪工艺

B．畜禽尸体无害化处理设施，应位于养殖场区主导风向的下风向位置

C．采取粪便垫料回用、异位发酵床等模式处理利用畜禽粪污

D．畜禽粪污贮存池应采取有效的防雨、防渗和防溢流措施

参考答案

1．A 【解析】A 的正确说法为：鼓励采取干清粪方式，采取水泡粪工艺的应最大限度降低用水量。

（十七）《农用地土壤环境管理办法（试行）》

单项选择题

1. 根据《农用地土壤环境管理办法（试行）》农用地土壤污染预防的有关规定，下列说法错误的是（　　）。（2019 年考题）

A．禁止在农用地排放、倾倒、使用污泥、清淤底泥、尾矿（渣）等可能对土壤造成污染的固体废物

B．向农田灌溉渠道排放工业废水或者医疗污水的，要符合废水相关排放标准并保证其下游最近的灌溉取水点的水质符合农田灌溉水质标准

C．向农田灌溉渠道排放城镇污水以及未综合利用的畜禽养殖废水、农产品加工废水的，应当保证其下游最近的灌溉取水点的水质符合农田灌溉水质标准

D．农田灌溉用水应当符合相应的水质标准，防止污染土壤、地下水和农产品

参考答案

1．B　【解析】第十二条：禁止在农用地排放、倾倒、使用污泥、清淤底泥、尾矿（渣）等可能对土壤造成污染的固体废物。农田灌溉用水应当符合相应的水质标准，防止污染土壤、地下水和农产品。禁止向农田灌溉渠道排放工业废水或者医疗污水。向农田灌溉渠道排放城镇污水以及未综合利用的畜禽养殖废水、农产品加工废水的，应当保证其下游最近的灌溉取水点的水质符合农田灌溉水质标准。

（十八）《关于加强涉重金属行业污染防控的意见》

一、单项选择题

1．根据《关于加强涉重金属行业污染防控的意见》，不属于重点重金属污染物的重金属是（　）。（2019 年考题）

A．铅　B．砷　C．镍　D．镉

2．根据《关于加强涉重金属行业污染防控的意见》，以下属于涉重金属重点行业的是（　）。（2019 年考题）

A．镍氢电池制造　B．铅锌矿采选　C．铝再生回收　D．锆加工

二、不定项选择题

1．根据《关于加强涉重金属行业污染防控的意见》，关于“严格环境准入”的有关要求的说法正确的有（　）。（2019 年考题）

A．新、改、扩建涉重金属重点行业建设项目必须遵循重点重金属污染物排放“减量置换”或“等量替换”的原则，应在本省（区、市）行政区域内有明确具体的重金属污染物排放总量来源

B．新、改、扩建涉重金属重点行业建设项目必须遵循重点重金属污染物排放“减量置换”或“等量替换”的原则，在本省（区、市）行政区域内无明确具体的重金属污染物排放总量来源的，各级环保部门不得批准相关环境影响评价文件

C．对全口径清单内的企业落实减排措施和工程削减的重点重金属污染物排放量，经监测并可核实的，可作为涉重金属行业新、改、扩建企业重金属污染物排放总量的来源

D．严格控制在优先保护类耕地集中区域新、改、扩建增加重金属污染物排放的项目

参考答案

一、单项选择题

1．C　【解析】（三）工作重点。重点重金属污染物包括铅、汞、镉、铬和类金属砷。

2．B　【解析】（三）工作重点。重点行业包括重有色金属矿（含伴生矿）

采选业（铜、铅锌、镍钴、锡、锑和汞矿采选业等）、重有色金属冶炼业（铜、铅锌、镍钴、锡、锑和汞冶炼等）、铅蓄电池制造业、皮革及其制品业（皮革鞣制加工等）、化学原料及化学制品制造业（电石法聚氯乙烯行业、铬盐行业等）、电镀行业。

二、不定项选择题

1. ABCD 【解析】新、改、扩建涉重金属重点行业建设项目必须遵循重点重金属污染物排放“减量置换”或“等量替换”的原则，应在本省（区、市）行政区域内有明确具体的重金属污染物排放总量来源。无明确具体总量来源的，各级环保部门不得批准相关环境影响评价文件。对全口径清单内的企业落实减排措施和工程削减的重点重金属污染物排放量，经监测并可核实的，可作为涉重金属行业新、改、扩建企业重金属污染物排放总量的来源；实施总量替代的，其替代方案应纳入全口径清单企业信息。严格控制在优先保护类耕地集中区域新、改、扩建增加重金属污染物排放的项目。

（十九）《关于全面加强生态环境保护 坚决打好污染防治攻坚战的意见》

不定项选择题

1．根据《关于全面加强生态环境保护 坚决打好污染防治攻坚战的意见》，关于“着力打好碧水保卫战”的要求，下列说法符合“打好农业农村污染治理攻坚战”要求的是（　　）。（2019年考题）

A．到2020年，全国畜禽粪污综合利用率达到75%以上，规模养殖场粪污处理设施装备配套率达到95%以上

B．到2020年，化肥农药使用量实现零增长

C．到2020年，农村人居环境明显改善，村庄环境基本干净整洁有序

D．坚持种植和养殖相结合，就地就近消纳利用畜禽养殖废弃物

参考答案

1．ABCD　【解析】（五）打好农业农村污染治理攻坚战。以建设美丽宜居村庄为导向，持续开展农村人居环境整治行动，实现全国行政村环境整治全覆盖。到2020年，农村人居环境明显改善，村庄环境基本干净整洁有序，东部地区、中西部城市近郊区等有基础、有条件的地区人居环境质量全面提升，管护长效机制初步建立；中西部有较好基础、基本具备条件的地区力争实现90%左右的村庄生活垃圾得到治理，卫生厕所普及率达到85%左右，生活污水乱排乱放得到管控。减少化肥农药使用量，制修订并严格执行化肥农药等农业投入品质量标准，严格控制高毒高风险农药使用，推进有机肥替代化肥、病虫害绿色防控替代化学防治和废弃农膜回收，完善废旧地膜和包装废弃物等回收处理制度。到2020年，化肥农药使用量实现零增长。坚持种植和养殖相结合，就地就近消纳利用畜禽养殖废弃物。合理布局水产养殖空间，深入推进水产健康养殖，开展重点江河湖库及重点近岸海域破坏生态环境的养殖方式综合整治。到2020年，全国畜禽粪污综合利用率达到75%以上，规模养殖场粪污处理设施装备配套率达到95%以上。

（二十）《打赢蓝天保卫战三年行动计划》

不定项选择题

1．根据《打赢蓝天保卫战三年行动计划》关于强化“散乱污”企业综合整治的说法正确的是（　　）。（2019 年考题）

A．按照“先停后治”的原则，实施分类处置

B．列入关停取缔类的，基本做到“两断三清”

C．列入整合搬迁类的，要搬迁至工业园区并实施升级改造

D．列入升级改造类的，树立行业标杆，实施清洁生产技术改造，全面提升污染治理水平

2．根据《打赢蓝天保卫战三年行动计划》关于“调整优化产业结构，推进产业绿色发展”有关要求的说法正确的是（　　）。（2019 年考题）

A．优化产业布局

B．严控“两高”行业产能

C．深化工业污染治理

D．大力培育绿色环保产业

3．根据《打赢蓝天保卫战三年行动计划》关于“重点区域开展燃煤锅炉综合整治”有关要求的说法正确的是（　　）。（2019 年考题）

A．城市建成区生物质锅炉实施超低排放改造

B．基本淘汰每小时 35 蒸吨以下燃煤锅炉

C．每小时 65 蒸吨及以上燃煤锅炉全部完成节能和超低排放改造

D．燃油锅炉基本完成低氮改造

参考答案

1．ABCD　【解析】（六）强化“散乱污”企业综合整治。全面开展“散乱污”企业及集群综合整治行动。根据产业政策、产业布局规划，以及土地、环保、质量、安全、能耗等要求，制定“散乱污”企业及集群整治标准。实行拉网式排查，建立管理台账。按照“先停后治”的原则，实施分类处置。列入关停取缔类的，基本做到“两断三清”（切断工业用水、用电，清除原料、产品、生产设备）；列入整合搬迁类的，要按照产业发展规模化、现代化的原则，搬迁至工业园区并

实施升级改造；列入升级改造类的，树立行业标杆，实施清洁生产技术改造，全面提升污染治理水平。建立“散乱污”企业动态管理机制，坚决杜绝“散乱污”企业项目建设和已取缔的“散乱污”企业异地转移、死灰复燃。

2．ABCD 【解析】二、调整优化产业结构，推进产业绿色发展：优化产业布局、严控“两高”行业产能、强化“散乱污”企业综合整治、深化工业污染治理、大力培育绿色环保产业。

3．ABC 【解析】（十一）开展燃煤锅炉综合整治。加大燃煤小锅炉淘汰力度。县级及以上城市建成区基本淘汰每小时10蒸吨及以下燃煤锅炉及茶水炉、经营性炉灶、储粮烘干设备等燃煤设施，原则上不再新建每小时35蒸吨以下的燃煤锅炉，其他地区原则上不再新建每小时10蒸吨以下的燃煤锅炉。环境空气质量未达标城市应进一步加大淘汰力度。重点区域基本淘汰每小时35蒸吨以下燃煤锅炉，每小时65蒸吨及以上燃煤锅炉全部完成节能和超低排放改造；燃气锅炉基本完成低氮改造；城市建成区生物质锅炉实施超低排放改造。

（二十一）《工矿用地土壤环境管理办法（试行）》

不定项选择题

1．根据《工矿用地土壤环境管理办法（试行）》，土壤环境污染重点监管单位包括（　）。（2019年考题）

A．焦化行业中应当纳入排污许可重点管理的企业

B．电镀行业中应当纳入排污许可重点管理的企业

C．有色金属冶炼行业中应当纳入排污许可重点管理的企业

D．有色金属矿采选行业规模以上企业

参考答案

1．ABCD　【解析】第三条：土壤环境污染重点监管单位（以下简称重点单位）包括：（一）有色金属冶炼、石油加工、化工、焦化、电镀、制革等行业中应当纳入排污许可重点管理的企业；（二）有色金属矿采选、石油开采行业规模以上企业；（三）其他根据有关规定纳入土壤环境污染重点监管单位名录的企事业单位。

（二十二）《污染地块土壤环境管理办法（试行）》

不定项选择题

1．根据《污染地块土壤环境管理办法（试行）》对于污染地块，土地使用权人应当按照风险管控方案要求，采取的主要措施有（　　）。（2019 年考题）

A．及时移除或者清理污染源

B．采取污染隔离、阻断等措施，防止污染扩散

C．开展土壤、地表水、地下水、空气环境监测

D．发现污染扩散的，及时采取有效补救措施

2．根据《污染地块土壤环境管理办法（试行），按照“谁污染，谁治理”原则，造成土壤污染的单位或者个人应当承担治理与修复的主体责任。下列关于污染地块土壤治理和修复责任主体确定的说法，正确的是（　　）。（2019 年考题）

A．责任主体发生变更的，由变更后继承其债权、债务的单位或者个人承担相关责任

B．责任主体灭失或者责任主体不明确的，由所在地县级人民政府依法承担相关责任

C．地使用权依法转让的，由土地使用权受让人或者双方约定的责任人承担相关责任

D．土地使用权终止的，由原土地使用权人对其使用该地块期间所造成的土壤污染承担相关责任

参考答案

1．ABCD　【解析】第二十条：土地使用权人应当按照风险管控方案要求，采取以下主要措施：（一）及时移除或者清理污染源；（二）采取污染隔离、阻断等措施，防止污染扩散；（三）开展土壤、地表水、地下水、空气环境监测；（四）发现污染扩散的，及时采取有效补救措施。

2．ABCD　【解析】第十条：按照“谁污染，谁治理”原则，造成土壤污染的单位或者个人应当承担治理与修复的主体责任。责任主体发生变更的，由变更后继承其债权、债务的单位或者个人承担相关责任。责任主体灭失或者责任主体不明确的，由所在地县级人民政府依法承担相关责任。土地使用权依法转让的，

由土地使用权受让人或者双方约定的责任人承担相关责任。土地使用权终止的，由原土地使用权人对其使用该地块期间所造成的土壤污染承担相关责任。土壤污染治理与修复实行终身责任制。

（二十三）《农业农村污染治理攻坚战行动计划》

不定项选择题

1．根据《农业农村污染治理攻坚战行动计划》关于严格畜禽规模养殖环境监管的规定，下列说法正确的是（　　）。（2019 年考题）

A．对年出栏生猪 5 000 头（其他畜禽种类折合猪的养殖规模）以上的畜禽养殖场（小区）执行环评报告书制度

B．对涉及环境敏感区的畜禽养殖场（小区）执行环评报告书制度

C．年出栏生猪 5 000 头（其他畜禽种类折合猪的养殖规模）以下和不涉及环境敏感区的畜禽养殖场根据具体情况执行环评报告表或环境影响登记表制度

D．对设有排污口的畜禽规模养殖场实施排污许可制度

参考答案

1．ABD　【解析】严格畜禽规模养殖环境监管。将规模以上畜禽养殖场纳入重点污染源管理，对年出栏生猪 5 000 头（其他畜禽种类折合猪的养殖规模）以上和涉及环境敏感区的畜禽养殖场（小区）执行环评报告书制度，其他畜禽规模养殖场执行环境影响登记表制度，对设有排污口的畜禽规模养殖场实施排污许可制度。

参考文献

[1] 生态环境部．环境影响评价工程师职业资格考试大纲（2020 年版）．北京：中国环境出版集团，2020．

[2] 生态环境部环境工程评估中心．环境影响评价相关法律法规（2020 年版）．北京：中国环境出版集团，2020．

[3] 全国人大环境与资源保护委员会法案室．中华人民共和国环境影响评价法释义．北京：中国法制出版社，2003．